繪旅行

芬蘭 與 波羅的海三國

最美好的北國假期，一路驚喜再發現

Jackman 文少輝 圖·文·攝　　Erica 傅美璇 文·攝

目錄
contents

這是橫跨四個國家、穿越六個城鎮而組成的旅行故事。旅程大致分為兩個部分，芬蘭首都赫爾辛基，再加上圖爾庫與羅凡尼米，是為上半段；乘坐遊輪抵達對岸的波羅的海三國，愛沙尼亞首都塔林、拉脫維亞首都里加，以及立陶宛首都維爾紐斯，則是下半場。

旅行，是一件美好的事情，我想沒有人會反對吧？！

疲倦和失望，在所難免，有時候還會有遺憾……雖然如此，終歸我們在旅行裡一定會得到什麼。我們就像大家一樣，每隔一段時間便整理行李箱，動身出發去到某個國家某個大城小鎮，心裡期盼著這趟旅程中會得到更多想像不到的什麼。

第一次到訪、或是再訪、甚至是第 N 次也好；也許只是數天的短程旅行、或是長達一個月、甚至更久的長程旅行，總是緊抱這個期盼又夾雜著愉快的心情上機。從飛機窗口凝望著萬里無雲的藍天，或是無盡星光的黑夜，一不留神，那個能夠去旅行的無比幸福感覺又再瞬間流遍全身。

幾趟瑞士之旅都讓我們在夏日炎炎盡情享受到透心涼的舒適，更久以前在義大利和西班牙旅行時所能夠抵受酷熱天氣的那股勇氣，彷如上輩子的事情，思前想後，還是去比較涼快的北歐吧！

一日選定芬蘭，便勾起丹麥的回憶，那是我們第一本旅遊繪本的目的地，轉眼已是十年光景。如果包含你們手上的《芬蘭與波羅的海三國繪旅行》，以及一本接近寫完、打算數個月後面世的新作，數算一下，原來我們已擁有十本旅遊著作了。

十年或十本，都不是一個了不起的數字，但總算踏進別有意義的階段，是從未想像過會走到的一個階段。就如旅行，某個時刻或某個東西突然觸動了自己，我們會順隨那一點點的直覺走上沒有規劃的路途，彷彿上天注定遇上印象深刻的人物與景致……這些難忘的人物與景致也許不再重會，卻留下一個又一個在往後歲月中回味不已的各式各樣旅行故事，歡樂的、窩心的、遺憾的、傷心的……盡在其中。

前言的句號寫上後，我們便要為即將起行的旅程作最後準備，祝願各位讀者都有美滿又難忘的每一段旅程！

芬蘭　赫爾辛基

chapter 1

Finland, Helsinki

飛機於幽靜的深夜裡起飛，我們一覺醒來，已來到芬蘭首都赫爾辛基（Helsinki）。香港飛往芬蘭的時間為 10:5 小時左右，飛機順利在清晨六點抵達，我們步出飛機，立即感受到北歐夏季的涼快，清澈的空氣令人好不舒服！

萬塔機場

赫爾辛基的萬塔機場（Vantaa Airport），是芬蘭的最主要機場，分為兩個航廈，2 號航廈的規模比較大，主要是國際航班。清晨時分，抵達的旅客不多，不到七點我們已經取回行李兼進入入境大廳。2 號航廈的入境大廳位於一樓，這時候已有幾間咖啡店開始營業了，不過赫爾辛基大區旅客中心（Helsinki Region Tourist Information）要等到十點整才開門，雖然如此，旅客還是可以在門外取得一些旅遊資料，我們隨手拿了一份市區地圖便走向火車站。

三項注意事項

在入境大廳有三樣事情要注意。第一，入境大廳的上面就是出境大廳，當旅客無論是坐火車或巴士來到這兒坐飛機，都可從入境大廳的電扶梯去到航空公司櫃位。第二，入境大廳門外就是巴士站，一架 Finnair 機場巴士已經準備就緒，旅客們陸續上車。第三，坐火車便要行走連接 2 號航廈與 1 號航廈之間的通道，再坐電扶梯下去火車月台。

往市區的三種交通工具

這機場是位於萬塔（Vantaa），算是赫爾辛基的衛星城市，要前往赫爾辛基市中心可搭乘三種公共交通工具，分別是火車、Finnair 機場巴士、一般巴士。搭乘時間為「火車 > Finnair 機場巴士 > 一般巴士」，三者價錢相差不大，以放置行李的空間來說，一般巴士的空間不多，人多行李多的話，就會不太方便。

上｜機場正門。中｜ Finnair 機場巴士。
下｜離境大堂。

我們在旅客中心拿取一份地圖，便依著火車站標誌走，數分鐘便抵達火車站了。

Ⓐ。Finnair 機場巴士

2 號航廈入境大廳外面的巴士站，Finnair 機場巴士及一般巴士都可以搭到。Finnair 機場巴士前往市中心，赫爾辛基中央火車站為終站，每 20 分鐘一班，全程約 35 分鐘。車票可在網上購買（單程 6.6 歐元／來回 12.1 歐元）或直接向駕駛員購買（單程 6.7 歐元／來回 12.2 歐元），來回車票的有效期為三十天。機場巴士的座位較為舒適，幾乎是直達車，放置行李是獨立空間，車上還有無線網路可用。

停靠站

往市區方向：共有十多個站，乘客按鈴才會停車，停靠站的位置圖可事前參考官網，或是上車問駕駛員。往機場方向，則只有兩個站，「中央火車站」與「Hesperia park」，兩者相隔三分鐘車程。赫爾辛基中央火車站的上車地方，就在火車站正門左邊的 Eliel square 的 30 號車站。

Ⓑ。一般巴士

一般巴士方面，可以搭乘 615 號，天天行駛，約 50 分鐘。因為機場到赫爾辛基市中心，即是從「Vantaa 區」到「Helsinki 區」，所以要買跨區車票（Regional Ticket）。上車前在 HSL 的自動售票機買票，車費 5 歐元，或是向駕駛員購買也可以，則為 5.5 歐元。

Ⓒ。火車

可乘坐 I 或 P 線火車，同樣是來往機場和赫爾辛基市中心之間，終點也是中央火車站，輪流開出，I 線需時約 30 分鐘，P 線只需 28 分鐘。隨意跳上任何一列也可以，班次繁密。跟一般巴士一樣，同樣是在 HSL 的售票機購買跨區車票（Regional Ticket），票價為 5 歐元，無法在火車上購票。芬蘭火車系統沒有檢查票的閘門，服務人員是在車上查票。至於在中央火車站的月台，I 線在 1-3 號月台，P 線則在 16-18 號月台。

左｜挑高大約 20 米的氣派車站，左右兩個月台，該搭哪一邊？答案是兩邊，都會去到中央火車站。右｜月台上只有兩部售票機，往市中心是買跨區車票，價錢為 5 歐元，這裡的售票機竟然只接受信用卡。

 Info Box

萬塔機場：www.finavia.fi
Helsinki Region Transport（HSL）：www.hsl.fi
Finnair 機場巴士：www.pohjolanliikenne.fi

此圖攝於赫爾辛基中央火車站，火車是來往機場與中央火車站。這時還不到早上八點，我們一下車，便展開旅程。

提醒一下，赫爾辛基地區的公共交通，包括電車、巴士及火車等，在網上或自動售票機買票是同等價錢，而巴士及電車都可向駕駛員購買，車費則會貴一點點，關於各類車票稍後會有詳細說明。最後，我們選擇火車的原因十分簡單，因為喜歡坐火車、喜歡可以在車廂內四處走動拍拍照！

赫爾辛基中央火車站 *Helsinki Central Railway Station*
經歷一場穿越時空隧道的旅行

從萬塔機場來到赫爾辛基市，赫爾辛基中央火車站通常是第一站，可不要錯過觀賞火車站本身這幢建築，不妨繞到車站正門，最好拉遠一點點距離，走到正門前方的有軌電車站或百貨公司，回頭一看這座散發著濃濃新浪漫主義建築風格的火車站，大門左右各有兩尊巨大雕像，肯定令你眼睛一亮！

迷人的赫爾辛基老建築

話說，赫爾辛基市的建築先後受到多種建築風格影響，新古典主義與新藝術主義的建築風格，可說是最深入民心，前者留待下一篇文章，至於後者，緣起於二十世紀初期，芬蘭國家浪漫主義運動（THE FINNISH NATIONAL ROMANTIC MOVEMENT）盛極一時，時至今日，因而許多老建築物都留下印記。

國家浪漫主義風格的火車站

赫爾辛基中央火車站，絕對稱得上是芬蘭國家浪漫主義運動的一項重要代表傑作，甚至是本世紀初車站建築中的珍品。建於 1906～1916 年的它，輪廓清晰，正面外牆使用芬蘭花崗岩砌成，屋頂用銅凹成彎曲狀，一直一曲，兩邊對稱，

形成入口的拱形，在歐洲可算是相當特別的造型，由艾里爾，沙里寧（ELIEL SAARINEN）設計，他是國家浪漫主義運動的重要代表人物。

融合理性與創意的四尊巨像

四尊花崗岩巨人雕像十分著名，融合了理性與創意，臉部線條透出歐洲理性主義色彩，手上玻璃圓球意味著文明的傳遞者；每當夜幕升起，球燈也會亮起來，雕塑家為 EMIL WIKSTRÖM。據說，當地人常常拿這四尊石像開玩笑或進行二次創作，用電腦把玻璃球改成樂器、書本、食物、流行玩意等等，雕像臉部又改成趣怪表情，配上精采對話，引起社會上的話題。

左｜四尊石像是火車站的亮點。右｜火車站正門。多變拱形的火車站屋頂，是從古希臘神廟山牆中汲取的一種表現手法。

建築一方面處處流露古典
之厚重格調，另一方面高
高的塔樓形成高低錯落布
局，因而生動活潑，被視
為20世紀建築藝術傑作。

阿黛濃美術館

赫爾辛基中央車站

不對稱、高低錯落的布局

　　一般火車站的高度不會太高，沙里寧卻主張建造高高的塔樓，再加上竟然不建於正中間，而是左邊，立時形成不對稱、高低錯落的布局，變得生動活潑又不呆板。另外，火車站結合塔樓的這個高聳入雲形象，也隱含了「望遠鏡」式的高層建築的方向，也成為後來的同類建築的典範。

新文藝復興風格建築

　　火車站正門的南側為阿黛濃美術館（ATENEUM），是芬蘭三大國家美術館之一。它完成於1883年，是新文藝復興風格的著名建築作品，稍後有完整的分享。

19 個月台與連接地鐵站

　　此火車站經過多次擴建，目前共有 19 個月台，部分月台有頂棚遮蓋，來往機場的月台則沒有，車站底下又連結地鐵站、餐廳、購物中心等，終日人潮不斷。環視火車站內的幾間咖啡店，便發現常見的早餐組合是以肉桂捲／熱狗／牛角包等等＋咖啡為主，約 4-5 歐元左右，算是便宜又快速的早餐或點心。夏天又是果莓季節，無論街頭、市集、超市……甚至火車站都會遇見許多讓人心動的果莓攤位，每當要坐火車去另一個城市旅行時，我們自然是買上一、兩盒新鮮美味的果莓在車上細味品嚐！

天天都有往俄羅斯的列車

　　赫爾辛基中央火車站，作為首都最重要的火車站，自然貫通全國主線，我們往羅凡尼米（Rovaniemi）所搭乘的「北極列車」，以及芬蘭唯一的國際鐵路線，也是從這處出發。

　　唯一一條國際鐵路線是通往俄羅斯，每日四班車來往聖彼德堡（St Petersburg），車站包括 Helsinki--Tikkurila--Lahti--Kouvola--Vainikkala--Vyborg--St. Petersburg Finljandski，全程 3.5 小時。以及，每日一班經過聖彼德堡，抵達莫斯科列寧格勒站（Leningradsky railway station）的通宵列車，共十個站，全程 15 小時左右。

橫跨北歐、俄羅斯、中國的鐵道之旅

　　若時間許可、心裡有完成鐵道壯舉的夢想，不妨在莫斯科的雅羅斯拉夫爾站（Yaroslavskaya railway station）坐上世界上最長的西伯利亞鐵路列車，邁進亞洲，在中國北京劃上旅程句號，完成橫跨北歐、俄羅斯、中國的鐵道之旅。補充一說，莫斯科共有九個歷史性火車站，上述兩個是其中之二。

上｜火車站的大堂。　中｜火車站內的咖啡店，以提供簡餐為主，方便旅客在車上享用。下｜最吸引我們就是果莓攤位，每次我們都禁不住買一些在車上吃。

多元建築的風格

　　最後，說回多元建築的風格赫爾辛基建築，漫步市中心，就像為你帶來一場穿越世紀的旅程，包括新藝術風格的國家劇院（KANSALLISTEATERI）、俄式拜占庭建築風格的烏斯別斯基大教堂（USPENSKI CATHEDRAL）、新古典主義建築風格的參議院廣場（SENAATINTOR）、從岩石深部挖掘修建起來的岩石教堂（ROCK CHURCH）、代表當代建築風格極致的奇亞斯瑪現代藝術博物館（KIASMA MUSUEM），以及最新的木建築典範，當然是 2012 年落成的康比靜默禮拜堂（KAMPPI CHAPEL OF SILENCE）。

烏斯別斯基大教堂

這座教堂位於城市正中心，建成於 1868 年，是西歐最大的東正教教堂。教堂大廳內展現了義大利藝術影響下的東正教拜占庭傳統風格，也鮮明地反映了俄國文化對芬蘭歷史的影響。

康比靜默禮拜堂

此堂跟岩石教堂一樣，從外觀無法料到它是一座宗教建築。外型非常獨特的它，位於喧鬧繁忙的 KAMPPI CENTER 前方，實際是路德會教堂，開放給任何背景和信仰的人們，絕對是市中心一片罕有的讓人靜心反思的地方。

教堂以簡約的木製設計，外形柔軟彎曲，是創新的木建築之中的佼佼者。內部主廳高逾 11 公尺，陳設以梣樹的木材製成。作為芬蘭創新木質結構建築的創舉，禮拜堂設計在世界上屢獲殊榮，於 2010 年便獲得芝加哥雅典娜國際建築獎。

來往赫爾辛基市區的大部分景點、各個郵輪碼頭及渡輪碼頭，毫無置疑，輕軌電車是最為方便。事實上市區巴士與地鐵我們一次也沒有搭過，所以只要掌握電車路線及票價等等，你就能省錢又省時間地暢遊市區。

赫爾辛基市區的電車共有 10 條，由 1 號到 10 號，其中 6 號，亦設有延伸線的 6T 號。熱門班次或繁忙時段，通常大約十多分鐘便有一班。

中央火車站前的電車站

幾個重點的電車站，是非要認識不可。先從中央火車站前的 RAUTATIENTORI 站開展，可搭到 2,3,5,6,6T,9 號電車，大致可前往市區各處或再轉乘其他車。

A。精華購物地段的電車站

火車站前及周邊的一大段區域，有 ALEKSANTERINKATU 和 ESPLANADE 兩大主要購物街，就是購物的精華地段，雲集各大百貨公司，沿街還可發現各大芬蘭經典品牌專賣店，如 MARIMEKKO、IITTALA、ARABIA 等等，車站包括：LASIPALATSI 站、YLIOPPILASTALO 站、ALEKSANTERINKATU 站及 MIKONKATU 站。

ALEKSANTERINKATU 購物街：可搭 2,4,5,7 號電車，在 ALEKSANTERINKATU 站下車。

在赫爾辛基旅遊是一種舒暢愉悅的體驗，這裡不會有交通堵塞，各種公共交通運作有序，騎自行車出行亦十分方便！

B。主要景點區的電車站

緊接上述購物街就是重點之中的重點，這區包括參議院廣場（SENATE SQUARE）、赫爾辛基大教堂（HELSINKI CATHEDRAL）、赫爾辛基市集廣場（MARKET SQUARE）、往芬蘭堡（SUOMENLINNA）的渡輪碼頭與老農貿市場（OLD MARKET HALL），有些郵輪旅客只有半天時間在市區，通常集中來這塊，旅客中心也設在這邊。事實上，從中央火車站散步經過購物街，再來到這區都蠻方便，估計不多於半小時。

參議院廣場及大教堂前方：2.4.5.7 號電車，在 SENAATINTORI 站下車。
市集廣場及渡輪碼頭：2 號電車，在 KAUPPATORI 站下車。

C。沿途最多景點的 2 號電車

細心的你，大概已留意到 2 號電車是途經最多的景點，十分有名的岩石教堂（ROCK CHURCH）座落在市內的另一邊，也是搭 2 號電車，在 SAMMONKATU 站下車。

D。遊船碼頭的電車站

對岸的愛沙尼亞塔林是十分熱門的地方，在市區共有四個郵輪碼頭，稍後會有詳細說明，先在此說明哪些電車可前往這些郵輪碼頭。

搭 VIKING LINE：坐 5 號電車，在 KATAJANOKAN terminaali 站下車。
搭 LINDA LINE EXPRESS：坐 2 號電車，在 ETELÄRANTA 站下車。
搭 SILJA LINE：坐 2 號電車，在 OLYMPIATERMINAALI 站下車。
搭 ECKERÖ LINE：坐 6T, 7 號電車，在 LÄNSITERMINAALI T2 站下車。

E。國內及國際的長途巴士中心

乘坐長途巴士前往國內各主要城市及城鎮、以及往俄羅斯的聖彼得堡，除了坐火車外，長途巴士也十分普及，多間巴士公司提供不同價位及服務水平的長途巴士服務，任君選擇，同樣在後面文章會有詳細說明。市中心的長途巴士中心就在 KAMPPI CENTER 之內。KAMPPI CENTER 是大型百貨中心，坐 6T, 7 號電車就在 KAMPPI 站下車。

上左｜中央火車站前的電車站，可搭乘最多的電車，包括 2,3,5,6,6T,9 號。上右｜途經最多市內景點的 2 號電車，在中央火車站前可搭到。下｜如果需要在電車上購票，最好在車頭上車，這樣比較方便。圖中的白圈，是車票價目表，指出單程車費為 3.2 歐元，以及可購 9 歐元的 1 日票。

單程車票、日票及購票方法

HELSINKI REGION TRANSPORT（HRT）的中文為「赫爾辛基大區交通系統」，芬蘭語是 HELSINGIN SEUDUN LIIKENNE（HSL），所以在公共交通工具上見到 HRT 或 HSL，是同樣的意思。HSL 在 HELSINKI、ESPOO、VANTAA、KAUNIAINEN、KERAVA、KIRKKONUMMI 及 SIPOO 這 7 個地方提供公共交通工具，包括巴士、輕軌電車、地鐵、地區火車及芬蘭堡渡輪。

基本上，你需要同時根據「計劃要去的區域」和「計劃要使用交通工具的時間」這兩個問題而決定買哪一種票，下面提到的車票種類都是旅客較常用到的，票價是成人票。先提醒各位，若持無效的票或沒有買票的人士會被罰 80 歐元。

上｜綠色機器是 HSL 的自動售票機。下｜不是每一個電車站都設有自動售票機，圖中是我們旅館前的電車站，兩邊月台便沒有售票機。

A. 單程車票 (Single ticket)

幾種車票之中，想不到單程車票是最複雜。首先注意單程票分為兩種，第一種是可讓你隨意轉乘電車、巴士、地鐵與芬蘭堡渡輪。

◆ 買票方法
單程車票可以從駕駛員（只限電車及巴士）、HSL 的自動售票機購買及 HSL MOBILE TICKET APP（簡稱 HSL APP）三種方法買到。

◆ 價錢
留心，以上三種購買方法的車費也不同的，HSL 自動售票機及 HSL APP 都是 2.9 歐元，而在電車或巴士上買票，則是 3.2 歐元。

◆ 有效時間
HSL APP 為 80 分鐘、HSL 自動售票機車票為 70 分鐘及在車上買的車票為 60 分鐘。我想大概為了節省資源、推動環保等因素，而鼓勵更多人使用 HSL APP，其有效時間設為最長，這做法值得讚賞。

B。電車單程票

第二種車票是電車單程票（TRAM TICKET），顧名思義就是只能搭乘電車，無法轉乘其他交通工具，而且只限在電車站的自動售票機購買的，為 2.5 歐元，有效時間 60 分鐘。

由此可見，這裡出現兩種的「自動售票機」，HSL 售票機及電車站售票機，前者出現於「赫爾辛基大區的機場、火車站、巴士站、芬蘭堡的輪渡碼頭等等」，後者只出現於「赫爾辛基市內的電車站」。

C。善用 HSL app 解決買車票的問題

因為電車是主要交通工具，所以這件事需要特別注意，原來電車站的售票機並不是每一個車站都有的，即使較多旅客上下車的車站也未必有，像我們旅館前方的電車站就是沒有。因此，如果你不是使用日票（DAY TICKET），便要逐次買票，在沒有售票機的情況下，自然而然必須在電車上跟司機購買貴了一點點的車票。

其實，多付 0.3 歐元不是甚麼大事，只是想著有沒有其他處理方法。所以我們在手機安裝了 HSL MOBILE TICKET APP，便發現這就是最好的解決方法。使用方法很簡單，就是在上車前用 APP 買票（每次只可買一張票），即時生效，APP 馬上開始倒數，有效時間為 80 分鐘。另外，APP 還會記錄過往購票紀錄。旅程最後一天，我們從旅館到中央火車站、再去機場，就是用 APP 購買單程的 REGIONAL TICKET，有效時間為 80 分鐘，剛好足夠時間讓我們搭乘一程電車及往機場的火車，如果在自動售票機買的車票（只有 70 分鐘）便不足夠了。

Q. 猜一猜
這是哪一種車票？
（答案在下面。）

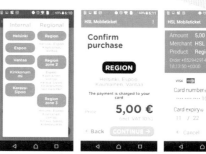

這是我們用 HSL Mobile ticket app，購買 Regional Ticket，價錢為 5 歐元，最後一幅圖指出 19:35 是車票到期的時間。

A. 是在 HSL 自動售票機購買的車票，可一次過兩張單人票，價錢為 5.8 歐元，09:01 是車票的到期時間。

D。日票（Day Ticket）

赫爾辛基市內的日票（DAY TICKET），分為 1 至 7 日，能夠在有效期內無限制地使用公共交通。一天搭上三回左右的交通便已回本，所以最建議使用日票！

各種日票都可在 HSL 自動售票機買到，唯獨「一日票」可直接向電車司機購買，票價沒有額外增加。注意，日票是即買即時生效。

1 DAY 9 歐元　　2 DAYS 13.5 歐元　　3 DAYS 18 歐元
4 DAYS 22.5 歐元　　5 DAYS 27 歐元　　6 DAYS 31.5 歐元
7 DAYS 36 歐元

E。跨區票（Regional ticket）

跨區票也是單程票之一，赫爾辛基等七個地方是劃分為五個區域，旅客是自由地跨區乘車。跨區車票同樣在自動售票機購買。從萬塔機場到赫爾辛基市區就是跨區票，價錢為 5 歐元。

四日票，價錢為 22.5 歐元，
有效至 8 月 3 日 19:22。

F。赫爾辛基卡（Helsinki Card）

這是一張「赫爾辛基市內」的觀光卡，分為 24 小時（46 歐元）、48 小時（56 歐元）及 72 小時（66 歐元），旅客可在市內免費乘坐公共交通工具、兩種乘坐觀光巴士及觀光遊船，以及參觀大部分博物館等等。

此卡可在機場的旅客中心購買，注意機場到市中心的交通是無法使用的，有需要的話旅客可多付幾塊歐元買赫爾辛基大區卡（HELSINKI REGION CARD）。

我們持有 72 小時的 HELSINKI CARD，書內提及的觀光巴士（價錢 28 歐元）、觀光遊船（25 歐元）、芬蘭堡中文導賞團及博物館（37 歐元）、阿黛濃美術館（15 歐元）、基亞斯瑪當代藝術博物館（14 歐元）等等都是透過此卡而免費入場。

> **Info Box**　赫爾辛基卡：www.helsinkiexpert.com
> HRT：www.hsl.fi

電車途經主要的購物街，Stockmann 是芬蘭最大型百貨連鎖公司，在全國主要城市都有其分店。

參議院廣場及赫爾辛基大教堂。

西港區的住宅區。

西港區 *West Harbour*
驚喜發現可欣賞到赫爾辛基全景的最高點

③-⑥ 全都是攝於早上，西港景的清晨色相當寧靜，我們最愛在早餐後在外面長長的灣畔散步。③ 正在步行前往碼頭的旅客。④ 左邊建築看似商業大樓，其實就是我們旅館。⑤ 旅館前的西港區景色。⑥ 旅館大堂及芬蘭品牌的坐椅及洗手間。

規劃行程時，已知道波羅的海三國的首都古城區都有高高的塔樓，可讓旅客飽覽景色，豈料到赫爾辛基市區卻沒有，難免有點失望。

赫爾辛基的西港區

我們在赫爾辛基市的酒店是一座十九層高的時尚旅館，旅館各處流露出時尚設計感，大廳的坐椅與洗手間都是芬蘭名牌。旅館稱為 CLARION HOTEL HELSINKI，於 2016 年才落成，座落於西港區（WEST HARBOUR）。這一帶算是新發展區，大量但密度的高級樓房還在興建中，說不上是旅客區；但很多旅客也會來到這一帶，因為這邊有兩個遊輪碼頭，分別是 WEST TERMINAL 1 & 2，主要提供前往愛沙尼亞塔林的遊船服務。

旅館地點

前往西港區的兩個碼頭是坐 6T 及 9 號電車，都會經過旅館前的 HUUTOKONTTORI 站，所以我們也是依靠這兩列電車往返市內景點，去中央火車站也是十分鐘左右；而且距離旅館不到三分鐘的路程便有一間超市，真的很方便。

我們面向海港的房間，兩扇面積不大的窗子讓我們感到些許失望。

一直走便是遊輪碼頭。

晨光中的西港區，一切也光華燦爛。

從房間看到的海港景色

　　我們入住擁有海景的普通房間，空間尚算足夠，有點雞蛋挑骨頭，就是窗子不是很大。既然旅館享有如此迷人海景的優勢，為什麼不設計大幅的落地玻璃呢？旅館外牆設計，是一個又一個不同顏色長方形圖案拼合的設計，所以全部窗子都要統一使用面積不太大的長方形窗子嗎？如果真的這樣，真是有點可惜啊，我想每位住客都會期望在房間裡可以欣賞到一大片海港景色啊！

窺看到赫爾辛基市區的另一面

　　旅館是建於海港灣畔，一半房間及吃早餐的餐廳都是面向優美海港，我們最愛在早餐後在外邊走一走，甚至提筆畫畫，又或是傍晚時份，提早一、兩個電車站下車，穿過附近的民居，再慢慢沿著灣畔散步回去，窺看到赫爾辛基市的另一面。

　　走進沒有旅客涉足的住宅區，遇見的都是本地人，遇見的餐廳與商店都是本地人才會去的，感受不一樣城市的氛圍。

兩幅均是寧靜的西港區住宅的寫生畫，都在隨意的散步下完成。

Helsinki
2017.8.18

俯瞰城市及海灣的廣闊視野

　　入住時驚喜地發現旅館頂層的酒吧，竟然擁有整個城市及海灣的廣闊視野，後來又發現它更是全市最高。順道一說，芬蘭的最高建築並不在首都，而這座旅館是名列全國第五最高。

頂層酒吧，實則是在十六樓，已經是大家能夠登到最高的一層。除了酒吧，這層還有非住客無法進入的泳池及桑拿設施。至於酒吧，一般人可在大廳自由搭乘電梯上來，酒吧面積也蠻大，基本上有三面落地窗可看到景色，估計可容納一百人。消費方面，相對一般餐廳的飲料沒有明顯昂貴，非酒精飲料大約至少 4 歐元，酒精飲料則是至少 7、8 歐元。

酒吧是開放給非住客享用，據自己觀察，有不少本
地人會相約三五知己來此一聚，把酒言歡。這處真
的很值得推薦給大家，即使不入住也要來一趟。酒
吧在下午五點開始營業，結束日間的行程後，不妨
坐上 6T 或 9 號電車來登上全市的最高點，以迷人
的城市全景，作為這一天的完美句號吧！

埃斯普拉納蒂公園 *Esplanade Park*
悠悠夏日裡一片自在寫意的畫面

在旅遊局資料讀到,赫爾辛基這城市竟然擁有三分之一的面積由公園和綠化區域組成,更想像不到其中央公園的佔地面積竟然多達 10 平方公里,而世界知名的美國紐約中央公園也只有 3.4 平方公里,10 平方公里相當於 1360 個足球場的面積,我想像著這公園到底有多廣大呢?

市中心核心區的埃斯普拉納蒂公園

先說一個大部分旅客都有可能會經過的埃斯普拉納蒂公園(ESPLANADE PARK),只因它位於首都核心範圍。那天我們完成芬蘭堡的行程後,下船走過赫爾辛基露天市場,就已經來到公園入口。有點意外的是,這時候才只是下午五點左右,露天市場上大部分攤位已不再做生意了,店員忙於收拾東西,我以為這兒因為位於熱門旅客區,攤位的營業時間會到七、八點左右。

埃斯普拉納蒂公園於 1812 年開放,據說與此城一起成長,其正中央矗立了芬蘭民族詩人約翰·盧德維格·魯內貝里的雕像,經過 200 年的歲月,至今成為首都最受歡迎的公園之一。

市中心鬧中取靜的地方?

公園也被旅遊局形容為「市中心鬧中取靜的地方」,站在公園入口處所見到的情境,馬上證明這句宣傳語根本不適用於這一刻。下午五點過後,夏日陽光依然燦爛明媚,果然是市內最受歡迎的公園,來往步道上的人雖然多,也及不上兩旁一排排高高的林木底下,錯落地擠滿在每一片草地上的人們,有人在笑笑鬧鬧、有的在喝著飲料、吃著甜點在聊天、有的躺在軟綿草地上仰望蔚藍天空……看著大家能夠坐在草地上自在地做著喜歡的事情,我就覺得很好了,完全是悠悠夏日裡一片自在寫意的畫面。

左|露天市場上還在做生意的攤位,旅客們把握最後機會購買新鮮的藍莓。右|埃斯普拉納蒂公園在露天市場那邊的入口,圖中左方是 Kappeli 餐廳,餐廳是面向音樂表演台。

如果我變成芬蘭人，也會像他們，在夏天裡天天在公園長椅子上曬太陽、聊天，寫意地享受人生！

深受本地人歡迎的原因

　　我猜想，這公園深受本地人歡迎的原因之一，就是優越的位置，這一片城市綠洲座落於鬧市的核心地段，西起於ERROTTAJA廣場，東到赫爾辛基露天市場，參議院廣場及亞歷山大大街亦在鄰近。

　　大家下班後不選擇在咖啡店、而相約到此，步行或是坐電車前來也很方便，親近一下濃密柔軟的綠草、享受難得的夏日溫暖氣息。

天天都有音樂表演

　　公園在夏天特別熱鬧，在接近露天市場那邊的 KAPPELI 餐廳前，便有一座戶外舞台，幾乎天天舉行免費的現場音樂表演，我們走過時便見到有人正在試音，想來晚一點的時間便有一場音樂表演，到底會一場怎麼樣的音樂表演？是古典？還是爵士樂、藍調、民謠、抑或是搖滾？必定令公園的人們大飽耳福、迷醉於美妙樂曲中。

每年 2 月 5 日定為「魯內貝里日」，
不少本地人在當天特意前來公園，
觀望這位芬蘭民族詩人雕像。

偉大的芬蘭民族詩人

公園內的雕像是約翰·盧德維格·魯內貝里（JOHAN LUDVIG RUNEBERG，1804 年－1877 年），是偉大的芬蘭民族詩人。芬蘭還將每年的 2 月 5 日定為「魯內貝里日」，2004 年是他 200 周年誕辰之際，政府還出版了一套以他的頭像為標誌的 10 歐元紀念紙幣，可見他對於芬蘭的影響十分大。

芬蘭國歌《我們的國家》（芬蘭語：MAAMME，瑞典語：VÅRT LAND）的作詞者就是他。當時他於 1846 年完成的浪漫民族主義傑作——詩歌《FÄNRIK STÅLS SÄGNER》，原詩共有 11 小節，國歌選取了其中的第一段和最後一段。歌詞原為瑞典語，1867 年由尤利斯·科隆（JULIUS KROHN）翻譯為芬蘭語。

居於詩人之城

在另一篇文章提及，我們前往波爾沃古城，原來那兒也被稱為是「詩人之城」，只因波爾沃的優美環境成為了許多芬蘭著名詩人和藝術家居住的小城，這位芬蘭民族詩人也是從 1837 年到 1877 年，一直居住在那兒，其故居如今已成為博物館。

芬蘭音樂之父

至於《我們的國家》的作曲者，是弗雷德里克·帕修斯（瑞典語：FREDRIK PACIUS），是德國男作曲家。他一生大部分時間住於芬蘭，被譽為「芬蘭音樂之父」。1848 年他為《我們的國家》譜曲。

補充一說，愛沙尼亞國歌《我的土地，我的歡愉》也採用了這感人作品，兩國的國歌在樂曲上大致相同，芬蘭國歌每段的第 3 句到第 6 句要重複一次，而愛沙尼亞國歌則不用，歌詞也頗為相似。

說回公園裡這座雕像，上方自然是
魯內貝里，下方的女神雕像手持的
石碑，就是《我們的國家》詩篇紀
念碑，歌詞為瑞典語。

VÅRT LAND.

VÅRT LAND. VÅRT LAND. VÅRT FOSTER LAND.
LJUD HÖGT O DYRA ORD.
EJ LYFTS EN HÖJD MOT HIMLENS RAND.
EJ SÄNKS EN DAL. EJ SKÖLJS EN STRAND.
MER ÄLSKAD ÄN VÅR BYGD I NORD.
ÄN VÅRA FÄDERS JORD.

O LAND. DU TUSEN SJÖARS LAND.
DER SÅNG OCH TROHET BYGGT.
DER LIFVETS HAF OSS GETT EN STRAND.
VÅR FORNTIDS LAND. VÅR FRAMTIDS LAND.
VÅR FÖR DIN FATTIGDOM EJ SKYGGT.
VAR FRITT. VAR GLADT. VAR TRYGGT.

DIN BLOMNING. SLUTEN ÄN I KNOPP.
SKALL MOGNA UR SITT TVÅNG.
SE. UR VÅR KÄRLEK SKALL GÅ OPP.
TT LJUS. DIN GLANS. DIN FRÖJD. DITT HOPP.
OCH. HÖGRE KLINGA SKALL EN GÅNG.
VÅR FOSTERLÄNDSKA SÅNG.

芬蘭國歌 (中文譯本)

我們的國家，芬蘭，我們的土地，
為無價之名高呼！
沒有峽谷，沒有山丘，
沒有觸及天際的高山
作為北方的故鄉，
如父親般高貴的國家。
沒有峽谷，沒有山丘，
沒有觸及天際的高山
作為北方的故鄉，
如父親般高貴的國家。

在寒冷中含苞待放，
你將再次崛起：
願我們的愛逐漸升華，
你的希望、歡樂與榮耀，
願獻給祖國的歌聲
在高處回響。
願我們的愛逐漸升華，
你的希望、歡樂與榮耀，
願獻給祖國的歌聲
在高處回響。

至於雕像的創作者，就是魯內貝里的長子 Walter Runeberg，在赫爾辛基參議院廣場上一組大型雕像也是出自其雙手。

蝴蝶灣公園

蝴蝶灣公園

　　相對上一個公園，蝶略灣公園（TÖÖLÖNLAHTI PARK）則寧靜許多，面積也廣大許多，是赫爾辛基市中心的另一片綠洲。公園主要有一條繞著海灣的 2.5 公里長步道，在天朗氣清裡，人們可以欣賞到閃閃發光的藍色海水。赫爾辛基音樂中心、芬蘭館、歌劇院與奧林匹克體育場都在這裡。此海灣同樣深受本地人的喜愛，散步或慢跑一下，放鬆身心和享受清新空氣。

　　此公園實際上仍是市中心範圍，坐 4 號或 10 號電車在 HESPERIAN PUISTO 站下車，便可以進入公園，最近的景點包括岩石教堂與基亞斯瑪當代藝術博物館（KIASMA MUSEUM），當天我們在參觀岩石教堂後，步行至公園，大約花了二十分鐘。

讓你走進真正大森林的赫爾辛基中央公園

　　蝶略灣以北，便是綿延 10 公里的中央公園，一直延伸到機場所在的萬塔市。公園有四個自然保護區，PITKÄKOSKI 及 RUUTINKOSKI 的落葉林區、HALTIALA 的原始森林區、NISKALA 的植物園區。

　　手上的兩、三份市區地圖都沒有明確指出中央公園的入口在哪兒，我們花了一點點時間，總算在最南邊的公園範圍找到一個入口，於是我們便離開蝶略灣公園坐上 10 號電車，在 TÖÖLÖN TULLI 站下車，穿過一些建築便開始進入廣大的公園。

　　我們沒有真正去過美國紐約中央公園，不過從公園的照片看到，在公園中的人們可以看到公園外圍的高樓大廈，給人置身於城市綠洲中的感覺。可是赫爾辛基中央公園，我們期望在入口或沿途，會有公園地圖或路標，豈料一個也沒有：走了數分鐘，剛才還見到幾座建築已經消失得無形無蹤，一點也沒有城市中綠洲的感覺。

赫爾辛基中央公園

在中央公園裡，我們只遇見這幾位小
朋友，感到後悔沒有跟他們問路。

留下一連串夾雜著神祕感的問號

途中遇見幾位小朋友走過，他們後方沒有父母隨行，難道他們是獨自來這面積廣大的森林遊玩嗎？

接下來的景色基本沒有太大轉變，亦沒有再碰上任何人，深深感覺自已完完全全深入無盡的森林之中，再加上沒有地圖也沒有路標，真的後悔沒有向那幾位小朋友詢問一下⋯⋯

最終我們決定放棄，這次無功而返讓我們上了一課，芬蘭的中央公園與國家公園實在很大很大，事前一定要做足準備功夫。及後我們在旅遊局終於找到這公園的地圖（需要在櫃台詢問才會派發），原打算踏單車再闖一闖，結果無法成行，如此這座中央公園，在我們回憶中留下一連串夾雜著神祕感的問號。這一個一個問號，也激發我們對芬蘭原始森林的好奇，數天後我們參加了一日團，跟隨本地導遊的腳步，深入努克西奧國家園（NUUKSIO NATIONAL PARK）綠意昂然的茂密森林裡，去看千湖之國的原始美景。

左｜我們穿過一些房子後，便進入中央公園，走了幾分鐘便再看不到建築。右｜後來找到的中央公園地圖，可惜無法用得上。

岩石教堂 *Rock Church*
人工建造的教堂與天然岩石自然融合在一起

　　遊訪歐洲大城小鎮，總會遇見大大小小的教堂，即使整體十分宏大，最常見的特點還是高高的、尖尖的，但是赫爾辛基市竟然出現一座「從外觀完全無法判斷裡面是一座教堂」、「完全超出你對教堂建築認知範圍的驚艷教堂」！

看不到一般教堂的尖頂和鐘樓

　　這座被稱為「岩石上的 UFO」的教堂，正式名稱是坦佩利奧基奧教堂（TEMPPELIAUKION KIRKKO），不過大部分人或旅遊書還是愛稱呼它為岩石教堂（ROCK CHURCH）。來到現場，映入眼廉的是一大片岩石高地，看不到一般教堂所具有的尖頂和鐘樓，高地比旁邊的街道高出八、九米，四周的住宅區房子把岩石高地環繞著。

　　教堂在哪兒？在遊人不多的時候，我想教堂入口應該會是「若不仔細觀察而容易錯過的」，不過這天遊人特別多，一看便知這個彷如一座現代化美術館入口的就是教堂入口。

建於岩石之內的空前絕後構思

　　此岩石高地被稱為坦佩利岩石廣場，興建教堂計劃始於 1906 年，市議會決定在弗雷德里克街（FREDRIKINKATU）的盡頭建造教堂，這條街雖是赫爾辛基的主要街道，盡頭地形卻是崎嶇不平的岩石高地。設計建築時遇到重重困難，設計圖初選時，評審對參賽作品不甚滿意。開始二度徵選入圍作品時，又遇上第二次世界大戰而告終。

　　直至芬蘭建築師兄弟 TIMO SUOMALAINEN 與 TUOMO SUOMALAINEN ，於 1961 年的教堂設計競賽交出「空前絕後的設計圖」，最大亮點是教堂不是建於高地之上，而是建於「岩石之內」，主要目的是不損及岩石高地這個自然景觀，人工建造的教堂能與天然的岩石完美融合在一起。

左｜教堂門票為 3 歐元，因為在教堂買門票的旅客多，排隊時間較長，建議可在教堂前方大街上的紀念店購買。中｜我們去過芬蘭不同城市，發現博物館、古堡、美術館、教堂等等的門票都是一張小小的貼紙。跟一些旅遊局的人了解過，貼紙門票是他們長久以來使用的，主要認為方便，職員看到貼紙門票貼在身上的參觀者，便可馬上讓他入場。右｜教堂正門放置樹形木架，給旅客離開時把貼紙貼上去，以免造成垃圾。

非一般的教堂：若不是事前知悉岩石教堂外觀是非常獨特，
否則很多人應該料想不到，這個彷如一座現代化美術館入口
就是教堂入口。

參觀完內部，記得步行繞到後方，可登上
岩石高地，近距離觀看教堂的圓頂。最右
圖是站在教堂正門上方高地拍下來的，遠
望前方便是弗雷德里克街。

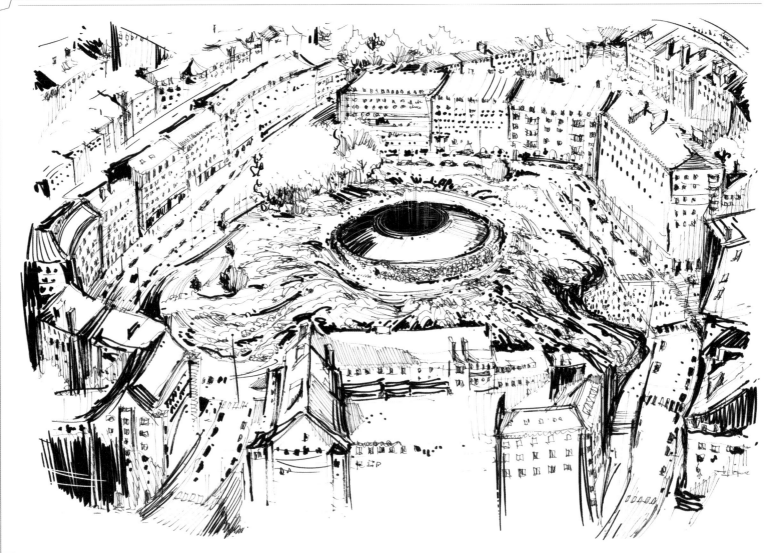

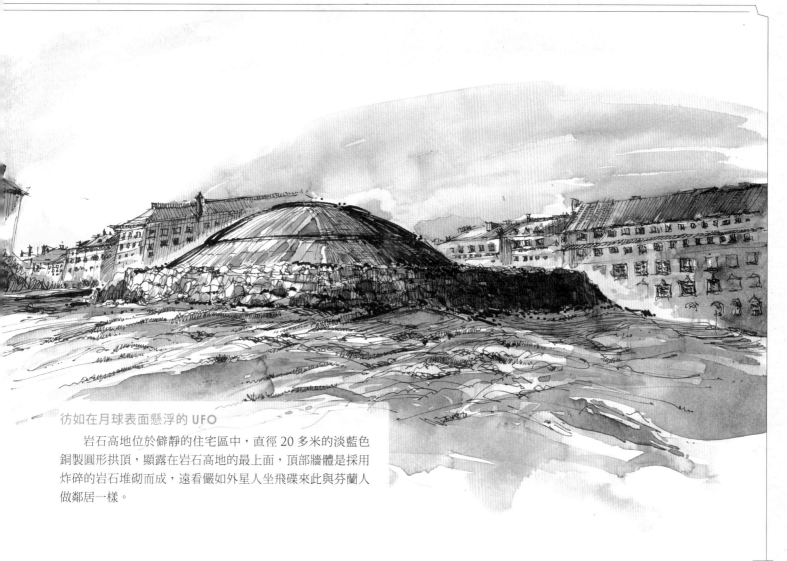

彷如在月球表面懸浮的 UFO

　　岩石高地位於僻靜的住宅區中，直徑 20 多米的淡藍色銅製圓形拱頂，顯露在岩石高地的最上面，頂部牆體是採用炸碎的岩石堆砌而成，遠看儼如外星人坐飛碟來此與芬蘭人做鄰居一樣。

在一片光影交織的美景下，
讓我們看到稍微不一樣的世界。

惡魔的地下碉堡

評審們感到非常滿意，深深覺得他們的設計十分獨特，而且還保留下建址的天然岩石，這個突破性的教堂設計因而一舉奪標。可是，獲得評審的青睞不等於獲得大眾的接受，這座非常不傳統的教堂，實在遠遠超出一般人的期盼及固有的教堂概念，甚至覺得其外型容易讓人聯想到「惡魔的地下碉堡」。

一躍成為城市的著名觀光勝地

破舊創新從來不是容易走的路，幾經波折，興建工程直到1968年2月才開始。1969年9月建成後便立即啓用，這座興建前被聯想為「惡魔的地下碉堡」的教堂迅速獲得大眾的喜愛，一躍成為城市的著名觀光勝地，至今無論本地人或外國旅客都絡繹不絕。

天然採光

建造工程是這樣的，教堂既然是建造在岩石之內，所以工程人員必先挖掘岩石，把岩石高地的中央位置挖空，教堂內部就是置於其中。教堂屋頂採用圓頂設計，直徑有24米，由一百條放射狀的銅製椓柱支撐，同時鑲上透明玻璃，有了自然採光後絲毫感覺不到身處岩石之內，頂部最高處離地面有13米。

環繞內部的牆壁，有5-9米不等的高度，較高位置由一塊一塊大小不一的岩石塊推砌而成，石塊都是來自原地。每一塊石頭都是精心選砌的，原始的色調為教堂與岩石高地增添融為一體的感覺。

感受美好的幽靜氛圍

岩石教堂可容納接近1000人，每逢週日舉行禮拜。由於大廳呈環形，音響效果非常好，因而成為本地表演音樂的熱門場地。這天雖然遊人特別多，我們依著自己節奏慢慢走、細看教堂每一角落。陽光灑進，把岩石內的空間照得一片通明，創造出光影交織的美景。最後，我們挑一個角落坐下來，靜心的感受美好的幽靜氛圍。

岩石教堂地址：Lutherinkatu 3

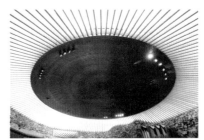

上｜大家都在抬頭觀賞壯觀的圓頂。
中｜聖壇。
下｜花崗岩完美地融入內部裝潢。

FINLAND · REPUBLIC OF FINLAND

從赫爾辛基開往塔林、斯德哥爾摩及聖彼得堡的三條航線
坐上遊船盡情欣賞芬蘭灣的遼闊海景

幾年前，我們在第一本旅遊作品《畫家帶路，丹麥尋寶記》，記下從丹麥哥本哈根（COPENHAGEN）到瑞典赫爾辛堡（HELSINGBORG）的遊船經歷，那是不到一小時的輕快單程交通，相當方便，可見兩國距離十分接近。從那時起，我們漸漸開始認識北歐與東歐之間的幾個海灣分佈與不同遊船航線，來到這一回旅程，又對於赫爾辛基與對岸塔林的遊船交通上了寶貴的一課。

芬蘭灣的主要城市

先說芬蘭灣（GULF OF FINLAND），那就是赫爾辛基與塔林之間的海灣，它實則是波羅的海東部的大海灣，形狀細長，長度約為 400 公里，平均水深為 40 米，最深處為 115 米。海灣除了位於芬蘭、愛沙尼亞之間，也伸展至俄羅斯第二大城市聖彼得堡，事實上注入此海灣的主要河流之一，就是來自聖彼得堡的涅瓦河。由此可見，此灣內有三個國家的主要城市，赫爾辛基、塔林及聖彼得堡各據一方。

赫爾辛基與塔林的遊船班次十分頻繁

芬蘭灣內航線縱橫，在 1000 公里的海岸線上有大小 10 多個港口，聖彼得堡海港的年吞吐量為 1500 多萬噸，赫爾辛基則有 1000 萬噸，塔林亦有 300 萬噸。

在多條由赫爾辛基海港展開的航線中，以來往赫爾辛基與塔林的遊船最為繁密，一天裡總共有二十班次左右，幾乎每小時便有每一班。原因不外乎是三個沿海灣的大城市中，以這兩個城市最為接近，最快的船程只需 1 小時 40 分鐘，因而造就大量即日往返兩地的觀光客與工作的人。

左｜Viking Line 的遊船，開往塔林及瑞典斯德哥爾摩的班次，都在 Katajanokka Terminal 開出。右｜此為 Olympia Terminal，Tallink Silja 往斯德哥爾摩的遊船在此出發。

赫爾辛基南港區
南港區分為 Makasiini Terminal 與 Olympia Terminal，位於赫爾辛基露天市集與大教堂的附近。

Olympia Terminal
Tallink Silja 開往斯德哥爾摩的遊船

Makasiini Terminal
Linda Line 開往塔林的高速船

Katajanokka Terminal
Viking Line 開往塔林及斯德哥爾摩的遊船

來往赫爾辛基與塔林的遊船十分繁密，一天裡總共有二十班次左右，每小時便有一班開出，甚至亦有通宵班次，在船上睡一覺，第二天清晨便下船。

晴朗的清晨下，天空難得的澄澈瓦藍。客輪劃破海面駛向愛沙尼亞，我們寫意地欣賞鄰鄰波光中島嶼的美麗風景。

往塔林、斯德哥爾摩及聖彼得堡三大主要航線
從赫爾辛基的客運海港開出的遊船，大致分為三大類

（一）往返塔林：共有四間往返塔林的遊船公司，包括 VIKING LINE、LINDA LINE、TALLINK SILJA OY、ECKERÖ LINE AB OY，單程兩至三小時不定。基本上，四間公司都是天天有船出發，前三者的班次最多，ECKERÖ LINE AB OY 的班次較少，一天三班左右。LINDA LINE 是高速船，只需 1 小時 40 分。除了日間及夜間外，還有通宵航班，詳細可參考遊船公司網站。

遊船公司	班次	時間	單程價錢
1.Viking Line	每天六至七班	2-2.5 小時	30 歐元起跳
2.Linda Line	每天六班	1 小時 40 分	39 歐元起跳
3.Tallink Silja Oy	每天六至七班	2-2.5 小時	32 歐元起跳
4.Eckerö Line Ab Oy	每天三班	2.5-3 小時	19 歐元起跳

（二）往返斯德哥爾摩：VIKING LINE 及 TALLINK SILJA OY 又提供往返斯德哥爾摩的航線，通常是傍晚上船，在第二天早上抵達。遊船橫跨芬蘭灣及波羅的海，中途站有奧蘭群島（ALAND ISLANDS）的瑪麗港。例如 TALLINK SILJA OY 的班次為 17:00（赫爾辛基）→ 04:15（瑪麗港）→ 09:30（斯德哥爾摩）。

（三）往返聖彼得堡：最後還有一間稱為 ST. PETER LINE 的遊船公司，自然是經營往返聖彼得堡的航線，都是通宵班次為主，每晚有二至三班。

左｜在 Katajanokka Terminal 等候上船的地方，因為旺季，擠滿旅客。左 2｜船上的餐飲區。右 2｜兩地物價較有差異，來自物價較高的芬蘭人經常坐船去到塔林購物。船上亦有商店，酒精類是最多人購買的。右｜塔林碼頭內的海關，芬蘭與愛沙尼亞同是歐盟國家，所以不用辦手續便可進入。

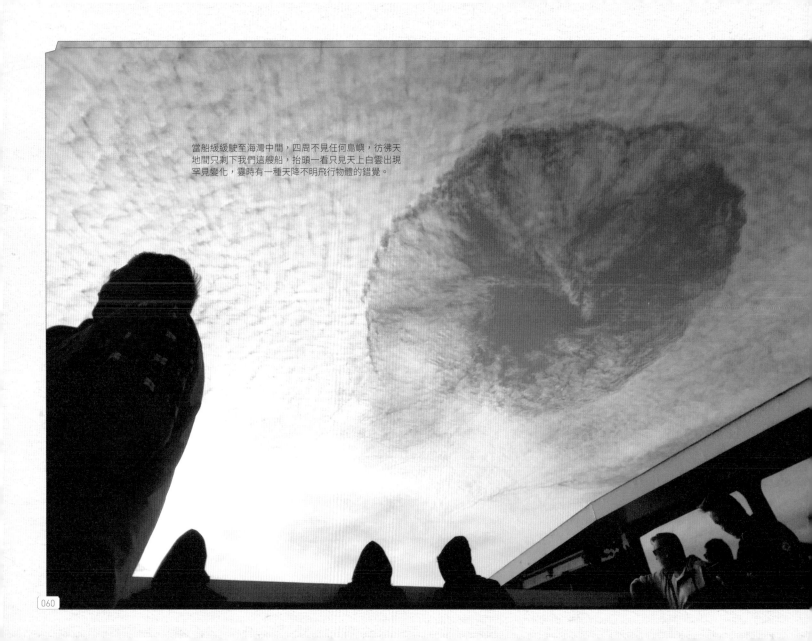

當船緩緩駛至海灣中間，四周不見任何島嶼，彷彿天地間只剩下我們這艘船，抬頭一看只見天上白雲出現罕見變化，霎時有一種天降不明飛行物體的錯覺。

赫爾辛基的五個遊船碼頭

需要分外注意五個遊船碼頭，有些相距甚遠，千萬不要去錯地方。

（一）KATAJANOKKA TERMINAL：在赫爾辛基露天市集那邊的海港，左右兩邊各有遊船碼頭，KATAJANOKKA TERMINAL 就在左邊，可乘坐 5 或 6 號電車抵達。這碼頭是 VIKING LINE 的遊船停泊處，開往塔林及瑞典斯德哥爾摩的班次均在此。

（二）MAKASIINI TERMINAL：在赫爾辛基露天市集那邊的海港，此碼頭就在右邊，可乘坐 2 或 3 號電車，LINDA LINE 的塔林航線就在此。

（三）OLYMPIA TERMINAL：在赫爾辛基露天市集那邊的海港，此碼頭就在 MAKASIINI TERMINAL 後方，同樣是坐 2 或 3 號電車，TALLINK SILJA OY 的斯德哥爾摩航線就在此。MAKASIINI TERMINAL 與 OLYMPIA TERMINAL 合稱為南港區（SOUTH HARBOUR）。

（四及五）WEST TERMINAL 1 及 2：位於市區的西邊新發展區，WEST TERMINAL 1 有兩間遊船公司，TALLINK SILJA OY 是運行塔林航線，ST. PETER LINE 是聖彼得堡線。WEST TERMINAL 2 則有 ECKERO LINE，是塔林航線。這兩個碼頭同是坐 6T 或 7 號電車。

Google Map

Viking line 亦提供高速船，稱為 Viking FSTR，時間是 1 小時 40 分鐘，大概是與以主要經營高速船的 Linda Line 競爭吧。我們往塔林就是乘坐 Viking FSTR，高速船沒有甲板，但也有小小的露天空間，讓旅客觀賞大海、享受海風。本頁照片是 Viking FSTR 的唯一露天空間，右圖 是停泊在碼頭的 Viking FSTR。

完美的轉搭遊船

　　我們來回的兩程都是乘坐 VIKING LINE 的遊船，事前沒有特意去查看各間遊船公司的服務評價、價錢等等。對我們而言，最主要考慮的是「上船時間」，兩次都是在坐完通宵火車或通宵巴士的清晨時分，最完美的是緊接轉搭到最快開出的遊船，不用耗上不必要的等船時間。

　　查看遊船時刻表，無論是從赫爾辛基，或是從塔林開出的 VIKING LINE，其最早班次（八點半）是最適合我們。如此這樣，我們碰巧乘搭了兩次 VIKING LINE 的遊船。

現場售票在起航半小時前停售

　　預留多少時間上船呢？官方指引提醒旅客提早一小時前抵達碼頭，現場售票則是「起航半小時前便停售」。我們從赫爾辛基到塔林的那一程，時間充裕，在一小時左右前便到達碼頭，而且又網上訂票，所以很順利地上船。補充一說，網上訂票的旅客，需要在碼頭再取登船證方可上船。

芬蘭灣的遼闊景色

回去赫爾辛基的那個早上，天色昏昏暗暗。身體雖然因為坐了一整晚通宵巴士而有點累，但一旦在甲板上開始散步，迎面吹來的海風、陣陣的涼意，精神起來便盡情欣賞芬蘭灣的遼闊景色。

訂了船票是無法退款或改搭下一班

可是從塔林回到赫爾辛基的那一次，時間十分緊湊。首先通宵巴士預計在七點半抵達塔林的長途巴士總站，而 VIKING LINE 的班次則在八點半。沒有網上訂票的原因，當然是擔心萬一巴士沒有準時到達，便很大機會趕不上搭船，訂了船票是無法退款或改搭下一班。第二，下一班是十點半，要等上三小時。於是，我們決定與時間賭一局。

那天早上真是一個與時間競賽的故事

首先，慶幸的是巴士能準時在七點半抵達，第二的幸運事情，剛好在巴士旁有一輛在等客的計程車，二話不說我們跳上去直奔碼頭。塔林長途巴士總站與碼頭並不是短程的步行距離，何況在這個非常時刻，計程車就是首選的交通工具，塔林計程車是 3.85 歐元起跳，這段車資為 9 歐元左右。

我們在七點四十五分到達碼頭，跟赫爾辛基一樣，塔林遊船碼頭有好幾個，一定要跟司機說明去哪一個，我們自然說要去 VIKING LINE 碼頭。趕得及在八點前買到船票嗎？跑進大廳，便看到兩個售票櫃位前有兩條長長的人龍，心裡一涼！然後又發現旅客是需要出示 PASSPORT，好讓職員輸入你的個人資料，為什麼在網上訂票時不用輸入、而在現場買票又需要呢？如此一來，排隊時間更長，移動速度十分緩慢……我們便知道無法在八點前買到船票了！

這時候我們已打算買下一班的船票，豈料過了八點，閘口的職員卻繼續讓旅客上船，難度有一線生機嗎？直到八點十五分左右，終於輪到我們，職員快速輸入我們証件資料，出乎意外地買到八點半的船票。買到票也要趕得上船，我們拉著行李飛跑……那一班最後上船十多名乘客之中，也包括我們。

Viking Line 的大遊船稱為 Viking XPRS，至少有兩層甲板的大空間讓人隨意散步；如果買貴一點的船票，還可享用船尾貴賓廳的戶外空間，舒服地安坐在沙發上，最悠哉的享受景色。

Info Box

赫爾辛基全部海港資訊：www.portofhelsinki.fi
Viking Line(愛沙尼亞、瑞典、奧蘭島)：
www.sales.vikingline.com
Linda Line(愛沙尼亞)：en.lindaline.ee
Tallink Silja (愛沙尼亞、瑞典、奧蘭島)：
www.tallinksilja.com
Eckero Line(愛沙尼亞)：www.eckeroline.fi
St. Peter Line(俄羅斯聖彼得堡)：stpeterline.com

芬蘭國家美術館 *Finnish National Gallery*

從芬蘭最古老到現代的美術館，都收藏著豐富藝術作品

美術館本身的建築就是一件巨型藝術作品。由中央火車站開始，我們就從建築開始認識芬蘭，這次會拜訪兩座著名美術館。芬蘭國家美術館（FINNISH NATIONAL GALLERY）是此國最大的藝術組織及國家文化機構，主要管理及運作三大美術館，包括阿黛濃美術館、基亞斯瑪當代藝術博物館和西內布呂科夫美術館。

古色古香的阿黛濃美術館

與新浪漫主義的中央火車站遙相呼應的，是新古典主義的阿黛濃美術館，就在火車站正門南側，在一條大街上竟有兩種

不同風格、不同時代的建築各領風騷。第一天到達時，步出火車站，在左邊便看到散發著高貴氣息的古色古香美術館，馬上被那恢宏外觀與精緻雕像深深吸引著，對於待在市中心的時間不夠多、沒有時間逛遍市區幾個精彩博物館的旅客，極力推薦大家要選擇這座，此館可作為最經典的探索之地。

正門由下而上的第一組雕像：三位古典藝術家半身雕像，包括畫家 Raffaello Sanzio、雕刻家 Phidias 及建築師 Donato Bramante。

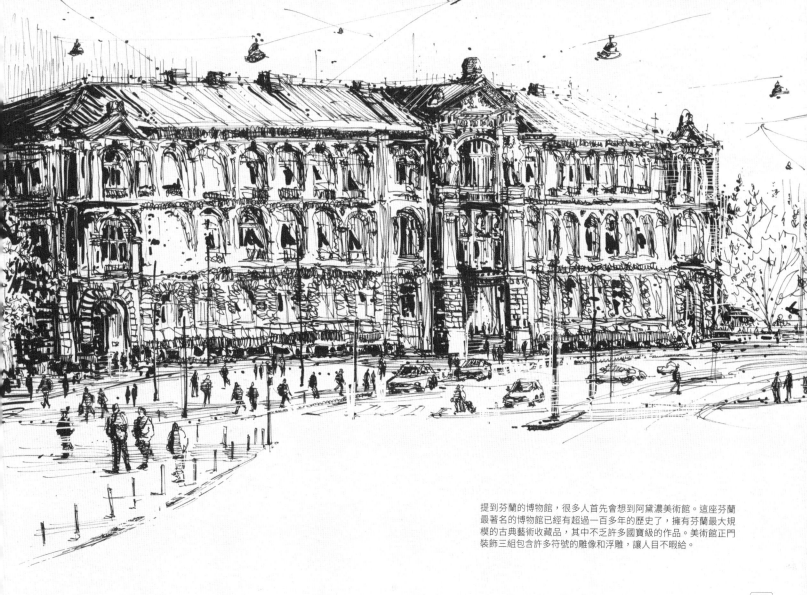

提到芬蘭的博物館，很多人首先會想到阿黛濃美術館。這座芬蘭最著名的博物館已經有超過一百多年的歷史了，擁有芬蘭最大規模的古典藝術收藏品，其中不乏許多國寶級的作品。美術館正門裝飾三組包含許多符號的雕像和浮雕，讓人目不暇給。

美術館大堂，在樓梯中途回看，彷彿置身在古
希臘神殿中。

豐富象徵意義的雕像和浮雕

　　美術館的整體呈長方形，方方正正規規矩矩，有別於高低錯落布局的中央火車站。欣賞重點是其正面，由三組具有豐富象徵意義的雕像和浮雕組合而成，造型異常精美，全都是卡爾‧恩薩斯‧斯克斯特蘭德（CARL EneasSjöstrand）的作品，絕對值得你花時間好好欣賞。

第一組：三位著名的古典藝術家半身雕像

　　正門上方有三位著名古典藝術家的半身雕像，分別為畫家RAFFAELLO SANZIO、雕刻家PHIDIAS及建築師DONATO BRAMANTE。DONATO BRAMANTE是義大利文藝復興時期著名的建築師，他將古羅馬建築轉化為文藝復興時期的建築語言。RAFFAELLO SANZIO是義大利畫家、建築師，並與李奧納多‧達文西和米開朗基羅合稱「文藝復興藝術三傑」。PHIDIAS是古希臘的雕刻家，被公認為最偉大的古典雕刻家。

第二組：四個女神雕像

　　視線向上移，便是由四根圓柱組成的門廊，看清楚一點，圓柱變成四個女神雕像，各據兩邊，左邊的一對，女神像手持建築模型及畫板，右邊的一對，她們手執指揮棒及半身雕像，象徵著建築、繪畫、音樂以及雕塑這四種主要藝術形式。

第三組：古希臘女神阿黛濃浮雕

　　門廊支撐著的三角形石廊的浮雕，正中央的女神浮雕，是整座美術館的靈魂。那是古希臘女神阿黛濃（ATHENE，又稱為雅典娜女神），美術館名字以她命名，寓意著美術館猶如人間的一處神殿，收藏著大量美麗的事物。

　　此外，在三角形石廊之下，刻有一句拉丁語：CONCORDIA RES PARVAE CRESCUNT，英文翻譯是「WORK TOGETHER TO ACCOMPLISH MORE」，意思是「攜手合作才能成就更多」，這麼富有激勵性的短語，為何出現在美術館立面上？好像與藝術格格不入。原因是，美術館建成前在當地引起好幾場文化激辯，美術館的整體規劃來自埃斯蘭德（CARL GUSTAV ESTLANDER）教授，他的主張是美術和工藝品應該置於同一屋簷下，但是當時藝術家並不認同，不少具有分量的藝術組織主張，不應將純美術與應用美術混和在一起。後來，好不容易才把這種歧見擱置一旁，因而美術館入口處刻上這一短句，不單反映出美術館在創館時發生的糾紛、也同時為後來之人作出叮囑和提醒。

左｜在對面馬路，才能夠一覽美術館整個正面。　　右｜美術館大堂，旅客沿著樓梯而上，參觀各層的展區。

1 三位著名的古典藝術家半身雕像
2 兩組：四個女神像
3 古希臘女神阿黛濃浮雕
4 拉丁語中的短語：Concordia res parvae crescunt

在最左邊的女神雕像，代表「建築」。

芬蘭最大的古典藝術收藏館

阿黛濃美術館的收藏以古典藝術為主，數量超過二萬件，是芬蘭收藏古典藝術最大的地方。藏品包括 18 世紀中期至 20 世紀中期、如雷貫耳的大師作品，包括塞尚、夏卡爾、高更、梵谷、哥雅、蒙克、羅丹等等。美術館歷年來的特設展也是一大看點，據說在 2014 年舉辦的，為紀念姆明谷（台灣譯「嚕嚕咪」）創作者朵貝‧楊笙（TOVE JANSSON）百年誕辰所設的大型展覽期間，曾經出現過館外大排長龍的盛況。

芬蘭設計國寶特設展

這次我們何其幸運，2017 年夏季特設展覽的主角，就是芬蘭設計之父阿爾瓦爾‧阿爾托（ALVAR AALTO），為期五個月的展覽稱為 ART AND THE MORDERN FORM。這位芬蘭設計國寶，為當地帶來的設計影響小至家具家飾、大至建築與城市規劃，其設計不僅開啟芬蘭現代主義風格之道，更勾勒出風靡全球的北歐風格，各界甚至稱他為當代北歐設計之父、北歐現代主義之父，一點也沒有誇張。

跟大師神交

我們心儀這位大師許久，可是一直未好好深入認識，適逢其會、如此巧合地在其家鄉的國家美術館裡，可以在其從早期到晚期的多件展品之間來來回回，跟北歐設計之父來一趟神交，實在無比的興奮和滿足。關於這位被稱「永遠的芬蘭之光」的大師生平、作品等等，另見於後文。

上｜芬蘭設計之父的經典傢俱，盡具北歐風格。下｜美術館內的餐廳，設於一樓，不用買門票亦可進入享用。

Jackman 在美術館紀念品店裡買了心頭好，是一本黑色寫生本。即買即畫，他把美術館一角畫進新畫簿內。

美術館連接公園的一邊，觸目所及綠意盎然。

奇亞斯瑪當代藝術博物館

三座芬蘭國家美術館的收藏主題及內容各有不同，阿黛濃美術館的古典藝術藏量冠於全國，西內布呂科夫美術館（SINEBRYCHOFF ART MUSEUM）位於傳統市集 HIETALAHTI MARKET HALL 附近，收藏 14 至 19 世紀時期的美術品，包括瑞典畫家亞歷山大·羅斯林（ALEXANDER ROSLIN）和西班牙畫家胡塞佩·德·里貝拉（JUSEPE DE RIBERA）等，多位著名歐洲藝術家的作品。

以當代藝術為主軸脈絡

至於奇亞斯瑪當代藝術博物館（KIASMA MUSEUM OF CONTEMPORARY ART）的藏品以當代藝術為主軸脈絡，從 1970 年代到現代的芬蘭和鄰近國家的當代藝術作品，媒介包括裝置藝術、實驗作品、數位作品等等，目的是收集及展出能反映當今時代的最新作品。

離開阿黛濃美術館後，可以直接走到這當代藝術博物館，與前者比較，它相對地年輕許多，在 1998 年 5 月才開幕。它同屬於市中心核心範圍的矚目建築，就在中央火車站另一邊，不到十分鐘的路程便可抵達。

強調時代與文化交錯的當代藝術

位於赫爾辛基市中心國會大廈對面，由美國著名建築師 STEVEN HOLL 所設計，但他的設計在當時卻引起了很大爭議。事緣於 1992 年，當局舉行了美術館建築的公開招標，總共收到 516 件的設計，最終由他的設計獲獎奪勝，設計的原名為 CHIASMA，後來使用芬蘭文正式定名為 KIASMA，兩個名稱都是同樣意思，意為「染色體的交叉點，即是對染色體透過交叉點連成一起」，隱含強調時代與文化交錯的當代藝術。

可是，當時芬蘭正處於經濟蕭條時期，在如此重要的建築設計招標中竟選中外國作品，對很多本國建築師來說肯定是一個不小的打擊，因此惹來他們批評這作品有許多設計上的錯誤和缺陷。總言之，建造工程在一片討論及反對聲音下展開，直至 1998 年 5 月 30 日美術館終於開幕。在開幕的首週竟有高達三萬人湧入參觀，從此它被視為在建築學方面擁有重要價值的赫爾辛基建築。

左｜藝術館正門。右｜藝術館連接一大片公園，許多人在輕鬆的午後陽光下談天說地。

當代藝術博物館的內部規劃大膽創新，人們可以在「大量自然光」與「動態多變的線條」組成獨特的空間感受它的與眾不同。

光線的靈活應用

最重要的特色就是對於光線的靈活應用。首先，穿過入口，便見到中庭是一直挑高到屋頂的通透空間，天然陽光從蝴蝶型的玻璃屋頂傾瀉而下，相當迷人。

在中庭還見到兩道弧形坡道，從地下走向二樓，再延伸至最頂層，如同把凡人引入天堂的階梯般。然後，樓層之間以螺旋式的迴廊相接，格局精奇，未轉彎亦未知前面是如何柳暗花明。螺旋式迴廊的彎彎曲曲的線條，讓我聯想起美術館名稱的隱含「一對染色體透過交叉點連成一起」的意思。

最叫人讚嘆的是它運用大量自然光，滲透至每一個展覽室內，人在室內佇立良久，看到陽光軌跡徐徐的遊走於不同展品上，不自覺地被北歐悠長波光的豐富層次所迷惑。

兩道比例精緻的緩坡沿著路略帶弧形的混凝土立面上升到不同的樓層入口。

除了可細看眾多非凡當代藝術藏品外，還能欣賞博物館令人驚艷的建築設計，一舉兩得。這是一座極富曲線美感的建築，遊走於各樓層與展覽空間，看到柔柔的陽光徐徐地撒進，便發現整個建築最重要的特色就是對於光線的靈活應用。

從軍事領袖到總統

　　每位來到當代美術館的人，目光自然會落在旁邊的曼納海姆雕像上（MANNERHEIM STATUE）。對芬蘭人來說，這真是一座很有意義的雕像，當時民眾反對此建築設計的原因之一，就是認為美術館位置距離這雕像太近，因而破壞雕像的四周環境和背景。原來，這雕像是按著被喻為芬蘭歷史上著名的軍事領袖兼政治家卡爾·古斯塔夫·曼納海姆（CARL GUSTAF EMIL MANNERHEIM，1867 年 -1951 年）的模樣而雕製，描繪出他騎馬領軍迎戰的形象。

卡爾·古斯塔夫·曼納海姆（Carl Gustaf Emil Mannerheim）
芬蘭總司令 (1918、1939-1945) 及芬蘭總統 (1944-1946)

在他之前，是從來沒有軍人擔任芬蘭總統的先例，在他之後也再也沒有出現過，可說是先無古人、後無來者。他年輕時在沙俄軍中服役超過三十年，被授予中將軍銜，直至 1917 年芬蘭贏得獨立前才退役。

擔任芬蘭三軍總司令

及後在第二次世界大戰期間，他擔任芬蘭三軍總司令，那時候芬蘭的主權獨立正面臨嚴重威脅。因為芬蘭當時是與納粹德國結成軍事同盟，與蘇聯打了長達三年的戰事。

芬蘭第六任總統

直至 1944 年夏季，芬軍已經連場敗退，累積 7 萬人陣亡。國會希望芬蘭斷絕與德國的軍事同盟關係，而與蘇聯講和。國

會議員們認為全國只有一個人有足夠的權威領導國家從戰爭走向和平，此人就是曼納海姆。他推辭再三之後，終於背負起歷史的重擔，就任成為芬蘭第六任總統。

1944 年秋季，芬蘭與蘇聯終於達成停火協議，免受佔領，也與德國切割關係，將德軍驅逐出去。

曼納海姆擔任總統共三年，在 78 歲時因病而退下來，於 1951 年在瑞士去世。據說，關於其生平的研究數量超過了任何其他芬蘭人，歷年對他的評價褒貶對立、莫衷一是。簡言之，其生平至今仍受到芬蘭人著迷，他在赫爾辛基的最後居所，被改造成博物館，他多姿多彩的生活和戎馬征戰的生涯在參觀者眼前仍歷歷在目。

曼納海姆雕像

奇亞斯瑪當代藝術博物館

Info Box

阿黛濃美術館：www.ateneum.fi
基亞斯瑪當代藝術博物館：www.kiasma.fi
西內布呂科夫美術館：
www.sinebrychoffintaidemuseo.fi
曼納海姆博物館：www.mannerheim-museo.fi

FINLAND ★ REPUBLIC OF FINLAND

芬蘭設計 *Finnish Design*
從穿裙子並擁有小蠻腰的女廁圖案開始說起

芬蘭設計，名滿全球。難得來到設計之都，怎能不談一談赫爾辛基設計區、設計博物館、阿爾泰克 (ARTEK) 傢俱公司，還有通過展覽穿越時空，和芬蘭國寶級設計大師進行神交、對話！

從萬塔機場到赫爾辛基市內流連，每一步彷彿都能踏出設計的音符，我們天天雖然忙著在多個迷人地方的探索，也沒有忽略身邊一瞬間出現的公共交通或公眾地方的標示，稍微觀察便發現：設計真的無處不在。

實用中又見趣味巧思

先說我們的觀察結論：芬蘭標示是講求細節，除了一看便知道想表達的意思，同時因為著重細節而給人與眾不同的感覺，簡單一句就是「實用中又見趣味巧思」。比如第一天到達萬塔機場見到佔上女廁整扇門的標示，我們在自己城市或多個國家見到的都是「穿著裙子的女士圖案」，芬蘭版本真是眼前一亮，竟是「穿裙子，並擁有小蠻腰的女士圖案」啊！再細看她右上方的嬰兒圖案，這芬蘭版的嬰兒圖案下身是塗上反白色，顯而易見就是嬰兒尿片，我立時想一想自己常見到的簡單的嬰兒圖案，都是裸體的！

這個「穿著裙子、並擁有小蠻腰的女士圖案」與「穿著尿片的嬰兒圖案」，真有心思，有一種魔力，引發我們在這趟芬蘭之旅中多了一個任務，就是尋找更多「實用中又見趣味巧思」的標誌。到最後，收穫真的不少，標示這種圖像還是觀看圖片比較好，本頁右方就是我們眼中具有趣味巧思的好標示。

萬塔機場見到的「穿著裙子，並擁有小蠻腰的女士圖案」與「穿著尿片的嬰兒圖案」，打開我們的設計之旅。

和芬蘭國寶級設計大師進行神交、對話

前文提及，我們有幸在芬蘭本土遇上國寶級設計家的回顧展，真是難得機遇。阿黛濃美術館舉行阿爾瓦爾‧阿爾托的盛大回顧展，詳盡分享其生平故事與作品，並展出大量建築模型、攝影作品、手繪草稿、家具等。他的創作真多元化，舉凡建築、家具、燈飾、玻璃花器等都有經典作品流傳至今，對於後代設計師的影響更是深遠，薩沃伊花器《Savoy Vase》與扶手椅《Paimio Chair》絕對是他最具代表性作品之二。

他自小生長在美麗的自然環境中，擅長將自然元素、有機線條融入創作中，薩沃伊花器便是以湖泊為靈感，流動性的外觀，就像是湖岸線的延伸。此外他又對木材情有獨鍾，《Paimio Chair》是為 Paimio 療養院而設計，展覽亦有其手繪圖，說明他花了五年來研發木材彎曲技術，使木材能像鋼材般彎曲，製作成既舒適貼背，且如雕塑品般典雅的作品。

讓其名躍上國際的契機，就不能不談及 1939 年的紐約萬國博覽會。那年他為芬蘭設計國家館，使用大量原木，打造出四層樓高的建築，延伸到天花板的木製波浪壁面，靈感亦是來自於森林，這件作品被當時美國知名建築師喻為天才。

1935 年，阿爾托與妻子 Aino 創立的阿爾泰克傢俬品牌，至今此品牌的產品與「芬蘭製造」劃成絕對等號。聽說在芬蘭人的家裡，多多少少都會有這家的產品。在旅程中，我們發現到很多餐廳、商場裡，以及入住的酒店大廳也擺放著這兩大經典的花瓶與扶手椅，可見真的深入民心。

最喜歡指示方向的箭頭結合了電梯的設計，充分見到設計者的心思。這包含了三個意思：「乘往上一層」的「電梯」就在「左邊」，完全融合在一個標示，簡潔易明。

左‧中｜兩幅在不同地方發現到的狗狗標示，欣賞重點在於兩隻不同種類的狗，右邊的設計較多細節。右｜自助售票機上的客戶服務資料的標示，細節在於他是有頭髮的。

① ALVAR AALTO
Savoy-maljakko, 1936
Savoy-vas
Savoy Vase

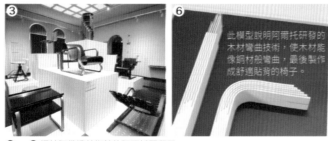

② 珍貴的花器草稿。

此模型說明阿爾托研發的木材彎曲技術，使木材能像鋼材般彎曲，最後製作成舒適貼背的椅子。

① - ③ 攝於阿黛濃美術館的阿爾托回顧展。
④ - ⑥ 攝於 Artek 2nd Cycle 二手店。

阿爾托的兩大經典

《Savoy Vase》外型以波浪起伏的湖泊聞名於世，至今仍採用傳統人工吹製方式製作。之所以被稱作薩沃伊花瓶，是因為它是阿爾托為 1937 年在赫爾辛基開張的薩沃伊餐廳，設計的一系列設計品中的一件。

《Paimio chair》因考量到療養院病人需要陽光與溫暖，便捨棄鋼材，使用多層樺木膠合板，加壓塑形，展現天然素材的彈性與韌度，而此彎曲木材技術在當時可說是一大突破。

一張赫爾辛基設計區的地圖

一說到芬蘭設計，就不能不提赫爾辛基設計區（HELSINKI DESIGN DISTRICT）。這片區域在十多年前開始發展，位於市中心的南面。旅客可在旅客中心索取一份設計區地圖，按圖索驥，或是瀏覽官方網站，查閱到在這塊橫跨 25 條街的密集設計區域，超過 200 多家的設計商店、畫廊、工作室、時尚酒吧、精品店、古董店等等，它們在門前都貼着黑白兩色的圓形設計區標誌，表明自己屬於設計區一員。旅客按著自己口味，展開設計之旅，總言之那些見過的、沒見過的芬蘭設計品牌，都在步行可達的範圍之間！

設計博物館：走進芬蘭的設計歷史中

設計博物館（DESIGN MUSEUM）亦在設計區，絕對是探索此區理想的第一站。建築物本身在 1873 年完成，屬於新哥德式建築風格，原是藝術與工藝的綜合學院，後來才成為設計博物館。不幸於二戰期間，館內作品卻被敵軍洗劫一空。直至 1978 年，政府才重啟設計博物館。

設計博物館樓高有兩層，地方不算很大，但足以讓每位訪客樂而忘返，彷如坐上時光機，走進芬蘭的設計歷史中，從十八世紀到當代，高達 75,000 個收藏品的豐富典藏，有系統地描繪芬蘭成為設計之都的歷史軌跡。

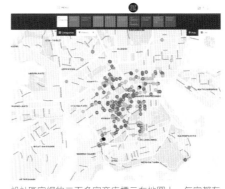

設計區官網的二百多家商店標示在地圖上，每家都有詳細介紹及推薦，以及期間限定特別活動的介紹。

哥德式建築風格的設計博物館

我們參加「Design Walk」兩小時導賞團，穿著白色上衣的就是我們導遊，同行還有幾位來自其他國家的旅客，設計博物館是第一站，接著是遊覽設計區的特色商店。

逛設計區的小建議

　　有人喜歡隨性地閒逛、享受意外驚喜之出現，這樣只要拿著設計區地圖便可輕鬆開始；不過紙本地圖有其限制，只能提供店家分類、地址及營業時間等基本資訊；至於對於需要明確目標才能出發的旅客，我建議先在設計區官網瀏覽，因為每家商店都有完整介紹、推薦和是否提供免稅優惠，先挑選幾家心儀的地方列為必去，有剩餘時間再隨性地閒逛吧！

　　我們因為對芬蘭設計甚有興趣，希望從本地人的導覽快速地了解更多，如果你也是同道中人，不妨像我們參加「Design Walk」兩小時導賞團。那天，我們便跟著口條很好的年輕導遊（本身在大學就讀藝術系）在設計博物館會合，然後開始設計之行。

二手經典尋寶

　　導遊帶著我們前往一些充滿特色的商店、非大品牌的小店以及觀賞藝術家的範示，才是此行最為期盼的。就像瑪莉美歌（Marimekko）、阿爾泰克、伊塔拉（Iittala）旗艦店全都集中在埃斯普拉納蒂公園周圍，附近有一間 Aatek 2nd Cycle，顧名思義是阿爾泰克二手店，但說得精確一點，它更像是阿爾泰克博物館。因為招牌太過低調，從外面看像是個緊閉的倉庫大門，不少人都會錯過。數年前，阿爾泰克傢俱公司開始從跳蚤市場或社區收集阿爾托設計的椅子，賦予第二次生命。事實上，這二手店還有一個非賣品展覽廳，收藏品包括 1948 年特別為倫敦奧運會設計的 Armchair，以及 1946 年設計給紐約現代藝術博物館的 Armchair 等，珍藏比設計博物館更多更齊。

令人眼睛一亮

　　跟著導遊步伐，我們走進不少令人眼睛一亮的特色小店，比如說首飾藝術家 Niina Halonen 開設的工作室兼飾品店，她擅長創作充滿藝術感的玻璃作品，現場示範以火槍加熱來軟化玻璃棒，再利用工具去塑形，做出色彩斑爛的首飾。客人亦可以選擇顏色、大小和樣式，然後由她進行客製，導遊說其客製作品在市場上蠻受歡迎。

　　還有 Kauniste 布藝店，是我們的誠心推薦，這間小小的布藝店以北歐風為主，淡淡的色彩與不造作的插畫，讓我一看便馬上喜歡，如果不太喜歡瑪莉美歌花花綠綠的顏色與圖案，這處或許適合你。

　　總言之，在設計區遊走，可以發掘到許多意想不到的東西，這樣的驚喜都是旅程的難得收穫啊！

Info Box
赫爾辛基設計區：designdistrict.fi
設計博物館：www.designmuseum.fi
傢俱公司阿爾泰克 Artek：www.artek.fi
Design Walk：www.happyguidehelsinki.com

設計區店鋪的門前都貼著黑白兩色的圓形設計區標誌。

手作玻璃飾品店：Glass & Jewel studio, goldsmith
圖中正是此店暨工作室的負責人 Niina Halonen，她本身是土生土長的金飾和珠寶藝術家。我們有幸在導遊介紹下，聽到其創作心得，以及欣賞現場示範製作玻璃珠首飾。

布藝店：Kauniste
這是間小小的布藝及紡織品店，產品以北歐風為主。

布藝店：Kauniste
以芬蘭桑拿小屋主題的拉鍊包包，材質為亞麻和棉花，大包定價 19 歐元，小包 15 歐元，芬蘭製造。

芬蘭的鐵道完善，長途大巴路線的覆蓋性也十分全面，據說是歐洲最為密集的長途巴士網絡之一，火車會去到的大城小鎮，大巴也能夠載你到達，例如圖爾庫（TURKU）、坦佩雷（TAMPERE）、羅凡尼米（ROVANIEMI），甚至跨國路線的從赫爾辛基去到聖彼得堡也有；反之鐵路未能延伸到你的目的地，大巴又可以將你送抵那裡，就如赫爾辛基近郊的波爾沃（PORVOO），是許多旅客必訪的地方，距離市中心約 1 小時的車程，火車無法直達，大巴才是首選！

芬蘭有許多長途大巴公司，大致分為地區性或全國性，即使往同一個地方，通常會有兩至三間公司的大巴行走，甚至也有廉價巴士公司，因此乘客不單有多個選擇，並且在多間巴士公司的競爭下，享受更平宜的車費、更好的服務。

計劃坐大巴的話，必須認識及瀏覽 WWW.MATKAHUOLTO.FI，這是覆蓋大部分芬蘭大巴的網站，只要輸入地點、日期等資料，便會一次顯示多個選擇給你，上車位置、車上設備如WIFI、充電、洗手間等等都會一一列出來。順帶一說，WIFI 是大巴的基本設備，洗手間通常只會出現在豪華大巴或很大型的巴士上。下列

幾條路線資訊都在此網站找到，也是比較多旅客會乘搭的。

（一）HELSINKI → PORVOO：共有三間大巴公司，包括 ONNIBUS.COM OY、SAVONLINJA 及 PORVOON LIIKENNE OY。這條路線十分熱門，每小時經常會有四至五班開出，50 分鐘至 1 小時 10 分鐘不定。PORVOON LIIKENNE OY 屬於波爾沃及周邊的主要巴士公司，班次也是最多。

（二）HELSINKI → TURKU：共有三間大巴公司，包括 ONNIBUS.COM OY、J VAINION LIIKENNE OY 及 POHJOLAN LIIKENNE，每小時三至四班，2 小時 10 分鐘至 2 小時 40 分鐘不等。圖爾庫是芬蘭最古老的城市。

（三）HELSINKI → TAMPERE：共有三間大巴公司，包括 ONNIBUS.COM OY、VÄINÖ PAUNU OY 及 SAVONLINJA，每小時三至四班，2 小時 10 分鐘至 2 小時 45 分鐘不等。姆明博物館就在坦佩雷。

左｜圖爾庫是我們芬蘭旅程的第二站，也是最古老的芬蘭城市。右｜前往坦佩雷，就是為了參觀姆明（嚕嚕米）博物館。

波爾沃的大巴總站：Liikenne 大巴是波爾沃主要大巴公司，班次最多，乘客可於上車時直接購票。

大巴的班次查詢及購票方法

網上訂票或上車時才買也可以。事前，可在 WWW.MATKAHUOLTO.FI 訂購，或直接在大巴公司網頁訂購。不過上述的路線都比較密，不少人都在上車時直接買票。我們在夏天旺季去波爾沃，雖然旅客多，但也沒有滿座。MATKAHUOLTO 實際是一家在芬蘭推廣全國巴士和客車服務的服務和營銷公司，並經營芬蘭的各個主要大巴車站，所以其網站也提供全國大巴的班次查詢及訂票。

◆ 廉價巴士公司
ONNIBUS 與 SAVONLINJA 都是芬蘭廉價巴士公司，很多時候會出現數塊歐元的驚喜車票，其他公司的正常票價則是十多歐元，所以必須網上訂購。ONNIBUS 的路線覆蓋性比 SAVONLINJA 更大，甚至遠至羅凡尼米（ROVANIEMI），班次也多，所以這裡集中介紹 ONNIBUS。值得注意，雖然 WWW.MATKAHUOLTO.FI 能顯示 ONNIBUS 及 SAVONLINJA 班次，但是無法直接訂購，唯獨在其官網內才可購買，所以一心想買便宜的車票，不妨直接查看 ONNIBUS 或 SAVONLINJA 網頁。

◆ 特價車票
我們往圖爾庫就是預先在 ONNIBUS 網頁訂票，火車與其他大巴的票價，單程車票約為 15-20 歐元，可是 ONNIBUS 的車票只有 9 歐元左右。火車需時 2 小時，ONNIBUS 也只是 2 小時 15 分鐘，而且火車站距離圖爾庫舊城區有一段距離，坐大巴的話，在總站前兩至三個車站下車更方便。另外留意，網上訂票，每張車票需要另付 1 歐元手續費。

◆ Onnibus 雙層大巴
ONNIBUS 大巴是雙層，因而接載乘客數量比一般單層大巴更多，所以定價能如此便宜。下層有 24 個座位及男女共用的洗手間，上層則有 69 個座位，另外設有腿部空間加大等幾種特別座位，每種均需加付 2 歐元。大型行李都放置在車尾的獨立空間。

坦佩雷大巴士總站

Matkahuolto 網頁

Onnibus 雙層大巴

赫爾辛基的大巴總站

KAMPPI SHOPPING CENTER 是一座交通購物大樓，就像台北轉運站，赫爾辛基的大巴總站就在其地底下面，最下層還連接 KAMPPI 地鐵站；它距離中央火車站步行幾分鐘，坐 6T 或 7 號電車可在 KAMPPI 站下車。順帶一說，康比靜默禮拜堂就在此廣場上。

KAMPPI SHOPPING CENTER 連同廣場，是一個較大面積的地方，設有很多出入口，大巴總站是在一樓下面的 E-LEVEL 及 K-LEVEL，K-LEVEL 是最主要長途大巴站，上頁的路線也是在這一層。在外面有直接坐電梯下去 K-LEVEL，如果進入大樓找不到往車站的電扶梯，問人是最方便，相信大部分當地人都會知道。這購物商場裡面有很多店鋪及餐廳，近郊旅行後回來下車，不妨在裡面走一走，還有在 E-level 那一層竟有三家超市，十分方便。

來到 K-LEVEL，記得看一看巴士資訊電子版，確認巴士站號碼。我們往波爾沃的那一天，是來到現場挑選最快開出的 LIIKENNE 大巴，然後排隊付款給司機，因為此公司大巴班次最多，於是又直接買來回票，來回為 18 歐元。補充一說，此大巴與 ONNIBUS 的座位比較一下，前者的腿部空間好像較多。

◆ 往聖彼得堡的大巴

最後，從赫爾辛基去聖彼得堡，除了坐火車或遊船，也可以坐大巴，推薦選搭豪華大巴公司的 LUX EXPRESS，每天三班，全程 7 小時 30 分鐘，其中一班是通宵班次，車費為 20-25 歐元。LUX EXPRESS 還經過聖彼得堡到塔林、里加等，我們稍後來往波羅的海三國，就是依靠著 LUX EXPRESS，後面文章會再詳談。

上｜Kamppi Shopping Center。中左｜可在此直接搭電扶梯到 K-Level。中右｜K-Level 的大巴詢問處。左下｜K-Level 的大巴班次查詢電子板。右下｜E-level 共有三間超市。

波爾沃 *Porvoo*

赫爾辛基近郊小旅行，感受中世紀的浪漫古鎮

保存下來中世紀建築與風情的波爾沃老城（OLD PORVOO）沿著波爾沃河流而發展起來，清澈的河水倒映著一排排的深紅色木屋，加上藍天白雲的映襯，風光無限。非常幸運的是到訪古鎮這一天，蔚藍的天空與耀眼的陽光一整天陪伴著我們。

與芬蘭灣相連的波爾沃河

即便你在赫爾辛基只停留幾天，仍值得去看看首都以外的風光。波爾沃距離赫爾辛基五十公里，是一個非常熱門的近郊旅行好地方，就在首都東面，雖不是個海岸城市，可是小鎮的波爾沃河（PORVOONJOKI）與芬蘭灣相連，所以夏天的時候，人們可以從市中心碼頭乘坐蒸汽船前來。不過要說到最快捷又省錢的交通，就是乘坐大巴，不用一小時，單程只要 9 歐元左右而已。

我們在赫爾辛基的大巴總站上車，在車上小睡一會，轉眼間便來到。當大巴駛過進城的行車天橋之時，下面就是波爾沃河，瞬間在左邊便見到河畔的一排排木屋，尤其是那著名的紅色木屋群更有驚艷之喜悅，車上的人馬上紛紛舉機拍照。

可追溯至十三世紀的老城

公車站上寫著 PORVOO 及 BORGÅ，擁有悠久歷史的波爾沃，可追溯至十三世紀，本身有兩個名稱，常見的 PORVOO 是芬蘭語，另一個名稱為 BORGÅ，則是瑞典語。BORGÅ 是最原始名稱，指的是在河川旁小山丘建的一座堡壘，瑞典文的 BORG 為城堡的意思，Å 為河川之意，兩個字合在一起成 BORGÅ，成為小鎮地名由來。

波爾沃新城區的河岸邊還有幾間餐廳，相對舊城區，旅人比較少，更能寫意地享受河岸風光和恬靜。我們隨性地在其中一間坐下來，先填飽肚子，才真正地展開近郊小旅行。

波爾沃是一顆小鎮明珠，離赫爾辛基才一小時的車程，非常適宜一日遊。在波爾沃河流的河岸邊，矗立了一座座相連的美麗紅色木屋，是當年的倉庫集中地，搬運貨物十分方便。這些木屋與小鎮上截然不同，猶如萬綠叢中一點紅般耀眼奪目。

人口僅約 5 萬的波爾沃，大致分新城區和老城區，前者以現代建設為主，是芬蘭東部重要的經濟樞紐，後者則是擁有接近 700 年歷史的古鎮，於 14 世紀瑞典統治時期建立，為芬蘭第二老的城鎮。我們的步伐由新城區的河岸開始，站在新橋上盡情地飽覽整個波爾沃的現代風光。

我們沿著本圖左邊的河畔小路前行，當走至古鎮的對岸處，就是觀看紅屋最佳位置。這方向的走法，會遇上另一座行人的新橋、一座進城行車天橋以及老橋。

波爾沃河的反方向，河水匯向芬蘭灣，從首都開出的遊船就是朝那方向駛進，最後抵達古鎮。

走畢古城區及河邊才算完整地走遍小鎮

古城散步路線很簡單,從新城區的大巴站展開大致有兩個方向,基本上是繞一個圈子,一邊是直接走進古城區的熱鬧大街,另一邊從波爾沃河河岸開始散步,一直走至尾段的老橋才進入古城區。其實無論走哪一個方向都好,走畢古城區及河邊才算完整地走遍小鎮,由於波爾沃河及紅屋剛才驚鴻一現,於是我們先走向河岸邊。

新城區與舊城區的河邊餐廳

長長的波爾沃河,我粗略劃分為新城區與古城區的波爾沃河,前者是新規劃的地段,兩邊河畔的行人路特別寬闊,而且停泊了許多小船或名貴小遊艇。時間已接近中午,新城區的河邊餐廳有好幾間,看來每一間都能讓人滿足地欣賞河岸風光,我們隨意地就在 RESTAURANT WILHELM Å 坐下來。舊城區的河邊餐廳反而不多,好像只有兩間,當我們大致走遍古城內的主要景點後,又在另一邊的河邊餐廳享受下午茶,欣賞河岸的另一面貌。

新城區河岸有兩座新建的現代化橋,我們走至第一座中間,欣賞波爾沃的現代風光,相當怡人。橫過新橋,走到另一邊河岸邊便一直往前慢步走,當走近舊城區,更加看到這個新舊並陳的小城鎮,整段路大約半小時。

詩人之城

古城範圍面貌自數百年前以來幾乎沒有大變化,一直停留在中世紀模樣。在過去的幾百年吸引了不少詩人、作家、藝術家和設計師前來定居,令這裡充滿人文創意的氣息,如著名芬蘭民族詩人魯內貝里(芬蘭國歌作詞人)、芬蘭寫實主義著名畫家 ALBERT EDELFELT(其作品在阿黛濃美術館展出)等落腳居住,早已令芬蘭人將波爾沃冠為詩人之城。魯內貝里的故居位於老鎮的南邊,如今也已變成了博物館。在河邊散步時,還會遇上畫家 ALBERT EDELFELT 的作品,他用畫筆創作出他眼中的古鎮美景。從畫中可看到昔日人們愛在河上游水,享受夏日的美好。

上|芬蘭畫家 Albert Edelfelt 的作品展示板設於河邊。中|老橋入口處設有古鎮手繪地圖,這邊也是旅遊車停車處,旅行團就從此入口進城。下|沿著老橋進入古鎮,圖中最高處的建築物就是波爾沃大教堂,建於山坡上,跟河岸的紅房子一樣,也是小鎮的標誌。

波爾沃河的最優美景色

　　波爾沃河最優美的一段景色，就是一座座相連的美麗紅色木屋與清澈河水組成的美景。這裡四季景色變化無窮，春天河畔開滿花，夏天綠林環抱，人們會在河上划艇和游泳；秋天帶點蕭瑟卻浪漫，冬天則白雪鋪天蓋地，紅色木屋在白雪中更是嫣紅奪目。在網上看過一些照片，據說遇上濃霧天氣，河岸還會籠罩著一層迷離的霧水，景色奇幻。

　　說回紅色木房子的起緣，最初是商人作為存放貨物的貨倉，直至十八世紀後期，適逢瑞典國王古斯塔夫三世（GUSTAV III）到訪，居民為了夾道歡迎國王的到訪，於是把小木屋漆成鮮豔紅色。從此，紅木屋保留下來，成為古城歷史的印記，也成為了波爾沃的最寶貴財富。

說到此，不得不說這大教堂是與芬蘭獨立前的一段重要歷史有著密切關係。1809 年之前，芬蘭還是瑞典王國的一部分。1807 年，法國與俄國簽訂《提爾西特和約》，法國默許俄羅斯帝國入侵瑞典王國的領土芬蘭，芬蘭戰爭（FINNISH WAR）從此爆發，直至 1809 年最終以俄羅斯獲勝而告終。芬蘭從此成為俄羅斯帝國的附屬國，即是自治大公國（GRAND DUCHY），由俄羅斯沙皇亞歷山大一世兼任芬蘭大公，承諾芬蘭可沿用此前的瑞典法律，當時的首都為圖爾庫。

那時候，芬蘭的立法機構可稱為芬蘭協商會議（DIET OF FINLAND），舉行會議地方就在波爾沃大教堂，所以又稱為波爾沃協商會議（DIET OF PORVOO），第一次會議就在 1809 年 3 月 28 日召開。百年過後來到 1917 年 12 月，芬蘭趁俄國爆發十月革命之際，宣布獨立，芬蘭大公國才終止。

舉足輕重的建築：波爾沃大教堂

穿過老橋正式進入老城區，從遠處可望見一座高聳的三角形屋頂，傲立於高低錯落的木製建築群中。徐徐走在山坡小路上，來拜訪古鎮最高的建築物，就是在山坡上的波爾沃大教堂（PORVOO CATHEDRAL）。大教堂不單是此鎮一座舉足輕重的建築，也是全國一座具有非常重大意義的地方。

◆ 經歷五次的嚴重燒毀

最原始教堂是木造的，建於 1200 至 1300 年代，現今的石造教堂建於 1450 年代，外觀大部分為白色外牆，後於 1723 年宣布為大教堂。教堂經歷五次的嚴重燒毀及轟炸，1508 年由丹麥軍隊引起，1571 年、1590 年及 1708 年這三次則由俄軍造成。最近一次火災發生在 2006 年，屋頂完全被毀壞，幸好大部分的內部完好無損。當時因為一名 18 歲醉酒的青年在教堂裡玩火，意外造成大火，他後來被判處短期監禁。經過兩年煞費苦心的修復，屋頂上才重新鋪設了塗過焦油的瓦片，在 2008 年才重新開放。

1 ｜教堂內的亞歷山大一世雕像。
2 ｜教堂的正面。
3 ｜教堂正面的頂部。
4 ｜教堂不走堂皇華麗之風，內部沒有任何細緻的雕琢，有的只是陳列著當地貴族曾經用過的紋章，和中世紀的繪畫和雕塑，但依然在簡單中予人一種大器之美。

波爾沃大教堂

當爬到山坡上，小鎮的標誌性建築完整躍入眼簾，莊嚴的教堂有著豐富的歷史，二百年前，亞歷山大一世召開了將芬蘭作為俄羅斯的自治大公國的會議。對於芬蘭來說，這是最終邁向獨立的重要一步。

漫步古鎮大街

告別教堂，我們走在彎彎曲曲的卵石小路上，深深覺得老鎮在各方面都保存得很好，兜兜轉轉來到市政廳。建於 1764 年的它，是芬蘭最老的市政廳之一，現時已成為波爾沃博物館，展覽有關當地人生活和歷史的展品，可讓旅客窺見波爾沃人的中世紀生活面貌。

市政廳的小廣場，就像每個小鎮都有的廣場一樣，親切的當地人都在熱情地介紹自己的東西。除了後頁介紹的河邊餐廳，廣場上的 CAFE FANNY 露天咖啡店也是好選擇，坐下來環視四周，看著熙來攘往的遊人，有人牽狗散步、有奔跑的小孩、有互相依偎的情侶，充溢著歡快的假日氣息。

◆ 鎮上最熱鬧的地方
小廣場以及與廣場連接上的 JOKIKATU 和 VALIKATU

左｜以巧克力包著香草慕思的甜點。　中｜很多旅客在巧克力店內選購。　右｜500G 的薄荷太妃巧克力糖，只需 4.4 歐元，以芬蘭物價來說，十分超值。

兩條大街，可說是鎮上最熱鬧的地方，從另一邊古鎮入口步進的話，也會途經這兩條大街。據說街上的房子大多於 1760 年大火後重建，現已變成各式各樣的商店、咖啡店，每間店舖都會為自己的門口悉心「打扮」一番，掛上手工做的招牌掛飾，或是擺放盛放著的鮮花，從外面看來每間店都那麼吸引誘人，旅客真的需要預留時間一間一間的進去挖寶。

走著走著，終於來到紅房子，舊倉庫也成為好幾家紀念品、手工藝品、有機食物和糕點的店舖。不久之前在對岸遠觀，這時候就要登門拜訪，說不定在這裡同樣找到心儀的東西。

◆ 陪著當地人走過歲月的巧克力老店
不知不覺走到 VALIKATU 大街的入口處，目光被其中一間特別熱鬧的商店吸引著，許多旅客拿著大包小包進進出出。這間門面一點都不起眼的 BRUNBERG'S CHOCOLATE FACTORY，原來是始於 1871 年的巧克力工廠，當中以巧克力包著香草或咖啡慕思等的甜點最為出名，是芬蘭人至愛巧克力之一，如古城般陪著許多當地人走過不少歲月。

左｜廣場上的露天咖啡店，充滿著一片寫意的渡假氛圍。

❶古鎮上的 Valikatu 大街。　❷廣場上擺滿小攤子，旅客中心也在廣場上的一角。　❸大街滿布特色小店，紀念品、裝飾品、衣飾等等都讓人愛不釋手。　❹河邊的紅房子，小圖是紅房子轉變成手工藝店，蟹受旅客的歡迎。

換上另一角度，來看河邊風光，
同樣如此迷人、如此賞心悅目！

Info Box

波爾沃旅遊局：www.visitporvoo.fi
Porvoo Cathedral ： www.porvoon seurakunnat.fi
Brunberg 巧克力老店：www.brunberg.fi
Restaurant Fryysarinranta : fryysarinranta.fi
Restaurant Wilhelm Å ： wilhelm-a.fi

在河邊的餐廳靜靜地享受小鎮的午後時光

波爾沃沒有宏偉的教人震懾的教堂、古堡，卻因為它的小巧優美，而比那些偉大名城，更能搶佔我心愛城鎮的席位。在波爾沃多待一會，便愈喜愛這個芬蘭第二老城，愈不捨踏上歸途。

最後，我們折返廣場，走進 Restaurant Fryysarinranta。因為它是一間可讓旅客親近河邊的餐廳，所以特別受歡迎。我們有點幸運在露天用餐區，找到很接近河邊的位子，點了一份鮪魚沙拉、甜點、白酒，靜靜地享受舒適的午後時光。

❶ 消暑甜入心的草莓甜品。　　❷ 室內用餐區的寫生畫，同樣坐滿客人。　　❸ 清爽的白酒及鮮味十足的鮪魚沙拉。　　❹ 河邊餐廳的入口，盡頭之處就是露天用餐區。
❺ 河邊及餐廳的寫生畫。　　❻ 已成為博物館的老市政廳。

赫爾辛基大教堂 Helsinki Cathedral
雲集大部分赫爾辛基市的最精華景點

到達的早上，我們首先前往位於西港區（WEST HARBOUR）的旅館放下行李，緊接著再度坐上電車出發，看一看手錶，才不過九點多，可以善用旅程第一天的充足時間啊！

市中心幾個最精華的景點聚在一塊

一般城市的主要景點通常散落在東南西北不同的區域，打開赫爾辛基市內地圖一看，便驚喜發現市中心最精華的幾個景點，關於新古典主義建築的赫爾辛基大教堂（HELSINKI CATHEDRAL）、關

於地道新鮮食物的赫爾辛基露天市集廣場（MARKET SQUARE）與老農貿市場（OLD MARKET HALL），還有前往世界遺產芬蘭堡（SUOMENLINNA），以及周邊幾個小島的碼頭、首都最受歡迎公園的埃斯普拉納蒂公園（ESPLANADE PARK）、以至市內唯一的旅客中心，全都聚在一塊。

如果你只有一天在市內的話，毫無疑問地你來這區就對了；如果你有幾天像我們一樣，這區也會是一訪再訪的地方，很多景點或很多要做的事情也會在這區之內或是由此延伸開去。

欣賞新古典主義建築群的最佳場所

如此一來，市內規劃變得容易掌握、變得省時間，我們在中央火車站轉乘 2 號電車，2 號電車是駛經最多景點的電車，基本上大部分旅客都會搭乘的。不到十分鐘，2 號電車已在參議院廣場前停下來，來到欣賞新古典主意建築群的最佳場所，這是我們的第一站，也是大部分旅客的第一站，大家帶著期待心情一起下車！

1. 赫爾辛基大教堂（Helsinki Cathedral）
2. 參議院廣場（Senate Square）
3. 埃斯普拉納蒂公園（Esplanade Park）
4. 旅客中心
5. 赫爾辛基市政廳（Helsinki City Hall）
6. 赫爾辛基露天市集廣場（Market square）
7. 往芬蘭堡及其他小島的碼頭
8. 老農貿市場（Old market Hall）
9. 高等法院（Supreme Court）
10. 總統府（The Office of the President of the Republic of Finland）
11. 烏斯別斯基大教堂（Uspenski Cathedral）
12. 遊船碼頭：Katajanokka Terminal
13. 遊船碼頭：Makasiini Terminal

A. 參議院廣場 Senate Square

赫爾辛基參議院廣場是一處占地約 7000 平方公尺的大型公共廣場，建於 1822 年至 1852 年之間，廣場上鋪有約 40 萬塊灰紅相間的花崗岩，為首都中具代表性的地標所環繞，周圍是新古典主義風格的建築林立，是聚集人潮的熱門地點，觀光巴士的起點也設於此。

芬蘭的許多重要機構都雲集於此，包括赫爾辛基大教堂、赫爾辛基大學、大學圖書館、總統府、總理府、最高法院、市政廳等等，因而廣場在某種意義上成為了國家中心。今時今日，每逢重要節日，尤其是 12 月 6 日的芬蘭獨立日，廣場照例必舉行盛大的集會或是遊行。

廣場中央的亞歷山大二世雕像

　　廣場中央豎立著一座高大的大理石紀念碑，始於 1863 年，上面高高屹立著俄羅斯皇帝兼芬蘭大公爵的亞歷山大二世雕像，下方四面分別雕刻工、農、科技、法律四神雕像。此雕像是出自芬蘭雕塑家 WALTER RUNEBERG 之手，他的另一件著名雕像，就在不遠處的埃斯普拉納蒂公園之內，那就是芬蘭民族詩人魯內貝里的雕像，詳細另見於「悠悠夏日裡一片自在寫意的畫面」。

第三任芬蘭大公爵

　　芬蘭大公爵或芬蘭大親王是瑞典君主於統治芬蘭（大約 1580 年至 1809 年間）所使用的頭銜，後來俄羅斯皇帝（1809 年至 1917 年間）也沿用此頭銜。亞歷山大二世（EMPEROR ALEXANDER II）是第三任芬蘭大公爵，對於俄國的革命運動而言，正式廢除了農奴制度，多採用鐵腕手段推行改革，又被稱為「解放沙皇」，不過最終於 1881 年，被一名民族狂熱分子扔的炸彈炸死。

廣場上的亞歷山大二世雕像，背後是赫爾辛基大教堂。亞歷山大二世成為芬蘭大公爵，共 26 年，對芬蘭發展與興盛有莫大的影響。

在歐洲不管是城市還是小鎮，在多姿多彩的各類建築物中，最引人注目和最具特色的就是教堂，或單頂或雙頂，或大氣磅礴或小巧玲瓏，無數大大小小的教堂遍佈歐洲大地。屹立於參議院廣場之上的赫爾辛基大教堂（HELSINKI CATHEDRAL，芬蘭語為 TUOMIOKIRKKO），並與烏斯佩基大教堂遙遙相望，這兩座與俗稱岩石教堂的坦佩利奧基奧教堂，被統稱三大最具特色的赫爾辛基教堂。

◆ 芬蘭全國的最矚目地標

三者之中，大教堂肯定是首都、甚至芬蘭全國的最矚目地標，其宏偉的綠色角樓與圓穹非常奪目，白色柯林斯式圓柱，散發出優雅中帶有威武的風貌。

◆ 12 位聖徒的雕像在四個小圓頂之上

教堂除了大圓頂外，周圍還有四個小圓頂和一模一樣的側翼，設計非常對稱，又參考了聖彼得堡的聖以撒大教堂，上方設有 12 位聖徒的雕像，約 3 米高，是世界最大型的鋅製雕塑系列。主入口位於西側，可容納 1300 人，祭壇位於東側。

淡綠色圓拱的中央大圓頂，可讓陽光從不同角度灑進教堂之內；頂端高達海拔八十多米，在芬蘭灣上一眼便能看見。由於大教堂以白色為主，所以在昔日，回程的船員每當看到教堂就代表離赫爾辛基越來越近。在稍後的旅程，我們都有好幾次坐船出海探訪芬蘭堡等小島的經驗，每當回程之時，看著大教堂展現眼前，傲立於眾多建築物之中，便強烈覺得這真是多麼好看、多麼壯觀的海岸城市景色，想像著如果沒有了大教堂，景色必然大為失色！

左及右｜市內的旅客中心就在廣場附近。

白色之都（White City of the North）

赫爾辛基大教堂採用新古典主義來設計，建造之後出乎意料地與整個赫爾辛基景觀有相互連貫的效果。白色亮眼的建築，在明朗陽光下，往往變得閃閃發光，使得芬蘭首都還擁有了另一個綽號 –「北方的白色之都」。

1

1 政府宮（Government Palace），現時為芬蘭總理（Prime Minister of Finland）等重要官員的辦公室。
2 赫爾辛基市博物館（Helsinki City Museum），附近是總統府。
3 赫爾辛基大學主樓 (University of Helsinki)，與政府宮外觀看起來很接近，互相呼應。
4 芬蘭國立圖書館 (National Library of Finland)，有黃色外觀、白色樑柱及中央圓形的大廳。

俯瞰整個廣場與新古典風格建築

爬上廣場上的 53 階台階，宏偉教堂白色柱子上的大型三角楣飾即盡現眼前，此刻只是早上九點左右，旅客還是可以享受廣場寧靜的一面，據說十點以後變得特別多人，一架又一架旅遊車就會停靠四周。旅遊局推薦旅客必做事情之一就是在台階這個熱門地方挑一個位置，一邊吃著可口涼快的冰淇淋，一邊俯瞰整個廣場，以及廣場周邊非凡的新古典風格建築，包括赫爾辛基大學主樓及芬蘭國立圖書館全都在參議院廣場四周。

教堂立面為對稱的希臘十字形，四面都有六根柱廊、三角楣飾以及三座聖徒雕像。

　　瑞典統治芬蘭 700 多年，西南方的圖爾庫一直是首都，地理上較接近瑞典；及後俄羅斯在 1809 年從瑞典奪得芬蘭後，也許局勢還不穩定，所以最初三年的首都維持不變，直至 1812 年才宣佈赫爾辛基為新首都，位置上是較接近俄羅斯。

◆ 街道與建築變得統一及完整

赫爾辛基在 19 世紀早期，搖身一變成為首都，城市中心地段需要重新規劃，德國建築師卡爾‧路德維希‧恩格爾（CARL LUDVIG ENGEL，1778-1840）為龐大的建設計劃中的靈魂人物，在其助手協助下，參議院廣場、赫爾辛基大教堂，以及周邊的重要政府建築物就是那時代的傑出作品，同是新古典主義風格。從此，政府重要建築物的街道風格變得統一及完整。時至今日，這城市已是一個現代化且有質感的城市，建築的外觀不走金碧輝煌的路線，而是容納了多元化風格的建築。

◆ 恩格爾在建好前已離世

恩格爾於 1830 年開始主持修建大教堂，但在 1840 年時卻因生病死而逝世，他的繼任人 ERNST LOHRMANN 把原來的設計做了稍許修改，例如在兩側加了兩個鐘樓、四個小圓頂及十二聖徒雕像。

◆ 從百年酒店變成市政廳

赫爾辛基市政廳（HELSINKI CITY HALL）就在赫爾辛基露天市集廣場旁邊，也是由恩格爾主持設計的，那座建築完成於 1833 年，原為 HOTEL SEURAHUONE，市政府在 1901 年購買了那座建築，酒店搬遷後更新，從此成為市政廳。

上｜我們使用 Helsinki Card 在廣場搭上觀光巴士，暢遊多個景點。

左｜埃斯普拉納蒂公園，位於露天市集廣場和曼海姆大街之間，其實就是兩條街道中間夾起來的狹長型公園，是市內最受歡迎的公園。入口處有一座噴水池，中央為一尊裸體少女的青銅塑像，她是大海女神阿曼達 (Havis Amanda)。

大教堂的中央圓頂及廣場上的雕像

　　大教堂一開始是用來獻給俄國沙皇尼古拉一世（TSAR NICHOLAS I OF RUSSIA），也就是第二任芬蘭大公爵，因此聖尼古拉教堂（ST NICHOLAS' CHURCH）才是最原始名稱；直至芬蘭於 1917 年獨立之後，改為 THE GREAT CHURCH。最後在 1959 年赫爾辛基主教轄區建立之後，才稱為大教堂（THE CATHEDRAL）。

老農貿市場（Old market Hall）

　　不得不先提老農貿市場就在露天市集廣場旁邊，除了販賣優質起司、傳統糕點與香料，還可品嚐幾乎每位旅客必吃的鮮魚湯！

C. 赫爾辛基露天市集廣場　Market square

很多人參觀過大教堂等名勝，順道走往赫爾辛基露天市集廣場（MARKET SQUARE）湊熱鬧，只需 1-2 分鐘，途經旅客中心、埃斯普拉納蒂公園入口及市政廳。

面向著蔚藍大海的露天市集廣場，原只是海港及渡輪碼頭旁邊的公共空間，因滿布密集的攤販而注滿生氣，大概分為食物消閒區與工藝紀念品區，馳名又實用的木器、鹿角製品、馴鹿皮毛毯，都是焦點。這一區充分反映出當地人的生活模式，亦方便讓遊客買到價廉物美的東西。

觸目所見，販賣本地的特色小吃，如煙燻鯡魚、魚肉、馬鈴薯等，以及新鮮蔬果攤是最受歡迎，我們買了一份烤馬鈴薯，一般人以為烤馬鈴薯是很平常的食物，不太值得推薦，沒料到出奇地好吃。其後在芬蘭不同的城鎮旅遊時，吃過多次馬鈴薯都一樣好吃，誇張一點是自己生平吃過最回味無窮的馬鈴薯，曾經好幾次跟不同的芬蘭旅遊局的人分享過這歡愉的滿足，他們都很自信地認同。

除了垂涎三尺的烤馬鈴薯外，時令的新鮮蔬果攤的魅力也是沒法擋，藍莓、覆盆子、櫻桃等等都是粒粒新鮮肥美，每份大約 6-8 歐元，我們也買了一份覆盆子，吃過之後打開了我們莓果之旅，在整個旅程中，我們從街頭多次選購莓果、然後深入國家公園採摘野生莓果、再到拜訪莓果農場任摘任吃，真是無莓果不歡啊！

❶ 旅客就在一攤一攤的小棚子裡即買即吃，吃飽便上船展開小島之旅。　❷、❸ 魅力也沒法擋的各種莓果，每份大約 6-8 歐元。　❹、❺ 炒馬鈴薯香氣隨風飄揚，飄送到每一個角落。　❻ 噢，看圖便知道吃的就是鹿肉！

俄國女皇之石

　　遊走攤子之間，還可遠望到與赫爾辛基大教堂截然不同風格的烏斯佩基大教堂，大約步行十多分鐘可抵達。說回廣場中央，還有一座建於 1835 年的紀念碑，暱稱為「俄國女皇之石」(THE STONE OF THE CZARINA)，是紀念 1833 年沙皇尼古拉一世（第二任芬蘭大公爵）及其皇后到訪此地而興建。頂部上是一隻古銅鑄製的雙頭老鷹，並站在地球上，直視東西兩邊，代表著俄羅斯是一個橫跨亞歐兩大洲的國家。

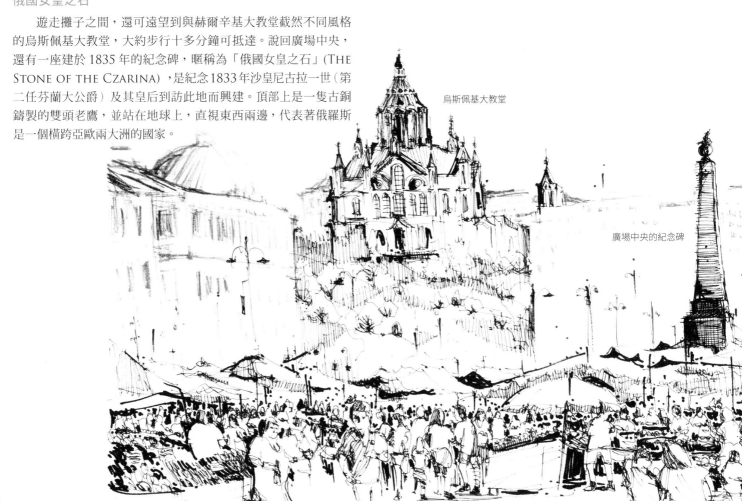

烏斯佩基大教堂

廣場中央的紀念碑

小販與遊客之間互動創造城市動感的一面，日子久了因而變成了城市的特色。

每天清晨，小販開始聚集在此，擺賣各種不同商品，如每季的新鮮蔬果、海產、鮮花及地道的特色美食。一般在大約下午四點左右，他們便陸續收攤。

小島遊 Part1：世界遺產之芬蘭堡 Suomenlinna

擁有「千島之國」美譽的芬蘭，赫爾辛基則擁有 300 多個島嶼及 100 公里海岸線，在城市的許多角落裡都能感受到自己與大海的親密距離。赫爾辛基外海有多個重點的小島，芬蘭堡（SUOMENLINNA）被列為「世界遺產」，自然成為許多人必去的地方，如果時間更充裕的話，瓦利島（VALLISAARI）及羅納島（LONNA）都值得花時間走一趟，感受不一樣小島風情。

◆ 最具有東、西文明衝突與融和象徵意涵的海上城堡

芬蘭被聯合國教科文組織列入「世界遺產」的人類瑰寶一共有七處，每一處都是芬蘭歷史與文明演化的代表。最靠近首都、也是最廣為人知的莫過於芬蘭堡，是現存世界最大的海防軍事要塞之一。

其他六個遺產，分別是芬蘭最古老的一座木造基督教堂：佩泰耶韋西老教堂（PETÄJÄVESI OLD CHURCH）、芬蘭最具森林與紙業傳統代表性的韋爾拉磨木紙板廠（VERLA GROUNDWOOD AND BOARD MILL）、北歐地區面積最廣的木造建築群：馬老城（OLD RAUMA）、芬蘭史前青銅器時代的薩馬拉赫登麥基（SAMMALLAHDENMÄKI）聚落遺址、優美的海上礁岩群島區的瓦爾肯群島（KVARKEN ARCHIPELAGO），以及北方極地的地理探勘標測石柱：斯特魯維測地弧（STRUVE GEODETIC ARC）。

❶ 往返芬蘭堡的渡輪，單程只需 15-20 分鐘，除了接載乘客，也會運載小汽車和自行單車。 ❷ 前往芬蘭堡等三個島嶼的 JT-line 水上巴士。 ❸ 渡輪停泊在芬蘭堡主碼頭，旁邊有旅客中心，可以先取一份地圖。 ❹ 在主碼頭可看到俄羅斯治理時期所建造的防波堤軍營，現時為旅客中心及餐廳。

芬蘭堡渡輪上層擠滿各國旅客，
人人頭頂上一片異常湛藍的天空，
享受著溫暖的氣溫加上刺眼的陽光。

◆ 瑞典的「芬蘭堡」

芬蘭堡可說是經歷了三個國家的統治時代，也結集了三國的建築風格。瑞典統治芬蘭時代，為了防範俄國的軍事擴張，指揮官艾倫史瓦德（AUGUSTIN EHRENSVARD），於 1748 年展開橫跨多個海島的軍事工程，同年被命名為斯韋堡（SVEABORG），即是「瑞典城堡」之意。

◆ 俄國的「芬蘭堡」

不過瑞典城堡未能抵擋俄國的入侵，1808 年的芬蘭戰役（FINNISH WAR）中向俄國投降，亦為俄軍於隔年鋪上佔領芬蘭的成功之路。芬蘭成為俄國的大公國後，沙皇在島上增建多座俄式建築，同時將 SVEABORG 改為芬蘭發音 VIAPORI。接下來的一百年裡，這處一直作為俄羅斯的海軍基地。1855 年的克里米亞戰爭中，英法艦隊砲擊此堡持續 47 小時，使其受損嚴重。

◆ 芬蘭的「芬蘭堡」

1918 年芬蘭獨立後，芬蘭把城堡命名為芬蘭堡（SUOMENLINNA），瑞典語的名稱仍是 SVEABORG。

在獨立後發生內戰，從 1918 年到 1919 年，島上成為一個戰俘營地，共有一萬名紅衛兵和相關者被拘留在營地，最後有十分之一的囚犯因為飢餓或疾病死於島上，現時主碼頭附近設有戰俘營紀念碑，記念此事。

第二次世界大戰爆發，這處作為砲兵、防空部隊和潛艇部隊的基地。直至 1973 年，駐軍正式撤離，芬蘭堡被移交給教育和文化部管理。1991 年，芬蘭堡作為舊日歐洲軍事建築的獨特典範，被列為世界文化遺產。

目前島上遍佈步道、餐廳、商店、海灘、甚至海軍學院，常住居民有大約 800 名。島上的建築都是國家擁有，昔日軍營改建成為住家，開放給人租住，甚至成為藝術家的工作室，他們都被寧靜又浪漫的島上生活所吸引而搬到島上，旅客可在島上商店欣賞及購買到他們作品（左圖）。

島上的藝術家工作室及商店。

芬蘭堡於 1748 年建於赫爾辛基附近的六個岩石島嶼上，目的是為了加強瑞典抵禦俄羅斯的能力，此處也因而擁有「北方的直布羅陀」的美譽，時至今日，此堡壘是無疑是芬蘭的文化瑰寶之一。

Länsi-Mustasaari 是芬蘭堡群島最西端的小島，在秋季的海風與暴雨之中首當其衝，備受風吹雨打。海風登島之後從樹林中呼嘯而過，穿透當年駐守官兵的營房窗戶。

原是兩個島，填海後連在一起，
而其他島嶼則以橋樑貫通。

1 主碼頭（搭乘渡輪）
2 芬蘭堡教堂
3 中央碼頭及芬蘭堡博物館
4 芬蘭堡乾船塢
5 城堡大庭院
6 維斯科潛艇
7 國王大門及碼頭
8 芬蘭堡最南端
9 羅納島
10 往壁疊島的方向

冰天雪地的群島

　　芬蘭堡群島位於赫爾辛基南港的入口處，島上居民依靠全年無休的渡輪，建立起與陸地之間至關重要的連接。波羅的海屬於低鹽度海，當氣溫降到零下 20 度，赫爾辛基對出的芬蘭灣海面上就會結冰，冰層厚度很容易就會超過 40 厘米。當冰層太厚的時候拖船開始在赫爾辛基的港口開闢航道。然而，冬季大部分時間，渡輪可以不需要幫助，自己在冰層中開闢水路。

　　翻查資料，在赫爾辛基南端的卡依沃布依斯多（KAIVOPUISTO）公園和芬蘭堡之間，往昔曾經有過在冰面上行駛的冬季巴士服務，我想像著一架坐滿乘客的巴士朝往芬蘭堡前進的畫面，真令人難以置信啊！（不過海事交通航線的改變，已停止此交通服務。）

適合只去芬蘭堡的渡輪

往芬蘭堡可搭渡輪或 JT-LINE 水上巴士，同樣在露天市集廣場旁邊的碼頭上船。全年航行的渡輪，只需 15-20 分鐘，最後一班於半夜兩點從島上離開。渡輪屬於「赫爾辛基大區交通系統」，所以你已經買了日票（DAY TICKET），或是持有單程車票（注意不是電車單程票），又或者使用 HELSINKI CARD，可以直接上船。芬蘭堡有三個公共交通的碼頭，渡輪停在主碼頭，不遠處還有一間超市，回程時同樣在這兒。如果你的小島旅行只有芬蘭堡，那渡輪最適合不過。

適合遊覽三島的 JT-line 水上巴士

芬蘭堡附近還有兩個島，瓦利島及羅納島，許多人會在一天內走遍三個島，那就要搭乘 JT-LINE 水上巴士。此船只在夏季航行，每小時一班，一天七班，依次序前往瓦利島（約 25 分鐘）、芬蘭堡國王人門碼頭（約 15 分鐘）、芬蘭堡中心碼頭（約 25 分鐘）及羅納島（約 15 分鐘）。建議先遊覽瓦利島，下午就是其餘兩個島。

至於我們，計劃是一併遊覽三島的，可是在芬蘭堡上我們的行程較多，所以在另一天才去另外兩島。其實對本地人而言，無論是相約朋友來個週末歡敘，或者獨個兒幽幽散步，又或者輕鬆慢跑，都能在這些小島各適其所，就像香港人在週末時坐船到長洲、大嶼山走一趟一樣。另外，芬蘭堡上也有青年旅舍 HOSTEL SUOMENLINNA，讓人留宿一夜。

此圖攝於主碼頭，遠望前方的城市及遊輪景觀，就是赫爾辛基市中心，可見距離很近。

芬蘭堡由六個島嶼組成，占地八十公頃，其中五個以橋樑或填海貫通，最主要的景點及博物館都集中在 ISO MUSTASAARI、SUSISAARI 及 KUSTAANMIEKKA 這三個島，它們已占去整個芬蘭堡七成左右的面積。

藍色參觀路線

官方設計了一條藍色參觀路線，大致是平坦之路，避免較為陡峭的山坡，由 ISO MUSTASAARI 的主碼頭開始、走經 SUSISAARI 的中央碼頭、直至 KUSTAANMIEKKA 的國王大門碼頭為止，單程為 1.5 小時左右，這樣走一走就能觀看到絕大部分的東西，如此一來需時約 3 小時左右。

俄羅斯統治時代的軍營及教堂

計劃在島上來頓野餐而又忘記準備食物的旅客，在主碼頭下船，不妨到不遠處的超市採購一下。旅客中心也在主碼頭，我們取了中文地圖才開始走，這兒可以看到粉紅色的防波堤軍營（JETTY BARRACKS），是俄羅斯軍隊的入口，於 1868-70 年建造的城堡大門及軍營，可容納 250 名士兵。控制著島嶼北岸，穿過大門就正式進入芬蘭堡範圍。

往前走，擁有奪目綠色圓頂的芬蘭堡教堂（SUOMENLINNAN KIRKKO）先在左方小丘上出現，仍是俄式建築，是在 1854 年作為希臘東正教駐防教堂建築而建成。雖說是俄式建築，如今卻看不出一點相關建築風格，原來最原始的教堂是擁有五個洋蔥形圓頂（ONION DOME），芬蘭獨立後，成為新教會的路德教教堂，並改建才轉變成現在外觀，洋蔥形圓頂消失。目前的圓頂是一座仍然運行的燈塔，為空中和海上交通提供指引。在芬蘭，只有三座教堂具有這樣的功能。

芬蘭堡教堂的圓頂是一座仍然運作的燈塔，為空中和海上交通提供指引。教堂是芬蘭堡最高的建築，站在不同的角落，也能清晰觀看到。

左｜芬蘭堡的中央碼頭，藍色遊船是 JT-line 水上巴士。　右｜中央碼頭旁邊的芬蘭堡中心，內有芬蘭堡博物館。　左｜芬蘭堡中心的導覽團報名處。　中｜芬蘭堡博物館內播放影片、介紹興建過程、過往戰役以及島上人民的生活方式。　右｜中文導覽團在七至八月，每逢週一至五舉行。

中央碼頭位於 Iso Mustasaari 島另一邊，橫過橋樑便是 Susisaari 島，這一帶比較熱鬧，芬蘭堡中心、芬蘭堡博物館、餐廳、JT-LINE 水上巴士等等都能在這裡找到。值得一提，官方設有多種語言的導覽團，有點意外在七至八月期間還有中文導覽團，每天早上十一點半便有一團，全長一小時，價錢為 11 歐元。不用預約，只需在芬蘭堡中心報名及付費便可以。更驚喜的是持 Helsinki Card，可免費參加，就這樣我們參加了中文導覽團。

其實 Helsinki Card 在此處發揮作用也蠻多，島上的六個博物館，其中芬蘭堡博物館、維斯科潛艇博物館等五個都可免費入場。芬蘭堡博物館（Suomenlinna Museum）就在芬蘭堡中心內，裡面播放影片，介紹要塞的興建過程、過往戰役以及島上人民的生活方式，很值得一看。

城堡大庭院

進入 Susisaari 島，幾個景點都是芬蘭堡的焦點。城堡大庭院（Suuri Linnanpiha）由要塞創始人奧古斯丁·厄倫斯瓦德（Augustin Ehrensvard）設計，從此也成為要塞的主廣場。它在 1855 年的克里米亞戰爭中被砲擊而嚴重損壞，後來才重建，厄倫斯瓦德之墓亦位於庭院中。至於厄倫斯瓦德的官邸，現已變成厄倫斯瓦德博物館，內部裝潢經過翻修，主要展現了瑞典時期要塞的風貌。

芬蘭堡乾船塢

作為海事重要設施，這處也有乾船塢（Suomenlinna Dry Dock）。乾船塢可將水抽掉，使船舶在裡面進行出水檢查、修理的封閉的船池，芬蘭堡乾船塢是世界上最古老的船塢之一，早在18世紀瑞典海岸艦隊的船隻就在此建造，如今該船塢仍然運作，用於維修古老的木製帆船。

❶ 城堡大庭院的要塞創始人厄倫斯瓦德墓碑。 ❷ 芬蘭堡乾船塢，昔日瑞典海岸艦隊的船隻在此建造。 ❸ 厄倫斯瓦德博物館。 ❹ 芬蘭堡保留著長達八公里的城牆。 ❺ 維斯科潛艇的內部。

Helsinki 2018.8.

維斯科潛艇

維斯科（Submarine Vesikko）是一艘於 1933 年建造的芬蘭潛艇，曾參加過第二次世界大戰，二次世界大戰後，巴黎合約禁止芬蘭製造任何潛艇，所以除了維斯科潛艇外，所有船艦都遭到銷毀。在維斯科潛艇內部，遊人可以體驗潛艇船員狹窄的工作條件如何工作及生活，並且了解當時的潛艇技術。

維斯科潛艇目前已變成一座博物館，成為十分熱門的景點。

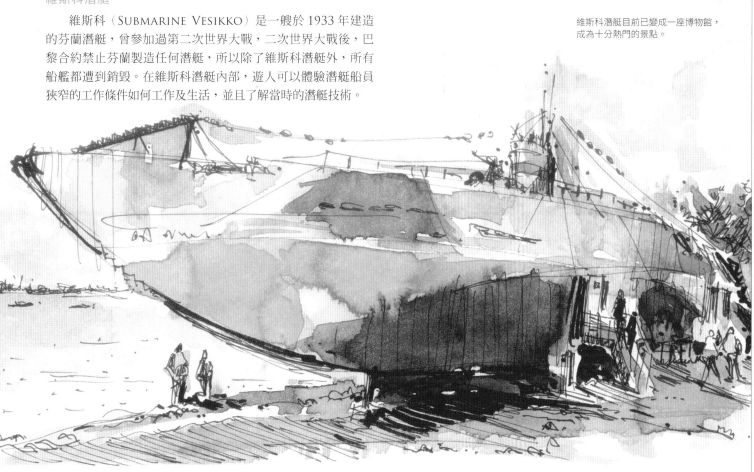

❶ 沿岸海防線的多座大炮。 ❷ 國王大門的石上刻有格言。 ❸ 國王大門入口。 ❹ 國王大門的另一邊步道，可走至中央碼頭。

SUSISAARI、KUSTAANMIEKKA 這兩島經過填海後，已經完全合併，所以沒有感覺自己從一個島移至另一個，來到 KUSTAANMIEKKA 島的南端，也就是整個芬蘭堡的最南邊，這一帶可飽覽到沿岸海防線的原貌，長達八公里的城牆、沙壩及多門大炮等等，都是在 19 世紀末由俄羅斯人建造。

走到最後的重要景點，面向著汪洋大海的國王大門（KING'S GATE），具有紀念意義。既然稱得上「國王」的大門，自然關於一位曾到訪此處的國王。故事是這樣的，瑞典國王阿道夫‧弗雷德里克國王（KING ADOLF FREDERICK）是此海上要塞的奠基者，在 1752 年他乘船到此來視察興建的進度，當時就在這兒拋錨登岸進入。為了紀念此事，厄倫斯瓦德因而興建此大門，定名為國王大門（KING'S GATE）。

此門於 1754 年建成，其石設計複雜美緻，從此成為堡壘的主入口。厄倫斯瓦德在一塊大理石刻了一句著名的格言，意思為「後人們啊，站在這屬於你的土地上，永不要依靠外力幫助。」這座大門曾翻新了三次，最近的修復工作在 1998 年完成。

國王大門：是堡壘的主入口，
也是重要景點。

令人難忘的遊船橫過海峽壯觀景色

　　旅客通常會以國王大門作為芬蘭堡行程的完結，累的話會在階梯坐著休息，時間剛好的話便可看到一幅「會移動的壯麗景色」，又或者有些人會在這兒直接坐上 JT-LINE 水上巴士回去，雖然多花一點錢，但不用花腳力走回去主碼頭。

　　庫斯坦米耶卡海峽（KUSTAANMIEKKA STRAIT）是位於芬蘭堡群島與瓦利島（VALLISAARI）之間，兩邊之間的最短距離只有 81 米。旅客特別喜歡坐在國王大門階梯上的原因，不單只為了小休息一下，主要是可近距離觀看到大型遊船穿過庫斯坦米耶卡海峽，這幅會移動的壯麗景色相當令人難忘。所看到的遊船都是從赫爾辛基南港駛出，每小時均有一至兩班出發，大部分都是駛往愛沙尼亞，也有些朝往更遠的瑞典。觀看到這一幕景色，除了在國王大門之外，在最南端的位置亦可看到。（畫中的遠處就是瓦利島，也是下一個我們要介紹的島嶼。）

有人說過，芬蘭堡真正的高潮就在國王大門及最南端的一帶，一幕大型遊船穿過庫斯坦坦米耶卡海峽已經讓許多人印象深刻，再加上站在岩岸之上，從高處觀看那像絲綢一樣柔和的海面，微盪著漣漪，我們的心胸似乎也變得開闊了，使人格外神清氣爽。

陽光照在波光細細的海面上，像給水面鋪上了一層閃閃發光的碎銀，又像被揉皺了的綠緞。我們最後的芬蘭堡行程是坐船出海，換一個角度欣賞海上要塞的美，此圖攝於庫斯坦米耶卡海峽上，可看到芬蘭堡最南端及小燈塔，除了一群又一群旅客在城牆之上，還穩約地發現有些想親近大海的遊人，靜靜悄悄地走在小燈塔前的岩石間。

芬蘭堡體驗：18 世紀雙桅帆戰船

在芬蘭堡上，除了看看軍事遺跡和風景外，還有一些特別的事情可做嗎？若想置身在一艘 18 世紀單桅風帆戰船上，與瑞典海軍互動一下，參加一些有趣的海上體驗，諸如升高風帆、划船、打繩結等等，那就要參加「Cannon sloop Diana's public sailing」的兩小時體驗。

上面提及芬蘭堡乾船塢，在 18 世紀時先後建造了數十台瑞典海岸艦隊的船隻，參與過不少波羅的海的戰事。這次體驗的風帆戰船，就是仿製當時一種可以在淺水航行的單桅風帆船。

◆ 耗上五年時間才完成的風帆戰船

芬蘭堡造船專家為了重現兩百年前的風帆戰船，找來當時著名瑞典船舶建築師 Fredrik Henrik af Chapman 編制的圖紙，以及瑞典艦隊圖紙局的舊文件，使用傳統的建築材料和施工方法在芬蘭堡乾船塢內建造，耗上五年時間才完成。

「Cannon sloop」的英文意思是裝備大炮的單桅風帆船，自己對帆船的認識只有

皮毛，不過當天體驗是一艘雙桅風帆戰船，Diana 是帆船的名字。不過單桅風帆也好、雙桅風帆也好，這次戰船上的互動體驗都蠻豐富。

◆ 海軍小劇場與三種體驗

上船地方就在芬蘭堡中央碼頭，下午三點半開始，四名一身裝扮瑞典古裝的海軍與船員在碼頭上迎接我們這二十多名參加者。參加者的價錢為 25 歐元，說實在，很值得花費。首先，導覽部分即是介紹當時海上的情況、芬蘭堡、海上戰事等等，真是最值得一讚，這幾位海軍竟在戰船上演一幕又一幕的小劇場，中間配上三種體驗，貫穿兩小時的行程。

◆ 他們不是導覽員，其實是專業演員

既然是扮演兩百年前的海軍，他們自然用上瑞典語，我們一律無法聽懂，不過看著他們七情上臉高度投入角色、手舞足蹈，在船上各處走來走去地奔放的表演，我們便看得很專注又感到趣味十足，不斷嘗試著猜估劇情，心裡覺得他們真實身分應該就是專業演員吧？

此圖中的兩名為最主要表演者，
他們的精采表演真是大讚！

故事裡，表演者也為邀請參加者
一起參與，圖中的女士及小朋友
在幫忙揮旗。

參加者也會學習幾種不同難度的繩結，打繩結有時真的需
要一點點天分，Jackman 在一對一的指導才勉強完成。

雖然大家只是協助簡單的抓著帆繩，看著風帆快
速升高揚起之時，感覺自己也貢獻了不少啊！

Info Box　芬蘭堡：www.suomenlinnatours.com

◆ 體驗：合力划船

帆船一開始是收起風帆的，由電力推動朝向芬蘭堡最南端的海面航行，其間我們欣賞著一幕幕聽不懂的劇場，大概半小時後船便停下來。接下來要調動船身方向，把船頭指向芬蘭堡。瑞典海軍先示範，然後安排大家一起划船，從槳葉入水、拉槳、槳葉出水及回槳這一連串步驟都是容易掌握，不過那支槳真的蠻有分量，體態輕盈的女士應該會感到有點吃力的。我們兩人一組合力拉一支槳，幸好不像在宣傳資料上介紹的是一人獨自推動一支槳啊！

◆ 合力提升風帆

就這樣，參加者一邊輪流體驗划船，船舵在船尾一邊操控水中的可移動板以改變船身方向。成功調動船身後又一起合力升高風帆，參加者其實幫忙抓著帆繩而已，船員便要奮力地拉

著帆繩往主桅上方揚上去，我們雖然只負責最輕鬆的工作，但能夠親眼看著風帆瞬間地揚起升高，而且升勢奇快，也不禁興奮地叫好！

可不要以為升高風帆只是讓我們體驗一下，回航的部分航程，船舵真的沒有發動電力推動船隻，真正的依靠那兩大片風帆乘著風力而回去的。歸途中，瑞典海軍劇場繼續上演，中間我們又學習幾種不同難度的繩結，到底是不是當時海軍實際使用的都不重要，總言之在日常生活不太有機會接觸的，偶然可以體驗一下都蠻好玩又開心啊！

這個風帆戰船體驗只於夏天六月尾至八月的逢星期三、四及六下午三點半舉行，還有專為兒童而設的「Children's maritime adventure」，同樣乘坐這艘船，不妨在官網看一看。

划動船隻的步驟容易掌握，不過真的大耗體力，難以想像兩百年前在海上發生戰事時，當時船上的人需要長期推動是何等辛苦。

在壁壘島碼頭上可遠眺到芬蘭堡，一座高高的建築物便是芬蘭堡教堂。

左 | JT-line 水上巴士是壁壘島唯一公共交通。 **右** | 島上的地圖，左為壁壘島，右為國王島。

小島遊 Part2：火藥島

相對芬蘭堡，壁壘島（VALLISAARI ISLAND）的面積小一點點，卻寧靜許多，是漫遊群島的第二站。前往此島，乘坐 JT-LINE 水上巴士是唯一公共交通方法，島上只有一個公共碼頭。此島旁邊還有國王島（KUNINKAANSAARI ISLAND），距離十分接近，兩島之間由一條防波堤上的小路連接起來。

碼頭在壁壘島北端，遊人下船後便可馬上在步道出發，步道的走法比較簡單，大致分為兩部分，第一部分在壁壘島北部，在壁壘島的死亡之谷（DEALTH OF VALLEY）又可通往國王島的步道，來回走畢兩島的步道至少兩個半小時以上，不過旅客是禁止「在島上過夜、生火和挖掘土壤」的，為何？

我擅自給這兩個島起一個合稱的名字，稱為「火藥島」或「禁閉島」，只因此島長久以來都因為四處隱藏著大量火藥而成為「禁閉島」，直至 2016 年夏天才開放公眾，我們到訪時才開放第二年，可說是赫爾辛基群島遊覽中最新景點之一。

事實上，壁壘島與國王島自 17 世紀以來，瑞典便建有海防建築以及多座炮台，在 19 世紀俄羅斯又加建更多。芬蘭獨立後，島嶼移交給芬蘭國防軍，島上軍事建築物由於過時而改為存放大量槍械和炸藥。

悲慘的事發生在 1937 年夏天，壁壘島發生了巨大的火藥爆炸，12 人遇害及 16 座房子完全破壞，島上的人狼狽地奔跑去游水或坐船逃走。那一場大爆炸，也導致數以千計公斤的未爆炸藥散落在島上各處，從此變得危機四伏。五十年代起約數千名國防軍及其家屬開始在島上工作及生活，直至 1996 年後島上再也沒人居住，而國防軍也於 2008 年挖除陳舊的炸藥及清空了火藥儲存庫。

KUNINKAANSAARI ISLAND，被稱为 KING'S ISLAND，因為以瑞典國王古斯塔夫三世（KING GUSTAV III OF SWEDEN）命名。島上也發生打開芬蘭獨立重要一頁的事件，1906 年 8 月，第一輪反俄羅斯統治的軍隊是在此島上起義，向芬蘭堡作出砲擊，但最後被擊敗。

左｜壁壘島發生的大爆炸，在赫爾辛基的市民可看到爆炸後產生濃濃的灰煙直衝雲霄。　中｜島上十多座房屋倒塌粉碎。　右｜國防軍挖除陳舊的炸藥。（官方照片）

上｜此處為死亡之谷，旅客觀看介紹大爆炸的牌子。　中｜昔日小房子改為小咖啡館。　下｜此乃新興建的咖啡館在兩島之間的岸邊，我們途經時，還見到一些正在興建的設施。

◆ 壁壘島南部是禁區

這樣便明白，為何沒有人可以「在島上過夜、生火和挖掘土壤」，當局採取這樣「以防萬一」的態度，確實是很好的安排。在地圖看一看，壁壘島南部，即有一半面積，是完全禁止進入的，因此旅人走在附近範圍時便發現指示牌，警示要在指定範圍內行走，千萬不可跨越，否則會被起訴。我猜想，昔日火藥庫的所在地應該就在那禁區，所以那一片景色無法親身欣賞，在地圖上顯示最南端還保留炮台。

◆ 尋找人與自然之間的平衡

我們選擇了從壁壘島走到國王島，途經死亡之谷（DEALTH OF VALLEY），這處就是那十多座因為大爆炸而炸毀的房子的所在地，目前已完全復原，旅人可以從介紹牌子了解當時慘況。瓦利島雖曾是軍事要塞，島上的自然環境一直保存得很好，因此成為了許多瀕危植物的家園。旅人可自由欣賞島上美麗的自然景色、豐富多樣的花草植物和保存完好的歷史要塞。

按照資料的介紹，此島會開發成一個生態旅遊島嶼，約 85% 的自然環境會保持不變，只改動其餘 15% 以用來增設一些基礎設施，包括供水點、公廁、休息區、幾家咖啡館及小碼頭，以滿足日歸的旅客。

Info Box 　壁壘島：www.nationalparks.fi/vallisaari

島上的警示牌子（左至右）：不可挖掘土壤、不可生火、小心步道之外的土地可能有坍塌的危險、禁止通行此路，否則會被起訴。

左上｜大概是昔日火藥倉庫，現為壁疊島的禁區。　右上｜兩島之間的防波提小路，前方是壁疊島。　左下｜兩島之間的防波提小路，前方是國王島。　右下｜國王島上的舊軍事建築物。這裡除了古老的軍事要塞外，還保留有未受破壞的群島自然景觀。

芬蘭的桑拿文化不斷改變，如今羅納島上便有一間餐廳及桑拿小木屋，為夏日的天空下提供特殊的桑拿場所，一邊享受傳統的桑拿，一邊欣賞融合了繁華城市和大海遼闊的景色。

Info Box　羅納島：www.lonna.fi

小島遊 Part3：桑拿小島

　　漫遊群島的最後一站，是一個非常小、非常小的島嶼，繞
一圈不用幾分鐘，我也為它起了一個名字，稱為桑拿小島。眾
所周知，芬蘭人是熱愛享受桑拿的民族，他們熱衷善用自然環
境而構思出不同的桑拿地方，而這個小島上便有一個富有設計
感的桑拿房，一側可以看到城市的輪廓，而另一邊面向廣濶的
海洋與天空，為旅客提供獨特的桑拿體驗。

　　羅納島（LONNA ISLAND）很靠近城市岸邊，同樣地 JT-
LINE 水上巴士是唯一公共交通工具，只需 7 分鐘就可抵達。從
1880 年起，此島成為軍事基地及媒礦，直至 2008 年才關閉，
至今仍留下多段用來運煤的軌道，不過小島現已嗅不到半點煤
炭味，四周綠樹林蔭，鳥語花香，島中央則建有一家餐廳，分
別在室內、室外設有座位，為登島遊客供應午餐及晚餐。

　　穿過餐廳，小島的另一邊就是別有風味的桑拿小木屋，設
有男、女獨立桑拿室，均由大型燃木火爐加熱的桑拿浴室，最
多可容納 20 位客人，每人最多可以使用兩個小時。桑拿小木屋
設有一個大露台，蒸完後便安坐在此盡情享受周邊群島的美景。
餐廳和桑拿木屋只於每年五月到九月期間營業。

　　接連遊覽三個昔日都是軍事基地的島嶼，隨着海島功能的
變化，每個島嶼都擔任著不同的角色，如此一來赫爾辛基群島
之旅變得愈來愈精采了。

上｜小小的羅納島，我為它起名為「桑
拿小島」。　中｜下船的碼頭便見到昔日
用來運煤的軌道。　下｜小島中央的餐
廳，室內用餐地方也是往日的軍事建築
物。

上｜風景優美的小島風情。　中｜小島的
一角，寫意地欣賞怡人海景，享受美好
的午後時光。　下｜除了桑拿小島，我們
在西港區也遇見桑拿小船，可以租用，
讓人可以在大海中或湖中享受桑拿。

分辨四款芬蘭國旗

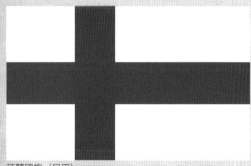

芬蘭國旗（民用）

有些事情，只有親身踏足那個地方、那個國家，才會驚訝地發現真實情況是這樣的，原來芬蘭國旗是有四款的，各有用途。芬蘭旗幟的圖案由白色背景上的藍色十字組成，由埃羅・斯奈爾曼（EERO SNELLMAN）和布魯諾・圖烏卡能（BRUNO TUUKKANEN）設計的。「湖泊的藍色和冬季的白雪」，也就是芬蘭國旗顏色的象徵意義。目前分為國旗（民用旗）和政府旗兩種，前者始於 1920 年，後者則於 1978 年開始啓用。

民間使用的國旗

芬蘭國旗為長方形，尺寸為：高 11 個長度單位，寬 18 個長度單位，十字的寬度為 3 個長度單位，色號 PMS294C。白色區域的高度為 4 個長度單位，靠近旗桿的白色區域的寬度為 5 個長度單位，另一端白色區域的寬度為 10 個長度單位，這就是我們最常見的一款。芬蘭船隻也可以升起特殊的民用國旗，在一般國旗的藍色十字的內部還有一個細的白色的十字，在旗杆側的上角可以添加船隻所屬的俱樂部標誌。

政府部門、軍隊及總統專用的國旗

政府旗可分為長方形或三尖形。在十字交叉處的正方形中嵌入了芬蘭國徽的標誌。這個正方形有黃色的邊界線，寬度為十字寬度的 40 分之一。政府部門和機構是採用長方形旗，軍隊則使用三尖旗，比長方形旗長一個長度單位。芬蘭共和國總統使用的是三尖形的政府旗，旗桿側上方角上印有藍色和黃色的自由十字圖像。目前使用的國徽和總統旗上的自由十字是歐羅夫・埃里克森（OLOF ERIKSSON）設計的。另外還有三款特殊軍旗，包括國防部長、陸軍最高統帥及海軍最高統帥的軍旗，在軍旗上添加不同的圖案。

左｜芬蘭國旗（政府部門及機構使用）　中｜芬蘭國旗（軍隊使用）　右｜芬蘭國旗（總統使用）

芬蘭國旗的十字圖案

北歐十字（NORDIC CROSS flag），或斯堪地那維亞十字（SCANDINAVIAN CROSS）是源自北歐地區的旗幟圖案；現時北歐國家的國旗上全都有北歐十字圖案，但也有其他地區的旗幟上有此圖案。圖案中的十字是基督教的象徵，首先出現於歷史上的第一面國旗——丹麥國旗上，之後，瑞典、挪威、芬蘭、冰島和它們的一些分區受到啟發，也跟隨使用此圖案於其旗幟上，例如我們稍後會去的愛沙尼亞也是此十字圖案的。

雖然許多國家使用北歐十字圖案，但它們各有其歷史和意義。至於芬蘭，長期屬於瑞典，後來屬於沙皇俄國，直至1917年獨立，所以這面芬蘭國旗也反映了其歷史，十字圖案是反映了與瑞典的關係，藍色和白色的顏色是沙皇俄國的顏色。

主要的芬蘭升旗日

2月5日	民族詩人魯內貝格紀念日
2月18日	卡勒瓦拉日，芬蘭文化日
3月19日	明娜·堪斯日（平等日）
4月9日	芬蘭語日
4月27日	退伍軍人日
5月1日	勞動節
5月9日	歐洲日
5月12日	母親節
5月14日	斯奈爾曼日（芬蘭傳統日）
5月21日	陣亡軍人紀念日
6月4日	軍旗日
6月24日	仲夏節，國旗日
7月6日	埃諾·萊諾紀念日（夏日和詩歌日）
10月10日	亞列克西斯·基維紀念日（芬蘭文學日）
10月24日	聯合國日
11月6日	芬蘭瑞典文化傳統日
11月12日	父親節
12月6日	獨立日
12月8日	揚·西貝柳斯紀念日（芬蘭音樂日）

今天藍色和白色成為了芬蘭的傳統顏色，藍色代表湖與天，白色代表雪。任何芬蘭人在他覺得有必要時都可以升芬蘭國旗。

芬蘭鐵道攻略

坐上北極通宵臥鋪列車往聖誕老人家鄉

　　在旅程上搭乘過幾趟芬蘭國鐵，都留下很好的印象，主要是覺得芬蘭國鐵對於不同需要的乘客，在座位選擇上作出貼心的關懷安排。幾趟鐵道之旅都是乘坐 INTERCITY 列車，在網上訂購車票時，不單是免費選位，最大亮點是在一般座位（REGULAR SEAT）之中，還有多種特別需要的座位，包括位於兒童遊樂區的座位（NEXT TO PLAYROOM）、過敏乘客座位（SEAT FOR ALLERGIC PASSENGERS）、攜帶寵物的乘客座椅（SEAT FOR PASSENGERS WITH PET）、面對面的座位（FACE TO FACE SEATS）、工作包廂座位（WORKING COMPARTMENT）、輪椅座位（WHEELCHAIR）以及家庭包廂座位（FAMILY COMPARTMENT），全都是免費選擇。

六種國內列車

　　芬蘭國鐵的列車大致分為八種，較高級別有 PENDOLINO、INTERCITY 及 NIGHT AND CAR-CARRIER TRAIN，也是一般外國旅客比較多乘搭到的。另外還有一些地區性列車，諸如 REGIONAL TRAIN、COMMUTER TRAIN 等等，從萬塔國際機場到赫爾辛基市中心就是乘坐地區性列車，以上六種都是在芬蘭國內行走的。

兩種跨國列車

　　此外，往俄羅斯有兩種跨國性列車，ALLEGRO 列車是來往赫爾辛基與聖彼得堡，TOLSTOI 列車是更高級、還包含獨立房間的列車，目的地為莫斯科（MOSCOW）。至於 WIFI，除了地區性列車，其餘的都是全車提供免費。至於兒童遊樂區，PENDOLINO、INTERCITY 及 ALLEGRO 列車均有提供。

Intercity 列車內部：左｜一般座位。右｜左邊是樓梯，右邊是樓梯間的擺放單車區。下｜左方是兩人包廂座位區，右方是四人，不用額外付款的，我給這種包廂座位稱為黃金座位。

Pendolino 列車與 Intercity 列車的比較

一般外國旅客，像我們，常以赫爾辛基為據點，前發前往圖爾庫、坦佩雷、羅凡尼米（ROVANIEMI）等幾個芬蘭主要旅遊城市，當中以 INTERCITY 列車行走為最多，其他還有 PENDOLINO 或地區性列車。以 HELSINKI → TAMPERE 為例，早上班次中 INTERCITY 列車便有六班、PENDOLINO 列車則有三班、地區性列車則有一班（此班設於上班高峰時段，停站是最多的，車程最長）。

值得一提，以級別來說，PENDOLINO 應該是國內線的最高級別列車，是著名義大利火車製造公司 ALSTOM OF ITALY 設計及生產的，時速最高為 220 公里，我想其車廂內的座位舒適度等等定必一流，可惜的是我們無緣坐上。INTERCITY 的最高時速為 160 公里，我們乘坐經驗的滿意度很好。單以結構比較兩者，PENDOLINO 是設有餐廳的單層列車，INTERCITY 是雙層列車。

兩者的車程時間及車費都很接近

話說回來，兩者的最高時速雖有差別，不過因為停站數目及路段的時速限制，以 HELSINKI → TAMPERE 為例子，兩者車程同樣是 1 小時 40 分鐘左右，車票大約也是一樣，都是 19.8 歐元。又以 HELSINKI → TURKU 來說明，同是 1 小時 50 分鐘左右，車票又是同等。簡單而言，如果旅程沒有太人限制，我們還是儘量選擇不同的列車體驗一下。

不得不推薦，乘坐 PENDOLINO 或 INTERCITY 列車，如果是兩人或四人，網上選位時最好挑選可享受獨立空間的工作包廂座位（WORKING COMPARTMENT）或家庭包廂座位（FAMILY COMPARTMENT），而且裡面還有小桌子。

上｜左右兩列都是 Intercity 列車，地點是赫爾辛基中央火車站。
下｜芬蘭國鐵以綠色為主調，Intercity 列車車身圖案大自然元素為主。

臥鋪列車的餐車

整節車廂沒有一般座位，裡面有一處販賣部，由一位職員包辦點餐、準備餐飲、找錢、清理等全部工作。這處大概在列車起行便開始營業，直至半夜才暫定，到第二天清晨又再營業，提供簡單的早餐，如三明治、熱咖啡之類。

座位分為兩區，一邊是四人座位區，另一邊面向窗口的兩排座位。夜幕掛起，乘客通常點些飲料、甜點及小吃，望著迷人夜景，靜靜地聊著天。

坐上北極臥鋪列車

HELSINKI → ROVANIEMI 是十分熱門的長途路線，被稱為北極臥鋪列車，全天約有八、九班。日間班次中，通常以 INTERCITY 列車行走，全程為 8 小時左右，部分班次在中途的城市換坐另一班。

至於通宵班次更深受旅客歡迎，出發時間是晚上，清晨就可抵達，許多旅客都喜歡這種睡一覺就到目的地的行程，一邊睡覺一邊移動，完全不浪費一分一秒的寶貴時間，另一好處就是省去當晚住宿的費用。

通宵班次在傍晚六點多開始

說回通宵的車程，比日間較長，大約十二小時左右，班次在晚上六點多開始，大約每隔一至兩小時便開出一班，夏天是淡季每晚有三班，至於冬天，愈接近聖誕節，旅客人數愈多，每晚可增加到六至七班。

行走通宵班次仍然以 INTERCITY 列車為主，不過供應房間的 NIGHT TRAIN 其實也是 INTERCITY 列車的一種，只是沒有一般座位，變成房間而已。所以通宵列車都是由只供座位及只供房間的 INTERCITY 這兩種雙層車廂組成，有時也會搭配單層的地區性車廂。

黃金座位

有些想節省車費的通宵旅客，只買一般座位的最平車票，在座位上睡覺；這時候 INTERCITY 列車的工作包廂座位與家庭包廂座位就會變成「黃金座位」了，因為它們都是免費的包廂座位，雖然其他乘客仍可透過透明玻璃看到裡面的你一舉一動，不過只要想像一下坐滿乘客的車廂，尤其是在夏天，車廂特別容易瀰漫著混濁氣息，這時候包廂座位就能提供非常珍貴的獨立空間。

左｜從車外觀看到餐車內部。　中｜女職員一人獨立包辦餐車的全部工作。　右｜餐飲部以提供簡餐與各式飲品為主。

Intercity 列車的房間

接下來，要談只供房間的 INTERCITY 列車，這是大家十分關心的內容。全車可供 38 人入住，上層（UPPER DECKER）是獨立浴室的雙人房間，共有八間，房間為 4.2 平方公尺。下層（LOWER DECKER）有 11 間，包括雙人房間（部分雙人房間能互通而成為家庭／團體四人房間）、殘疾人士專用雙人房間、攜帶寵物乘客的雙人房間，面積為 3.3 平方公尺，全都是共用廁所及浴室。

我們爬樓梯搬行李到上層，未入住的房間是沒有關上，乘客自行打開進入，職員稍後會敲門驗票。房門外面的號碼是兩張床位的號碼，設施包括上下鋪的床、對外窗口、小餐桌、小椅子、盥洗間和浴室，室內空調溫度可以自行控制，當然也有免費的 WIFI。

床上擺放著大、小各一條浴巾和一瓶水，這只是小瓶水，建議上車前準備足夠的飲用水，否則便要在餐車內購買。床鋪下方有儲物空間可放置行李，上鋪還有防護措施以防止上面的人睡到掉下去。枕套是可愛的貓頭鷹圖案，床旁邊有閱讀燈、兩個插座、鬧鐘，也設計一個小空間讓人放手機、水等等，手一伸就可以拿到水瓶，超級方便。

至於廁所，內有杯子、簡單的兩包沐浴乳和浴帽等等，關鍵是洗手台和鏡子下方有一個把手，拉下去就能關上洗手台和馬桶，兩秒間淋浴小空間就會出現，冷熱水均有供應，放心。總括而言，以 4.2 平方公尺的空間而論，房間設計的實用性很高，兩趟臥鋪之行都感到滿意。

左｜臥鋪列車車廂列明床位號碼。　右｜臥鋪列車的車廂走廊。

左｜坦佩雷火車站月台，這裡是往 Rovaniemi 的途中的重要車站，我們在這兒轉搭北極臥鋪列車。
右｜圖爾庫火車站，是南部重要火車站，我們在此坐上列車前往坦佩雷。

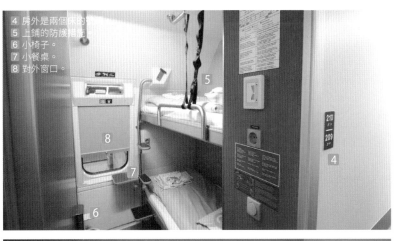

4 房外是兩個床的□
5 上鋪的防護措施□
6 小椅子。
7 小餐桌。
8 對外窗口。

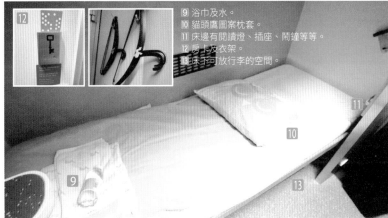

9 浴巾及水。
10 貓頭鷹圖案枕套。
11 床邊有閱讀燈、插座、鬧鐘等等。
12 房卡及衣架。
13 床下可放行李的空間。

1 廁所。
2 鏡子附近的把手，拉下去就能關上洗手台。
3 淋浴空間便會出現！

清晨七點多的羅凡尼米火車站。

車費及網上訂購車票

車票在兩個月內便開始訂購，無論有沒有浴室的雙人房間都統稱為 NORMAL COMPARTMENTS，其他稱為 SPECIAL COMPARTMENTS。網上訂購，自行列印車票便可以，不用在車站辦理換取車票手續。

HELSINKI → ROVANIEMI 的一般座位車票，無論日間或通宵都有早鳥車票（SAVER TICKET）為 38.9 歐元左右，正價（BASIC TICKET）為 80 歐元左右。至於訂購住房車票，以兩人訂一間房間為例，共用浴室的房間為 210 歐元，獨立浴室的房間則為 218 歐元，不過愈接近出發日子，價錢還會調升的。

姆明博物館與臥鋪列車

很多人都會在赫爾辛基中央火車站，直接坐上往羅凡尼米的北極臥鋪列車，如果你計劃參觀位於坦佩雷的姆明博物館，最好把兩者連成一線。前往羅凡尼米途中，坦佩雷其實是必經的大站，甚至不少班次會在那兒換車，即是赫爾辛基 → 坦佩雷 → 羅凡尼米。因此建議，日間帶著行李先去坦佩雷，參觀完姆明博物館，才在晚上坐上前往羅凡尼米的通宵列車，每晚至少有一班在坦佩雷開往羅凡尼米的通宵列車，時間為晚上十點多。

計程車載我們去到旅館

這班車就在第二天清晨七點十多分抵達羅凡尼米，火車站與市中心的步行距離超過半小時，拉著行李定必更久。至於公車，只有一個選擇，就是 8 號公車，這是很出名的公車，因為它是來往火車站 → 市中心 → 聖誕老人村 → 羅凡尼米機場，幾乎大部分旅客都會搭乘的，可是其首班次卻在早上八點十多分。要等一個小時實在無法負擔，因為當天規劃十分緊湊，不得不先到市內的旅館放下行李，快速吃個早餐便要馬不停蹄啓程。這時候，火車站剩下唯一一架計程車，車身有一個聖誕老人標誌。計程車的車資是在 6 歐元多起跳，開車後才知道，不到十分鐘便抵達目的地，收費為 11 多歐元，最後我們給 15 歐元，其餘請他收下，這位司機就是我們的救星啊，天曉得下一架計程車何時才出現！

在羅凡尼米火車站坐上的計程車，車身是的紅色標誌是聖誕老人圖案，寫著：Santa's Official Taxi。

芬蘭飲食的二三事
餐廳、超市與芬蘭傳統經典美食

1. 天天營業的芬蘭超市

在外地旅行，超市都是常去的地方。芬蘭比較大的連鎖超市有 K-MARKET、S-MARKET、ALEPA 等等，首都以外地區都能見到它們的分店。芬蘭的百貨中心、商店等等在星期日也會營業，所以超市也在星期天營業，而且營業時間也蠻長，早上八點左右開始，直至晚上十點。對於許多旅客來說，超市的熱食如燒雞、燒雞腿通常是重要晚餐的主食，放心在芬蘭一些超市都可買到。

舉兩間超市為例，赫爾辛基的大巴總站就在 KAMPPI SHOPPING CENTER 之內，裡面有幾間大型超市，其中一間 K-MARKET 的營業是在早上六點半。更驚訝的是在赫爾辛基中央火車站正門左邊 SOKOS HELSINKI 百貨中心，內有馬莎百貨（MARKS & SPENCER）及大型 S-MARKET，後者竟然是「24 小時的營業」！

補充一下，芬蘭超市只販售啤酒，若要買白酒、紅酒之類便要找專門販賣酒類的商店，上面介紹的 24 小時超市，旁邊便有一間。不過，芬蘭的酒類價格比較貴，即使在瑞士旅遊時，在超市也會買到 1 歐元左右的便宜罐裝啤酒，可是在芬蘭，普通牌子的罐裝啤酒也至少 3 歐元起跳。所以不少當地人會坐船去愛沙尼亞的塔林時，購買很多酒帶回去自用。啤酒方面，只出售一盒盒的 24 罐啤酒，乘客通常一次購買幾盒。

上｜KAMPPI 購物中心的 Alepa 超市。　左下｜Sokos Helsinki 百貨中心內的 S-Market 超市，是 24 小時營業，白色圓圈為超市入口。　右下｜往返赫爾辛基與塔林的遊船上，商店以販賣各款酒類為主，圖的左方是一盒盒的 24 罐啤酒。

2. 餐桌上的免費白開水

在歐洲國家的餐廳用餐，常見組合大致是餐前飲料＋主菜＋餐後甜點及咖啡，有時加上前菜。綜合我們在幾個芬蘭城市的經驗，有這樣的觀察：我們沒有遇上一間餐廳是沒有提供免費白開水的，通常桌上早放置了滿滿的水瓶，不會像其他歐洲國家你一坐下便問你喝什麼東西，你可以直接點主菜，待應也不會問要不要湯或頭盤、餐後要不要飲咖啡甜點，賬單上也沒有小費，給小費悉隨尊便，整個過程完全沒有壓力。有一回我們跟旅遊局工作的人聊起這事，大讚一番，她笑說這就是當地餐廳的一向如是的待客做法啊！

3. 餐廳的收費水平

打開好幾間芬蘭餐廳的菜單，粗略地看一看，前菜的價位大致是 5-8 歐元，最貴都不多於 10 歐元，至於主菜則在 10 多歐元，亦有超過 20 歐元，相對自己在西班牙、義大利旅遊的經驗，這三個國家的價位相近，相對於瑞士，自然是便宜許多。正如上面提及，芬蘭餐廳都提供免費的白開水，如果你不點飲料、也不點甜點的話，花費沒有想像中昂貴的。

4. 午間的自助餐與特價套餐

我們又發現芬蘭餐廳習慣提供午間自助餐，時間多是星期一至星期五早上十一點開始，價錢通常在 10-13 歐元左右，食品包括湯、沙拉、麵包、冷盤、熱盤、咖啡以及甜品，客人先付款便可以自由享用，不限時間。

我們在芬蘭堡一間餐廳享用過午間自助餐，每位為 14 歐元，因為在知名景點內，收費貴一點點，然後在坦佩雷的姆明博物館內的餐廳也吃過，價錢只有 10 歐元。芬蘭堡的中文導覽團導遊跟我們分享說，餐廳提供午間自助餐的好處，是方便附近工作的本地人，可以節省時間，快速拿取食物快速進食，而且又可以享用多款食物。

❶及❷姆明博物館的自助餐用餐區及多款食物。 ❸姆明主題樂園內的自助餐用餐區，每人為 14 歐元。 ❹波爾沃新城區的餐廳，提供午間自助餐，每人為 14.8 歐元。 ❺姆明主題樂園內其他餐廳，沙拉為 9.8 歐元，大份筆管麵為 8.9 歐元。

5. 在芬蘭吃到撫慰心靈的亞洲菜式

說實在，芬蘭菜並不如法國菜、義大利菜那樣多元化，不到幾天計劃要吃的地道菜式都應該品嘗過，有時候也曾走進一些亞洲美食餐廳，於是中國菜、泰國菜、越南菜、日本菜及尼泊爾菜，我們都吃過，相對芬蘭餐廳的價錢沒有特別貴，而且內容豐盛。如何尋找這些餐館？有些就在旅館附近，看一看菜單便隨性進入，有些是 TRIPADVISOR 的評價名列前茅的餐館，品質和口碑更有保證，我們也會專程而去。

我們主要在午間前往這些餐廳，又粗略地歸納到一個情況，發現到這些餐廳習慣提供午餐特價菜單或套餐，例如一間在 HAKANIEMI MARKET HALL 附近尼泊爾菜小餐館，稱為 RAVINTOLA AANGAN，午餐內容是一個圓盤裏面裝了飯、一份主菜、一份配菜和一個醬汁，另有手拉薄餅一大塊，還有沙拉吧及道地奶茶和咖啡任取，絕對是吃得飽、營養均勻、又能滿足吃熱飯的願望，而且價錢只要 10 歐元。同樣地，我們也品嘗過中國菜的餐廳，點了主菜後，客人都可以免費添白飯的。

雖然是午餐特價餐，但食物也絕不馬虎，不要期望像快餐店般一點餐便有食物，吃得出是廚師即煮的，因為蔬菜還是翠綠的、洋蔥還是爽脆的，整份午餐都是熱騰騰上桌。

這種亞洲美食餐廳通常位於非熱門的旅客區，當深入走訪一個城市，你自自然然來到較多本地人出沒的地方，不妨嘗一嘗，享受到熱騰騰白米飯的一餐之餘，說不定會遇上一些有趣的小發現啊！有興趣的話，在赫爾辛基的 HAKANIEMI MARKET HALL 周邊以及附近的 LÖNNROTINKATU、KALEVANKATU 這幾條街，都有不少餐廳值得你們品嘗。

❶及❸尼泊爾餐廳及中國菜餐廳習慣是白飯任添，前者還有薄餅任吃。　❷離開羅凡尼米時，我們上火車前買了兩盒即點即做的壽司，師傅當然不是日本人，但手勢卻意料地叫好，白色圓圈是鹿肉壽司！　❹赫爾辛基 Kalevankatu 街上一間越南餐廳，桌上兩份菜式都是 10 歐元左右，原價至少 15 歐元以上。

6. 我心中最愛的芬蘭經典食物

　　芬蘭人多以肉類、魚類和馬鈴薯為主食，雖然他們食物不及其他國家的多元化，但其飲食文化與當地的風土環境息息相關，例如來自森林的莓果、馴鹿、麋鹿，都是他們專有的食材，而不太常見於其他國家。

　　常見的芬蘭經典食物，包括卡累利阿派（KARJALANPIIRAKKA）、魚餡餅（KALAKUKKO）、肉桂卷（KORVAPUUSTI）、黑麥麵包（RUISLEIPA）、藍莓派（MUSTIKKAPIIRAKKA）、麵包奶酪（LEIPÄJUUSTO）、烤肉腸（GRILLIMAKKARA）、鯡魚和新馬鈴薯、小龍蝦（RARU）、炒鹿肉（PORONKÄRISTYS）、鹹味甘草糖（SALMIAKKI），不曉得你們會對哪些有興趣呢？

◆ 卡累利阿派（Karjalanpiirakka）

認識芬蘭傳統食物，卡累利阿派是第一個要認識的，此派源自芬蘭東部的、與俄羅斯接壤的卡累利阿地區，那裡也是 1835 年出版的芬蘭民族史詩《卡勒瓦拉》（KALEVALA）的神祕起源地，此作品公認為芬蘭語文學中意義最重大的著作，鼓舞了民族主義，並最終於 1917 年宣布獨立。所以此派就是芬蘭最具有歷史意味的一種食物，任何重要場合、重要時間，只要芬蘭人吃飯，只要他們認為這頓飯有著重大意味，它就一定不能少！

這種橢圓形餡餅的麵底用黑麥製成，裡面的餡是用馬鈴薯泥、米飯等，外皮不將餡包住，而是在四周捏出褶子，放在爐中烤熟。據說，此派已註冊專利，在芬蘭以外地方的類似食物，不可稱作 KARJALANPIIRAKKA。

❶ 我們在國家公園燒烤時吃到的卡累利阿派。
❷ 此派在咖啡店的價錢大約 2 歐元。
❸ 幾乎在每一間咖啡店、麵包店都能見到此派的蹤影。

◆ 肉桂卷（Korvapuusti）

肉桂卷，就是加了肉桂粉的麵包卷，上面的白色糖粒是經典，雖不是芬蘭傳統食物，但跟卡累利阿派一樣，十分常見，同樣被列為「芬蘭人喜愛的平民美食」。芬蘭人通常會一邊喝咖啡，一邊吃上一個肉桂卷，據說芬蘭人的咖啡消費量也蠻高，肉桂卷的消費量大概也是這樣的吧！

◆ 小龍蝦（Raru）

淡水小龍蝦是當地的美味食物，我們很想很想吃，卻沒有機會吃到。芬蘭人因為熱愛品嚐小龍蝦，還會舉行小龍蝦派對（芬蘭語：RAPUJUHLAT），事實上這是傳統的北歐國家夏季飲食派對，起源於瑞典，後來自然傳到芬蘭。小龍蝦節在八月初至初秋之間，家家戶戶廣邀親朋好友一起吃小龍蝦。龍蝦以鹽水和蒔蘿烹飪，冷卻後呈上，並配上麵包、軟起司、鯡魚等各式食物。參與派對的人們會穿戴上滑稽的紙質帽子、小龍蝦圖案圍裙等裝束，並提著其上繪有「月亮上的人」圖案的紙燈籠，所以這期間超市都會特別擺放大量關於小龍蝦派對的產品。

◆ 炒鹿肉（Poronkäristys）

要說芬蘭最具特色的美食之一，當然要吃馴鹿肉了，秋天是芬蘭人獵鹿的季節，北方獵馴鹿，南方獵麋鹿，聽說芬蘭人每年會宰殺數以萬計的馴鹿。鹿肉被稱為最健康的食品之一，因為含有多種維生素又沒有脂肪，不過我倆真的不太敢吃。有一天好不容易終於鼓起勇氣，決定嚐一嚐這種在亞洲區甚少品嚐到傳說中的好味道，就在羅凡尼米鎮上有一間以多款傳統鹿肉菜式而著名的RESTAURANT NILI，此餐廳在網絡上的評價也蠻高，如果打算吃鹿肉就是這一間，結果當我們打算去品嚐，大概因為夏天是淡季，它在星期天休息啊！順道一說，在超市也遇見鹿肉、熊肉罐頭，很好奇到底是怎麼樣的味道？

❶肉桂卷與卡累利阿派同樣列為「芬蘭人喜愛的平民美食」。❷超市的小龍蝦派對的產品，上方紅色紙掛飾就是一隻隻小龍蝦圖案。❸羅凡尼米鎮的 Restaurant Nili，以多款鹿肉菜式而聞名。❹超市的鹿肉、熊肉罐頭。

◆ 新馬鈴薯（New Potato）

在前文提及，我們抵達的第一天，在露天市集買到的馬鈴薯，有一種感到幸福感的好味道。後來在不同地方也吃過多次，從旅遊局的朋友聊起才知道，這麼好味的原來是新馬鈴薯（NEW POTATO），香港人簡稱為新薯。

它跟一顆雞蛋差不多大小，被稱做 NEW POTATO，可不是因為它是新品種的馬鈴薯。NEW POTATO 指的是新生長出來的小馬鈴薯，包括各種不同品種的馬鈴薯，這些剛長出來的馬鈴薯皮更薄、質地更脆，可以整顆食用，適合做蔬菜沙拉。剛採收下來的 NEW POTATO 含水量及含糖量都很高，這些糖分很快會轉換成澱粉，因此愈早食用馬鈴薯口感愈清甜。

新馬鈴薯的食法可以很簡單，配一小團黃油、一些蒔蘿和一點點鹽，這樣很好吃，本地人還會做出無窮無盡的各種吃法組合，例如配上鯡魚（SILLI）、魚籽（MÄTI）等等，而且每一種都美味無比！新馬鈴薯一般在仲夏節前後開始上市，每年的收穫季節都會成為當地新聞。

在餐廳點一碟新馬鈴薯，作為前菜，數顆小小的，簡簡單單的做法，已經好吃不得了！

7. 自助洗衣店

長程旅行的話，總是要解決洗衣服這問題，上網找一找，赫爾辛基市內的自助洗衣店不多，可以找到一間稱為 24PESULA 的自助洗衣連鎖店，較有規模的，市內分店之一，比較接近岩石教堂，那分店實際位於「ETU-TÖÖLÖ」，坐 8 號電車在 PERHONKATU 站下車，往前走數分鐘，洗衣店就在路邊，沒有難度就能找到。

這是沒有店員的完全自助式洗衣店，使用信用卡付款，一座座大型洗衣機及乾衣機看起來質素蠻好的，操作又容易。等待過程中，因為這一帶都是住宅區，我們剛巧肚子有點餓，就在對面的越南餐廳坐下來，幸運地又遇上一間美味不得了的環球餐廳。

自助洗衣店外觀及裡面多座洗衣及乾衣機，環境乾淨。

赫爾辛基傳統市集 *Helsinki Traditional food markets*

走訪三大百年古蹟，見識在地人的生活習慣

走到各國，最愛逛菜市集、超市，只因在地人的生活與飲食的點點滴滴都在那裡，在赫爾辛基市最精華景點那一區便有露天市集廣場，前文已提及我們在那兒的熱食攤位吃了十分美味的新馬鈴薯，其旁邊還有一座室內的傳統市集，稱為老農貿市場（OLD MARKET HALL）。基於這室內市集座落於黃金地段，無論自助或旅行團旅客也不會錯過，然而市內還有兩座傳統室內市集，堪稱「赫市的三大傳統室內市集」，地理位置上北中南三者各佔一方，各有特色、沒有撞型，若想深入見識在地人的日常生活，便要缺一不可的走訪三處。

赫爾辛基市的三大傳統室內市集

所謂三大傳統室內市集，以啓用年份來看，就是老農貿市場、希塔灣農貿市場（HIETALAHTI MARKET HALL）及哈卡涅米農貿市場（HAKANIEMI MARKET HALL），老農貿市場是市內第一座室內的市集，於1889年開始營業，次者1903年及後者1914年，全都是超過百年歷史的建築，被政府列入法定古蹟，目前由市政府管理。

保存珍貴的歷史氛圍

三座市場在芬蘭獨立前建好，見證了芬蘭邁向獨立、經歷內戰、也捱過糧食短缺的年代，直至九十年代加入歐盟，歐洲各地食品湧進，在當地引起風潮。古蹟當然也進行過好幾次大翻新，但沒有改頭換面或加建，只是翻新硬體，目的就是為了儘量維持百年前的原始模樣、保存珍貴的歷史氛圍。

A。較國際化、彷如逛美食街的老農貿市場

建築格局不變的老農貿市場，只有一層，平面圖呈H形，兩條走廊貫穿南北入口，中間是連接東西入口的餐飲空間。這處經常是人頭洶湧，擠滿各國遊客，是三個市場中人流最旺的。

大多是咖啡店、餐廳等等，走在其中有一種在逛美食街的感覺，最知名的食店就是稱為SOPPAKEITTIÖN的魚湯店，大排長龍，許多遊客專程為了這碗魚湯而來，真心話這魚湯真的很美味；不過它在三個室內市集均有分店，如果打算也去其他市集，建議不用在此花時間排隊，其他分店相對地較少遊客，吃得輕鬆自在一點。

正如剛才所說，老農貿市場活像國際化的美食街，比較熱鬧、商業的感覺，欲想購買日常生活的食材或民生用品的本地人，反而多數會去其餘市集，那兩處才是讓人感受到真正的傳統市集氣氛的地方。

❶ 老農貿市場的中間餐飲空間。 ❷ 老農貿市場的正門。 ❸ 老農貿市場內擠滿各國遊客。 ❹ 露天市集廣場，攤販賣蔬菜水果、創意手工紀念品為主。 ❺ 傳統市場是窺看當地人生活的好地方。

B。較市井、走平民路線的哈卡涅米農貿市場

哈卡涅米農貿市場位於市內北邊，前往的交通很方便，地鐵或電車也可以，前者在 HAKANIEMEN METROASEMA 站下車，後者可搭 3, 6, 7, 9 號在 HAKANIEMI 站，下車即見市集。

若以室內空間而言，此市場是三處之中最大的一座，共有兩層樓，裡面有 70 多家店鋪，一樓店鋪出售各式肉類、魚類、海鮮、起司及食用雜貨等等，跟其他歐洲國家的市場很像，規劃整齊和乾淨，地上也不見水漬。

幾個煙燻鮭魚攤位是我們停下腳步觀賞很久的地方，透過玻璃看到的一尾一尾鮭魚都好肥美，而且還有不同的口味可以選擇，印象中有原味、胡椒檸檬草……等。這兒還有一小區是專賣各式各款麵包及甜點，草莓派令人垂涎三尺，不同餡料的芬蘭傳統食物卡累利阿派自然放在最顯眼位置。

作為遊客，不太可能買新鮮食材回旅館、動手料理給自己吃，不過這處才真正窺看當地人的生活面貌啊！

❶ 出售各類大大小小的蝦仁，都是調味過的，可即買即吃。白色圈圈是小龍蝦，夏天芬蘭人還有小龍蝦節，家家戶戶買許多在家品嚐。
❷ 各種口味的鮭魚，看起來都超新鮮的。
❸ 麵包及甜點區，人們可以在這坐下來喝杯咖啡、吃著新鮮出爐的麵包。
❹ 各式肉類都是很乾淨整齊地放在冰櫃裡，就跟我們在百貨裡的超市看到的一樣。
❺ 起司店。
❻ 及 ❼ 二樓以賣材料、賣手工藝品的小店為主，芬蘭特色紀念品，小玩具，服飾等等都是些漂亮的小東西。
❽ 圖中是 Merimekko 店鋪，現場它實際是由三、四間店打通而成的大店鋪。
❾ 充滿設計感的心意卡，每張 1-2 歐元。

⑥

⑦

哈卡涅米農貿市場的露天市集

值得一提，「室內市集＋露天市集」好像是當地市集的傳統模式，三處的室內市集都各自配上一個露天市集，哈卡涅米農貿市場外面的露天市集又以出售蔬菜、水果及鮮花為主，我們到訪那天，只見許多散發著酸酸甜甜的香氣、繽紛的莓果攤位，令人不期然心花怒放起來，人們都在細意挑選。每一攤的莓果價格，一份約 5-7 歐元，其實差不多，大概只有 2 歐元的落差，仔細觀察，訂價較高的會有其一分錢一分貨的道理，部分攤位還會提供試吃呢。

平民的親切價錢

中間還有幾個帳篷可以讓人坐下來吃東西、聊天，一份麵包如肉桂卷、牛角包或鬆餅，配上一杯咖啡，這樣組合只是幾塊歐元而已，相當平民的親切價錢。

說回哈卡涅米農貿市場的二樓，又是另一個讓人心花怒放的世界，那處商舖是出售民生用品、紀念品、衣服、小玩具、飾品以及手工藝品等等，這一層還有芬蘭著名品牌 MERIMEKKO 店舖，竟然在市場裡有一間名店，完全被五顏六色和大鳴大放的花花圖案轟炸視覺。據說這是一間 OUTLET，我們沒有考究這兒跟一般專門店的價錢相差多少，只是當天真的遇見不少亞洲遊客來購買。

C. 食店雲集的希塔灣農貿市場

希塔灣農貿市場（HIETALAHTI MARKET HALL），可坐 6,6T 號電車在 HIETALAHDENTORI 站下車，它的位置接近西港區，接近我們住宿地方，所以來訪這兒及周邊多次，也因此對這一帶的商店及食店有較多印象，這見聞都寫在《芬蘭飲食的二三事》。外面是二手市集，有賣衣物的、也有家品、擺設和飾物、黑膠唱片等；在市場內，則是選擇和食物類型很多樣化、而且很受本地人歡迎的美食天堂！

❶ 露天市集裡讓人坐下來聊天、喝杯咖啡的地方，一片熱鬧氣氛。
❷ 新鮮蔬菜攤位。 ❸ 莓果攤位，圖中銀色杯子可裝十數粒的草莓，一份為 5 歐元。

綠色屋頂是希塔灣農貿市場，外面是露天市集。

Soppakeittio　魚湯店 14 號店

❶ 海鮮魚湯。　❷ 沙拉醬混合在海鮮魚湯裡。　❸ 每桌都會有一籃麵包，麵包全全麥跟白土司，想吃多少就吃多少，麵包可以沾旁邊綠色的橄欖油。　❹ 燉牛肉湯。　❺ 南瓜濃湯。

希塔灣農貿市場的室內，跟老農貿市場很接近，同樣兩條走廊貫穿兩邊入口，不過兩端還有二樓用餐區，客人先在一樓食店點餐後，然後可在二樓比較幽靜的環境，一邊享用美食，一邊透過窗口觀看熱鬧富動感的街景。一踏入室內，心中立刻一陣雀躍，因為發現以食店種類來看，我會定義它是雲集多元化食店的美食街，比如提供牛排、漢堡等的 LIHAKAUPPA ROSLUND，本身就是一間鮮肉店，所以牛排素質很有保證，還有稱為 FAT RAMEN 的日式拉麵店，是運用日本製麵機自製麵條，我吃下有一種日本地道拉麵的熟悉感覺，總言之，更勝老農貿市場。

海鮮湯的沙拉醬

是時候要說三座市集均有分店的魚湯店，來到赫市幾乎每位旅客都不會錯過鮮魚湯，以 SOPPAKEITTIO 為店名，芬蘭文的意思就是「湯的專門店」。店裡每天只賣三、四款，比如海鮮魚湯、燉牛肉湯、蔬菜湯、雞肉濃湯及南瓜濃湯，每款 9-10 歐元。

吃不完的滿足感

海鮮湯是招牌必吃，材料有蝦仁、鮭魚、青口、紅蘿蔔、西芹、番茄等等，及一團沙拉醬，起初我們對沙拉醬好有戒心，覺得它不應該出現，但喝第一口番茄湯底竟覺得特別酸，不過一旦把沙拉醬混和在湯裡面，竟然驚喜的發現整碗湯的味道變得溫和，非常美味，原來這才是真正味道！想起曾看過日本電視節目《日本太太好吃驚》，介紹過俄羅斯人習慣每天吃好多沙拉醬，芬蘭人也愛吃沙拉醬大概是由俄羅斯傳過來的吧！

Info Box

希塔灣農貿市場：www.hietalahdenkauppahalli.fi
老農貿市場：vanhakauppahalli.fi
哈卡涅米農貿市場：www.hakaniemenkauppahalli.fi
魚湯店：wwww.soppakeittio.fi

Fat Ramen 日式拉麵店 15 號店
自製日本麵條，叉燒十分大塊！

FSuper Bowl 健康素食店 6 號店
提供多款豐富營養的沙拉食品。

兩層的用餐區。

Lihakauppa Roslund 牛扒店
8 號店 老闆手上的漢堡肉採用
牛排等級牛肉，每天新鮮手工
製成，讚不絕口！小圖為出售
各類鮮肉及肉排。

東京橫丁 日式小食店 5 號店
日本媽媽親手料理東京小吃，
左圖為香味十足的鮭魚炒麵。

努克西奧國家公園 *Nuuskio National Park*
深入原始森林採摘野生的果莓與蘑菇

走在赫爾辛基市內可以看到好多像森林規模的公園，赫爾辛基中央公園就是最佳例子，即使是住宅區的小公園，也因為樹木茂密而變成小森林，原來芬蘭約有 7 成多的土地皆為森林覆蓋，算是歐洲森林覆蓋率蠻高的國家之一，森林自然對芬蘭人非常重要，與日常生活有著緊密相連的關係。

芬蘭國家公園的分佈及特點

芬蘭的 40 個國家公園，都是具有獨特自然特徵的受保護區域，散佈在各地的群島、湖泊、森林、沼澤和山地，使得芬蘭人和旅客可以在原生態自然的綠洲中盡情享受、休憩、遠足、登山、泛舟划船、採摘、觀察野生動植物等等。

國家公園都設有標示牌的徒步遠足路線、自然小徑、信息公告欄、營火場地，另外還有野營場地、供租住的木屋，以及任何人都可逗留或住宿的不上鎖小屋。

接近首都的國家公園

距離首都只有 35 公里便有一個美麗的國家公園，那就是努克西奧國家公園（NUUSKIO NATIONAL PARK），成立於 1994 年，內有超過數十個碧綠恬靜的湖泊和池塘，由於接近首都，十分適合以赫市為住宿據點的旅人，輕鬆來一趟日歸的豐富森林體驗。

最經典的體驗方法，就是前往努克西奧國家公園入口，那兒還設有努克西奧國家公園遊客中心（HAUKKALAMPI NATURE INFORMATION HUT）。整個公園佔地面達到 53 平方公里，識途老馬的本地人或專業導遊，自然能夠深入探索這廣大原始森林，不過作為從外國來的遊客，公園有標示牌的步道自然是最佳體驗方法。

上｜導遊駕車從赫市載我們來到公園西邊。　中｜導遊先說明路線，途中會在湖邊休息，並且還會生火。　下｜萌萌的西伯利亞鼯鼠（Siberian Flying Squirrel），就是此公園的標誌，牠還有個別名叫「飛鼠」，顧名思義就是可以飛的鼠，關鍵是牠們除了長得可愛，滑翔的技術也特別炫酷，在公園裡說不定遇上牠們。

外地遊客罕至的一區

　　佔地 53 平方公園的努克西奧國家公園，共有 4 條環迴步道，我們所走的是 KLASSARINKIERROS 環迴步道，全長 4 公里，標示牌是紫色，實際位於公園西邊，沒有公共交通可前往，外地遊客罕至的一區，通常主要是本地人駕自己己去。

　　雖然下著雨，大家準備充足，穿上雨衣便滿懷期待出發。圖中為主路，禁止車輛駛進，大約走不多於十分鐘，左邊一排林間便有一條小路，便是環迴步道始點，走畢後我們從另一邊林間折返此大路上，旅程才完結。

上｜起行前，每人獲派一個小木容器，用來採放莓果。　中及下｜走一走，隨意在路邊找一找便有收獲了，我們採摘野生莓果之旅正式開始了！

前往公園入口之公共交通

大多數乘坐公共交通工具而去的旅客，都會選擇行走另外 3 條環迴步道。首先要明白此公園屬於埃斯波（Espoo），也就是大赫爾辛基區一部分，所以建議使用 Regional day ticket，一天的價錢為 14 歐元，可包含一整天來回的火車及巴士的費用。先從赫市乘搭 U，L 或 E 線地區火車到達埃斯波，約 30-40 分鐘，在接近 32 號月台可搭轉 245/245A/245K 號巴士，三線巴士均可在 Solvalla 站及 Haukkalammentie 站下車，車程約 30 分鐘左右。

芬蘭自然中心

在 SOLVALLA 站下車，那處有哈爾蒂亞芬蘭自然中心（THE FINNISH NATURE CENTRE HALTIA），集中展示了芬蘭全國各地大自然的瑰寶；忘了帶餐點也沒關係，那兒的自助午餐提供各種地道美食，原材料全部由附近農場供應。

公園正門

至於往公園正門，便要在後面的 HAUKKALAMMENTIE 站下車，再走約 30 分鐘的兩公里車路才真正抵達公園入口。

正如之前所說，巴士班次可在大赫爾辛基區交通系統（WWW.HSL.FI）查到，留意 245A 號巴士的班次約 1 小時才一班，要小心留意時間！

不走步道，深入欣賞原始生態之美

持續下著的雨，使得原始森林變得特別清新潔淨，我們漫步走著，充分感受著無人森林的異常寂靜氛圍。不久，我們走離步道，改為直接走在草叢上，就是為了更深入欣賞生態之美，也為了採摘更多更大顆的野莓。

採摘野生莓果與蘑菇之旅程

　　為了更善用旅行的寶貴時間，我們參加了由專業導遊帶領的健行團，除了沿途欣賞到風景優美的湖泊與森林，重點這是一趟採摘野生莓果與蘑菇之旅程。每逢進入七、八月，充沛的日照時間變得特別長，加上遼闊森林提供了潔淨的自然環境，使得大量美味健康的莓果和蘑菇能夠生長出來；芬蘭法律規定，一切生長在芬蘭國土之內的自然資源，所有權都歸於全體芬蘭國民共同所有，所以公民、也包括遊客都可以走進國家公園自由採摘野果。據說本地人在仲夏時節都會走到國家公園裡健行和採摘，除了即時品嚐，又會製成果醬、乾果之類，甚至用作釀酒。

　　至於我們參加的一天團，稱為 BERRY PICKING AND MUSHROOM HUNTING IN NUUKSIO NATIONAL PARK，由 FEEL THE NATURE 提供，是一間赫爾辛基市旅遊公司，規劃了多個不同主題的國家公園旅行團，據自己在網上看到的分享，對於外地的遊客，泛舟團可說是另一個受歡迎體驗。

採摘蘑菇
蘑菇多生長於樹木或陰涼處，當我們走離步道，在無人走過的草叢上，有毒的、可食用的蘑菇，大大小小盡在眼前出現。

生長在樹上有毒的蘑菇，此樹已被毒菇侵害得很嚴重、快要死掉。

❶ 生長草地上的美麗毒菇。　　❷ 導遊停下來介紹罕見的磨菇。　　❸ 蘑菇在樹林中可以分解枯枝敗葉，為其他植物提供有機物，促進植物生長。　　❹ 表面上是可食用的磨菇，導遊摘起來後亦要翻開底部或用刀子切開枝莖，看看有沒有蟲蝕，即使只有一個小洞，也要扔回大地小心為上，確定安全才放進小竹籃子。　　❺ 記得沒有專業人士在旁，唯一正確的方法是：絕對不要採摘、不要吃！　❻ 導遊也會用上蘑菇專書跟我們介紹。

實際採摘到的野莓數量比起圖中的數量更多，只因我們邊採邊吃，最鮮美的一刻當然是馬上品嚐啊！

這個五小時左右的旅行團，以不多於八人的小團形式進行，所以導遊與團友的互動較為親密，減去來回的交通時間，實際活動時間有三個多小時，我們在活動完結後，覺得整個安排及內容都蠻紮實和豐富。

本地人駕車去的第 4 條環迴步道

當天早上十點，導遊在市內的奇亞斯瑪當代藝術博物館旁接載大家，參加的人全都是亞洲區，除了我倆是華人代表，還有日本人及韓國人。我們要行走路線是上面還未介紹的第 4 條環迴步道，KLASSARINKIERROS 環迴步道全長 4 公里，標示牌是紫色，它實際位於公園西邊，賣點之一同樣可欣賞到湖景。因為沒有公共交通可前往，所以大多數是本地人駕車自己去的。

每人一個小木容器

約四十分鐘左右，我們車子便抵達目的地，途中雨勢愈來愈大，一下車發現身處於真真正正的大森林之中，只見一條長長的碎石山路上有幾個牌子，包

括公園地圖、公園的一些注意事情等等，從這兒開始禁示車輛駛入。各團友果然早有準備，紛紛穿上自己雨衣，旅程便正式開始。導遊說明一下公園地圖及行程後，便派發每人一個小木容器，這是相當重要的工具，就是給我們採放野生莓果。

毫無顧忌的採放野生莓果

我們在大路上走一走，便轉入森林中的小路，那就是 KLASSARINKIERROS 環迴步道，剛才還見到一小片淡藍天空，眼前的景色全然一變，換上遮天蔽日的綠色盎然世界，異常寂靜，環視一周，不曉得有多少畝的原始森林。只見一粒粒散紅漿果、藍莓星羅棋布散聚在沿途上，彷彿整個森林的莓果都屬於我們，大家可以毫無顧忌的採放在小木容器裡。

一邊跟隨導遊的腳步前進，一邊採摘野莓，忽然之間，她停下來笑著建議說：不如我們不走步道，直接走在草叢上，因為步道兩旁的莓果在上週還有許多，現在不少被人採摘了，我心想：「真的嗎？其實我們現在所採摘到的數量，已經很滿足啊！」於是，我們走進四通八達的草叢中。

上｜大家都在忙個不停的採摘野生莓果。　中｜我的收成！　下｜導遊預先準備了藍莓汁，再加上剛剛收成的野生藍莓，變成了非常好味的野生藍莓汁！

高營養的野生藍莓

　　芬蘭野生藍莓，跟我們在超市常看到的有點不一樣，發現其體積較小，但表皮卻更有質感，輕輕咬一口，便發現深藍偏紫的果肉，據說野生藍莓含有的營養是人工種植的藍莓所無法比擬，抗氧化劑花青素含量更是五倍之多，在所有蔬果中含量最高，被聯合國糧農組織列為人類五大保健食品之一，芬蘭也是全球最優質野生藍莓產區。

世上最新鮮野生藍莓果汁，喝一口，升天啊！

能夠在原野森林裡採摘野生莓果與磨菇，讓時光變得特別美好、流動得特別快，不知不覺來到湖邊。雖然是下雨天，幽靜湖泊依然是一片好風光，令人心神蕩漾！

左｜營火場地旁邊的小木屋，內有讓人生火用的木柴，是免費使用的。 右｜另一間是小木屋，是男女共用的廁所。

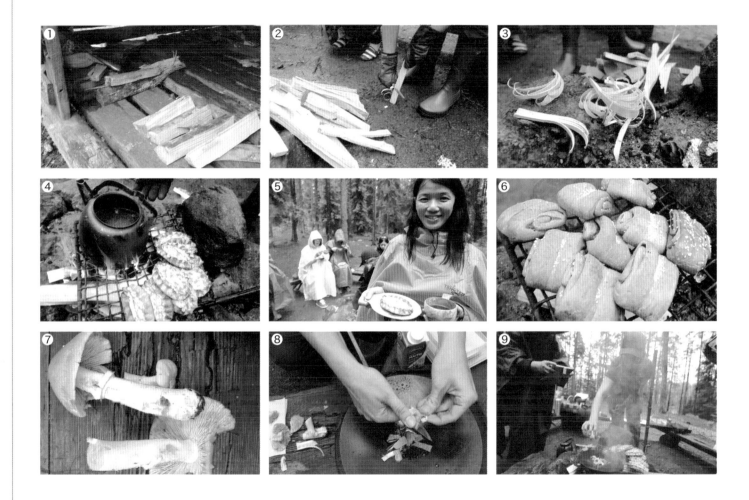

因應氣候、親近土地的生活方式

導遊說著芬蘭人傳統習慣在夏末秋初來到森林採莓果，以及做果汁和果醬準備過冬，這可說是因應氣候、親近土地的生活方式，因為芬蘭氣候嚴峻與土地貧脊，人們儘量利用各種食物來源。短暫的夏天有豐盛的莓果產出，芬蘭人除了用新鮮的莓果做出點心之外，也會保存下來，供一整年食用。這股習慣延續到今天，即使現今不需要儲存過冬的食物，許多人還是保留在森林採摘莓果的習慣。

即使只有一個小洞、一個小黑點，也不能吃

除了野生莓果，蘑菇也是我們要尋找的。零零星星的蘑菇冒出頭來，不管裁下哪個畫面，都宛如童話世界。森林是蘑菇最理想的生長地，也是蘑菇生長地中產量最高的地方。採菇絕對是一套學問，須懂得單從肉眼分辨是否可吃品種，即使是可吃的，摘起來後亦要翻開底部或枝莖，看看有沒有蟲蝕，即使只有一個小洞、一個小黑點，也要扔回大地。導遊說她們作為森林導遊，每人都有一本講解菇類的書傍身，列出常見的、

可食用的或是受保護類別的磨菇，愈是鮮艷的當然愈是不能吃。

領略芬蘭大自然豐富蘊藏的大好機會

雖然下著雨，只要鞋子及雨衣等裝備合適充足，整個行程都不會感到困難，花了一個小時左右便走到碧綠恬靜的湖邊。營火場地有乾木柴供人使用，不到十分鐘，導遊便輕易地生火，芬蘭兩大國民點心：卡累利阿派與肉桂卷在火上烤熱一下，便可以吃，再配上最新鮮的野生藍莓果汁、烤煮了的野生磨菇，能夠在原始森林裡品嚐到這些芬蘭純天然的健康美味蔬果，真是大飽口福！

幾公里的路程，加上野餐與沿路採摘，其實很快就走完了，我們都不想走。對遊客而言，參與採摘野生食材的體驗，真是領略芬蘭大自然豐富蘊藏的大好機會！

❶ 小木屋內的乾木柴，人人可使用。
❷-❸ 導遊用刀子削成小木片，不到幾分鐘便成功生火。
❹-❻ 在野地煮熱咖啡，香味四溢。導遊帶備芬蘭兩大國民點心：卡累利阿派與肉桂卷，在火上烤熱一下，份外美味！
❼-❾ 野生磨菇跟野生藍莓一樣，比起人工種植的更珍貴更鮮味，在火爐上煮熱，加上小量調味，便可品嚐！

> **Info Box**
> 努克西奧國家公園：www.nationalparks.fi/en/nuuksionp/trails
> 體驗團：feelthenature.fi
> 哈爾蒂亞芬蘭自然中心：www.haltia.com

芬蘭　圖爾庫

chapter 2

Finland, Turku

圖爾庫大教堂 *Turku Cathedral* · 圖爾庫城堡 *Turku Castle*

經歷大火災而重生的芬蘭最古老的城市

位於芬蘭西南部的圖爾庫（TURKU 為芬蘭語，又譯作圖庫）是旅程的第二站，由首都開往的火車或大巴班次很密，車程一小時左右，十分方便。不過，大巴比較方便，因為它的下車地方在最熱鬧的市區中，而圖爾庫火車站離這鬧區有一段距離。

芬蘭歷史最久、現在仍在使用的兩座建築

圖爾庫在 1154 年已有記載，是芬蘭最古老的城市，也是芬蘭第一個首都。經歷過 1827 年的大火災後（歷史稱為 THE GREAT FIRE OF TURKU），城市的一半都被燒毀，從目前能保存下來的古舊建築來看，包括 1258 年建成的圖爾庫大教堂（TURKU CATHEDRAL）及 1280 年的圖爾庫城堡（TURKU CASTLE），都是樸實無華，雖然兩座都沒有那種馬上震懾人心、華麗精緻的建築特色，仍是整個芬蘭歷史裡現在仍然在使用的最久的建築。

圖爾庫的旅遊規劃

旅遊規劃方面，安排二至三天應該蠻足夠。旅遊核心區以奧拉河（AURA RIVER）兩旁為主，大部分旅館、購物商店、市集及餐廳也集中在這兒，高高的圖爾庫大教堂亦在靠上游的市中心區，站在河岸任何角落也能觀看到；至於圖爾庫城堡，就在圖爾庫港口，即是奧拉河下游入海口處，則需要坐車前往，兩座古蹟遙遙相望。另外，位於納坦利（NAANTALI）的姆明主題樂園也是不能錯過的地方，坐公車只需半小時。

比較深入的玩法，需要用上一整天的時間，群島海國家公園（ARCHIPELAGO NATIONAL PARK），位於圖市的西南邊海灣，就是芬蘭另一個國家公園，那處佈滿大大小小的島嶼，很多遊客喜歡花上幾天騎腳踏車沿著此國家公園的單車道繞一圈，綜合騎車與乘船，感受夏天閒適的氣息。而我們本身亦有計劃出海的，可惜又遇上十分大的雨勢，無法成行。以及，圖爾庫在地理位置上隔著海峽與瑞典相望，因此不少人也會安排在此搭夜船到瑞典斯德哥爾摩。

圖中是介紹圖爾庫的插畫書，Turku 是芬蘭文，瑞典人則稱它 Abo。Turku 源於古東斯拉夫語的 tŭrgŭ 單詞，意為「集市、市場」，單詞 turku 在一些芬蘭語方言中依然有「集市」的意思。

圖爾庫大教堂（Turku Cathedral）

圖爾庫城堡 Turku Castle

　　圖爾庫城堡是圖爾庫古蹟的代表，雖說是「CASTLE」，其外觀讓我一點也看不出它是座城堡，樸實無華的外表，沒有德國城堡的高聳、法國城堡的奢華，連窗框的裝飾都只是彩繪上去的，我想應該很多遊客一度誤以為它其實是「倉庫」而非「城堡」。

　　進到城堡內部廣場，凹凸的牆面看來有點斑駁，加上鬱黯的氛圍，也讓我感覺有點像「監獄」，事實上這處也曾囚禁了一位非常尊貴的人物……從城堡整體建築與內部設計看來，此城堡所扮演的應該是軍事要塞的碉堡角色，而非一般印象中王公貴族的居所或遊樂場所。

　　1280 年在瑞典統治下開始建造圖爾庫城堡，鎮守在奧拉河河口，最原始建築只是建在很小的海島上，之後幾百年間歷經不斷的增建、破壞與修復，其間曾是瑞典統治芬蘭的最重要軍事要塞，不只是防禦堡壘，也兼具統治功能，瑞典十多個國王曾把這裡作為行宮，現時規模比原始的擴大至少一倍，又因河川沖積和填海，小島已經與陸地連結一起。

1941 年 6 月 26 日早上，城堡受蘇聯空襲，遭受嚴重破壞。此圖為城堡內展示的舊照片。

外觀像倉庫的圖爾庫城堡，屹立於樹林之中。此圖是城堡後端。

城堡的模型，由左至右，可看到此堡在幾百年間不斷擴建，期間也曾受戰火破壞，直至目前規模比起原始擴大了一倍以上，小島亦與陸地連接。

圖爾庫城堡和圖爾庫大教堂，並列為芬蘭歷史最久的現在仍然在使用的建築。圖爾庫這城市最初是由圖爾庫城堡及周邊開始發展起來，不久發展成為商業中心，1525 年瑞典國王頒發圖爾庫都市權，16 世紀中期才成為芬蘭公國的首都。

循城堡正門而入，就是城堡內部的廣場，沒有任何裝飾的外牆與窗口，露出常年經風雨侵蝕的痕跡。

瑞典王族奪位的歷史大舞台

這城堡小小看似不太起眼，它曾是一幕瑞典王族奪位歷史大戲的舞台，兄殺弟、臣弒君，屢見不鮮。

中世紀的圖爾庫城堡一直是瑞典國王統治芬蘭最重要的軍事要塞，瑞典國王古斯塔夫一世（GUSTAVUS VASA），其大兒子埃里克十四世（ERIC XIV）及二子約翰三世（JOHN III）都很受父親疼愛。1560 年，ERIC 成為瑞典國王，但其弟 JOHN 不甘心，在擔任芬蘭公爵時期，JOHN 試圖將其哥趕下台，但在 1563 年失敗而被關入瑞典的監獄。

但是，ERIC 的統治不得人心，又疑似患上精神病，這給了 JOHN 機會，從監獄釋放

後的 JOHN 再次策動推翻行動。1577 年，ERIC 失勢，遭廢黜並被終身監禁，其被囚禁的地方就是圖爾庫城堡，JOHN 成為瑞典國王。ERIC 最終死於城堡圓塔中，傳聞他可能被毒死的；時至今日，其囚室仍被保留在城堡中。

圖爾庫文化歷史博物館

此外，在 17 世紀初古堡被大火燒毀；19 世紀初時被闢為監獄；二戰中又遭戰火破壞。戰後經修復，如今新堡部分被改成圖爾庫文化歷史博物館，珍藏著很多芬蘭珍貴文物，也成為圖爾庫市政府接待外國元首及重要外賓的地方。

城堡免費提供中世紀服裝讓旅客穿著拍照留念。

左｜城堡的第一個展示空間，是介紹幾位瑞典國王發生在此堡的著名事蹟，以及展示歷代的武器及貨幣。　中｜城堡內的教堂，左右兩邊最前方是尊貴瑞典國王及王后的座位，小圖是國王的座位。　右｜國王的宴會大廳，可說是整個城堡最大、最有氣派的室內空間，中央擺放可容納 80 人的長桌，牆上掛有瑞典國王的畫像。此廳外還有王后大廳。

圖爾庫大教堂（Turku Cathedral）

圖爾庫大教堂 Turku Cathedral

圖爾庫的對岸便是瑞典，又在其統治下當了數百年政治指揮中心，所以深受瑞典的影響，市中心紅磚與岩石砌成的圖爾庫大教堂，正屬於瑞典人也普遍信仰的路德教派。

圖爾庫於 13 世紀因貿易活動而興起時，這座石造大教堂便逐漸成為人民信仰的中心，當時稱為聖母祝福教堂。數百年後，雖然政治、文化、經濟等重心已經轉移到赫爾辛基，但此大教堂仍是芬蘭人心目中很重要的精神指標。

教堂建於 1229 年，先後多次擴建，直到 14 世紀末才建成目前規模。可是 1827 年的大火災，除了一半的市區，也把教堂塔樓和文物付之一炬。重建後的塔樓有 101 米，使這教堂成為此古城最顯眼的地標。

教堂內挑高 24 米，飾有美麗的壁畫，大火後重建時邀請著名宮廷畫家 R.W. EKMAN 繪製，除了以耶穌生平為主題外，另有兩幅圖畫描繪芬蘭的重要事件：一為首任主教亨利為芬蘭第一位基督徒受洗的畫面，另一則是芬蘭新教的重要人物 MICHAEL AGRICOLA 覲見瑞典國王瓦薩（GUSTAV VASA）的場景。圖爾庫大教堂也是重要名人下殯的地方，包括歷任主教，以及皇后 CATHERINE MANSDOTTER，那就是前文在圖爾庫城堡提及埃里克十四世（ERIC XIV）的妻子，她因其夫被監禁於城堡，而抑鬱而終。

在奧拉河兩岸散步能遠眺到高高的大教堂。

左及中｜教堂正廳，高大而狹長的大廳裡整齊地排列著可容納數百人的黑色木椅，座位的前方是一個聖壇，聖壇的後面是一幅大型精美壁畫。　　右｜皇后 Catherine Mansdotter 的墓塚。

一個值得你深入了解的中世紀城市

12 世紀開始，座落於奧拉河河口的圖爾庫，成為波羅的海的貿易據點，圖爾庫兩座最重要地標，圖爾庫城堡及圖爾庫大教堂於 13 世紀陸續開始興建。圖爾庫還有許多的「第一」可以誇耀，它是芬蘭歷史最悠久的城市，有著第一間的大學、第一個的教區，也是芬蘭 1812 年前的首都。

往後幾百年，這座城市與瑞典有著密不可分的關係，你可以說在芬蘭獨立建國遷都赫爾辛基之前，圖爾庫才是芬蘭的最重要城市。

圖爾庫雖然不當首都快 200 年了，但你只要輕輕一瞥，她骨子裡依然流著「首都血統」，她或許不及赫爾辛基那麼繁榮，但自有一種熱鬧生氣，依然漂亮，值得你深入了解的一個中世紀城市。

露天手工藝博物館 *Turku Cathedral*
歷史與當代藝術博物館 *Aboa Vetus & Ars Nova*

來看真正的古城小鎮

坦白說，走在被譽為芬蘭最古老城市的圖爾庫市中心街頭上，不太會看到古色古香的老房子，遊客不禁在心裡疑問：這處真是芬蘭最古老的城市嗎？

摧毀了 75% 的古城木房子

全因大約兩百年前的圖爾庫大火災，那場大火災發生於 1827 年 9 月 4 日晚上，火勢迅速席捲城市北部，然後蔓延到南部，第二天大火已經摧毀了 75% 的市區，為數 2500 座木造房舍幾乎全毀，其中包括圖爾庫大教堂和皇宮的主樓，造成 11,000 人無家可歸、27 人傷亡、數百人受傷。

大火災造成兩個城市的逆轉地位

基於當時圖爾庫仍是芬蘭最重要的城市，所以後世把這場大火災列為國家災難，同時也令圖爾庫與赫爾辛基的地位，在一定程度上造成此消彼長的形勢，前者開始失去光環，後者則逐漸散發出新首都的耀眼光芒。

唯一幸存下來的兩百年歷史木房子

說回火災，VARTIOVUORI HILL 的南邊山坡處約有數十幢木房子，幸好因為遠離市中心而逃過一劫；及後，1937 年市政府開始把那倖存下來的木房子，分階段移至附近羅斯達琳瑪基山坡（LUOSTARINMAKI HILL），改裝成一所露天手工藝博物館（LUOSTARINMAKI HANDICRAFTS MUSEUM），於 1940 年開放。

除了大教堂和城堡外，露天手工藝博物館成為古城僅存下來的古舊歷史建築群。這處也屬於市內景點，在遊客中心開始走向河畔，橫過橋後，左邊山丘就是 VARTIOVUORI HILL，一直沿著 KASKENKATU 大街走，走至 LUOSTARINKATU 街轉左，再走一段路便是博物館入口，全程不多於二十分鐘。

博物館工作人員都穿上十九世紀服裝，旅客隨時會遇上織布職人、木匠、造鞋職人、麵包師傅及陶藝家。上圖為木器工作坊的人，下圖是印刷工作人員。

數十幢木房子都是在兩百年前大火災倖存下來，極為珍貴。

① 從原址移至此處的最早一批房舍都屬於木匠，也是屬於早期房子，特色是他們開鑿一個小水井，房子不大，通常擁有一至兩間房間。然後觀看較後期的房子，便發現一些當時人民的生活轉變，房子的佔地面積開始擴充，房間數也增多，屋主會出租它們以增加收入。

每個院落都是一個獨立的手工藝工作坊，院落裡一般都有四、五間平房，房子從裡到外都是木制結構，院牆也是用 2 米高的木柵欄圍起的。院落入口處掛著製作精緻的趣味招牌，告訴著每個訪客每個院落是甚麼葫蘆賣甚麼藥，例如鞋匠的門口托著一隻醒目的長筒靴、樂器匠的窗下則掛著一隻靈巧的小提琴、銅匠的屋簷下高懸著一把古樸的銅壺、鐘錶匠的門前是一隻正在走動的巨型懷錶……此外還有製造木器、金銀首飾、梳子、織布、編筐、活字印刷、陶藝等等不同主題。

博物館內的房子原本是尋常村舍，要告訴訪客甚麼葫蘆賣甚麼藥，就要在房角掛個標誌物，有些招牌是實物，也有些是模型，使遊人一目了然。

我們到造木梳子的工作坊，玻璃箱裡內藏了造工極精美的木梳，工作人員介紹這些都是百年前的古董。據說，博物館成立之初，不少展品並不是仿製品，全靠來自不同職業領域的人士把自己珍藏捐贈出來，真實地還原當時的面貌。

❶ 皮革工作室。　❷ 小孩子的可愛睡房。　❸ 富裕家庭的典雅客廳。　❹ 織布工作室。　❺ 鬍子工作室：這兒比較有趣，牆上掛有八字鬍、八字鬚、兩撇鬍、山羊鬍、連續鬍子等等十多種，各有各的風格及象徵意義。

每逢夏天旺季，一些業餘工匠會穿上 19 世紀的裝束，示範傳統的手工藝製作，都是遊覽此處的亮點。話說當時牧羊人是使用號角來召喚動物，同時用作嚇走狼、老虎等獵食動物，所以在現場有機會觀賞到工匠依著傳統方法，採用芬蘭森林中常見的自然物料如蘆葦、柳樹皮、樺樹皮等等，示範製作號角，號角看起來相當大支。

另外，陶藝家在工作室示範製作當時芬蘭人常用的餐具，作品被烘乾及裝飾後，在窯裡燒成芬蘭人愛用的紅棕色，最後上釉使它可以防水。這些作品都會在入口處的紀念品店展示及出售。

還有，旅客也會見到頭戴百褶邊小白帽、身穿舊式粗布長衣裙工的工作人員，使用老舊縫紉機進行示範。原來縫紉機在十九世紀末於芬蘭普遍地被使用，為數不少婦女們依靠縫紉獲取外快。就在這條村落中，據說便有幾個從事縫紉工作的租戶，主要幫忙縫紉寢具。

左｜工匠正在使用樹皮製作號角。
右｜陶藝家示範製作芬蘭人常用的餐具。

體驗十九世紀芬蘭人的生活

在博物館亦有讓旅客體驗昔日芬蘭人的生活，包括扁擔挑水木桶、踩高蹺、滾鐵環、用洗衣板洗衣服等等。不說不知，踩高蹺和滾鐵環原來是他們日常生活的玩意，另外注滿水的兩個木桶也蠻重；生平第一次玩踩高蹺，難度十分高，幾次試玩都只能走出一小步，便立即倒下來！

體驗十九世紀芬蘭人的生活
❶ 扁擔挑水木桶 ❷ 踩高蹺
❸ 滾鐵環 ❹ 用洗衣板洗衣服

透過四層建築模型，可觀看到此處兩百年來的發展，最下層是修道院等的房子。值得一提，第二層的 1827 年房子，都是在圖爾庫大火災前的規模，火災後全部房子不幸地摧毀了。

1929

1875

1827

1656

中世紀建築遺跡博物館

圖爾庫大教堂及圖爾庫城堡是芬蘭現在仍然在使用的中世紀建築，欲想進一步認識芬蘭的中世紀建築，了解當時人民的生活面貌，不妨前往河邊稱作 ABOA VETUS & ARS NOVA 的歷史與當代藝術博物館，ABOA VETUS & ARS NOVA 是「舊圖爾庫與新藝術」的意思。

興建時發掘到中世紀建築遺跡

話說，市政府於 1995 年興建稱為 ARS NOVA 的當代藝術展覽館，興建過程中豈料在地底下發掘到中世紀建築的小巷、房子及地窖遺跡；當局決定專為此遺跡而增建另一座稱為 ABOA VETUS 的歷史博物館。後來兩座展館在 2004 年合併互通，方便人們一次觀賞兩處。

展館大廳的殘垣斷壁

踏入展館內，還未購票，遊客在大廳中央位置已經看到部分的殘垣斷壁，引起大家的興趣，繞一圈細看一下，便觀察到由磚塊組成的幾級台階及門廊，較為完整地保存下來，一幕兩百年前芬蘭人生活於此處的圖像馬上在腦海浮現起來。

完整的遺跡、考古文物及展覽等等都在下一層，購票進場往下走便可真正觀賞到。根據考古的發現，這裡是位於河邊大約六座大小不一的石造房子，主要是修道院（CONVENT QUARTER）、一些商人及工匠的房子以及兩條大街。觀看 4 層的模型，首先見到大約 1656 年，這幾座房子的分佈及規模，佔地面積最多的兩、三座應該是修道院或富裕商人的居所，然後是 1827 年、1875 年及 1929 年，搭配精簡文字的描述，如此一來，旅人可以輕鬆地對古城的四個時期演變，有一幅較清晰的畫面。

❶ 遺跡的一角。　❷ 展場設有房子模型，還原遺跡的原貌，方便參觀者了解。　❸ 展覽也會播放影像或影片，進行介紹。　❹ 除了房子遺跡外，考古人員也發掘到一個水井，大概當時人民的生活所需，都依靠著這水井吧。

古老水井

兩圖是展館大廳處的遺跡，繞圈走一走，左圖中有一個門廊，右圖有一道台階，較為完整保存下來。

露天手工藝博物館：www.turku.fi/en/handicraftsmuseum
歷史與當代藝術博物館：www.aboavetusarsnova.fi

Info
Box

展館面積不算很大，大家繞著整個廢墟走，從中觀看到數百年前建築的結構及特點，另外又可透過發掘出來的文物，比如器皿、陶瓷爐灶的碎片、玻璃碎片、金戒指、皮製的兒童鞋子等等；以及趣味展示方法，如一些小玩偶、模型屋等等，認識到當時芬蘭人的生活概況，短短一個多小時的芬蘭古城考古之旅，獲益也會不少。

最後不忘一提，上一章提及芬蘭美術館的餐廳以提供自助餐為主，這裡大廳餐廳也有提供，看起來鮭魚、鮪魚等等都好好吃，價錢只不過 10 歐元左右，即使不付款入場，在這處坐下來，都可以一邊看著遺跡，一邊享用豐富的美食！

左及中｜展館內多幅昔日芬蘭人的生活畫像，屬於可愛有趣畫風，值得細意觀賞。 右｜展館外觀，座落河畔，位置便利。

奧拉河 *Aura river*
漫步在圖爾庫的心臟地帶

前面兩篇文章集中介紹圖爾庫的中世紀古蹟，看到此城興起以及大火災後的轉變，接著分享一些輕鬆的內容。

奧拉河兩岸是心臟地帶

遊覽圖爾庫市，奧拉河兩岸是心臟地帶，市中心最熱門的街道有 AURAKATU、LINNANKATU、EERIKINKATU、YLIOPISTONKAT 等等，雲集餐廳、購物商場、超市、旅館等等。AURAKATU 是主要的大街，橫向貫通以上各街道，圖爾庫旅客中心在此，由另一城市進入此城的大巴也會駛經此大街，所以搭大巴來訪此城可以方便地在熱鬧區域下車，反而火車站，是位於另一邊的寧靜區域，步行超過半小時才可抵達這熱門地段。

在 Aurakatu 大街下車

至於我們就在赫爾辛基坐大巴，當車駛到 AURAKATU 大街，便跟同車大部分旅客一樣，在旅客中心對面的車站下車，然後拉著行李去旅館，十分方便。即日往返的旅客，這時候適宜先到旅客中心，查問一下最新資訊與拿取地圖。

圖爾庫的傳統市集

赫爾辛基市有露天及室內市集，圖爾庫同樣也有，露天市集稱為 MARKET SQUARE，就在 AURAKATU 大街，室內的 TURKU MARKET HALL，於 1896 年開始營業，為古雅的紅磚建築，主要出售鮮魚、起司、醃肉及蔬果等，內部非常整潔、也很寬敞；至於輕餐館，又以日本料理及東南亞餐館為主，供應壽司、拉麵及湯河等，食材新鮮，味道都不錯，如果忽然思鄉病發，這裡無疑就是「救命靈丹」！

❶ 及 ❷ Turku Market hall 的外觀及內部。　❸ 白天的舊大廣場（Old Great Square），昔日是市民的集會地方。　❹ 適逢遇上舊大廣場舉行夏日美食大會，由傍晚開始到深夜。　❺ 旅客中心。　❻ 我們入住 Cumulus City Turku，位於 Eerikinkatu 街，價位中等。

Market Square

　　前往旅館時便見對面的露天廣場，人來人往，一片熱鬧，七彩的太陽傘下立著一個個攤位，正是圖爾庫露天市集所在地；攤位多販賣地道蔬果及農產品，像當季的草莓、紅桑莓及南瓜等，亦有不同種類的新馬鈴薯，正是當地的主食，惹來不少街坊及遊客駐足選購。其餘亦有販賣二手家具、書本及飾物等的小攤，市集規模雖不算大，在四周舊建築的包圍，卻別有一番古意。

　　露天廣場周圍有許許多多的公車站牌和商場、百貨公司、商辦、旅館、餐廳，廣場的一側有顯眼的圓頂東正教教堂 (SUOMEN ORTODOKSINEN KIRKKO)。天朗氣清的日子，當地人都愛來露天市集選購日用品，然而天氣不好或冬天下風雪之時，便會轉戰室內的TURKU MARKET HALL，離市集只是數分鐘路程。

在河岸旁的 CaféArt，夏天的時候有許多戶外座位，可以享受悠閒的夏日氣氛。已經經營許久，屬於傳統的咖啡店。

挑選最喜歡的五家餐廳　開始屬於你的美味之旅

　　如果你逗留兩天或更多，旅遊局與餐廳合作推行稱為
TURKU FOOD WALK 的巡迴美食優惠計劃，便值得你的注
意。TURKU FOOD WALK 已推行了幾年，旅客只需付 44
歐元，三天裡可免費在五間餐廳各享用一道推薦美食。此美
食計劃共有十間不同主題的餐廳，比如圖爾庫最古老地窖餐
廳之一的 BRAHEN KELLARI、河畔咖啡店的 CAFÉ ART 與
PINELLA、由百年老學校搖身一變成釀造啤酒餐廳的 BREWERY
RESTAURANT KOULU、河上遊船改裝成餐廳的 SVARTE
RUDOLF、其他還有地中海及北歐式餐廳，都是當地備受好評
的餐廳，所以旅客不用花時間查看 TRIPADVISTOR 的評價等，
直接在名單中挑選其中五間。

　　有興趣的旅客需要在遊客中心付款，然後收到 FOOD
WALK CARD，內有每間餐廳的介紹，可享用的美食，包括明
蝦配吐司、西班牙 TAPAS、漢堡、咖啡、特色飲品及甜點等等，
粗略計算一下五道美食的總花費約 50 多歐元，即可享八折優
惠。

　　另一好處是如果你在餐廳再點其他
東西，又可享 85 折。坦白說拿著 FOOD
WALK CARD，只吃指定免費的美食絕對
可以，完全沒有額外收費，餐廳十分樂意
招待的，不過若在午餐或晚餐時段使用，
分量略嫌不夠，你便有需要加點其他食物
及飲料。

左圖就是我們的 Food Walk Card，這兩頁的五款食物是我們使用 Food Walk Card
而品嚐到的美食。

穿梭古城尋找道地特色酒吧

1827 年大火災後，興建的新建築，百多年下來，都變成老建築了。一些「民間設施」如學校、銀行等，被保留及活化，搖身一變成為別有一番風味的懷舊餐廳！

◆ 學校活化成自釀啤酒餐廳

這間自釀啤酒餐廳在市內赫赫有名，其前身竟是一所新文藝復興風格的瑞典女子學校，仿照義大利文藝復興時期的宮殿於 1889 年建成。1940 年的冬季戰爭中，蘇聯在此投入炸彈，學校翻修後得以重現風采。在 1997 年當最後一班學生畢業後，它被改建成為酒吧及餐廳，命名為「PANIMORAVINTOLA KOULU」（芬蘭語），即是「啤酒餐廳＋學校」之意思。

大樓樓高兩層，包含露天用餐區，面積很大，就在圖爾庫室內市集旁邊，很容易找到。一樓本為學校的地理室、教職員房間等，現都打通了，成為喝酒的地方。這裡也釀製多款不同口味的啤酒，每年產量高達十五萬公升。趣味的是自釀啤酒也用上與學校有關的名稱，例如適合女士享用的 LEHTORI（LECTURER，即是教授），這款淡啤酒含 4.7％酒精，口感輕盈的淺麥香；另一款稱為 REKSI（HEADMASTER，即是校長），則含有 7.2％酒精的濃厚醇香啤酒，截然不同的口感，兩者都選用慕尼黑麥芽。還有 JACKMAN 最愛喝的黑啤酒，稱為 MAISTERI，就是 MASTER OF ARTS（文學碩士）之意思，喝一口彷彿有一種與眾不同的高層次享受！

餐廳入口就是昔日女子學校的正門。

走進「校舍」，正門處擺放了學生專用組合式的課桌椅，全木打造，很有味道！

二樓主要是大小不一的用餐區，午餐以時令的蘆筍、鮭魚等食材為主，一頓前菜、主菜連甜品共 30 多歐元左右。

　　BELLMAN HALL 是最大型、最華麗是的用餐區（本圖），以瑞典國家詩人 CARL MICHAEL BELLMAN 而命名，可容納 150 人以上，是昔日學校舉行重要會議或活動之時才使用，現多為舉行大型派對之用。最後補充，這座學校餐廳也是 TURKU FOOD WALK 餐廳名單之一。

❶ 餐廳自釀多款濃淡啤酒供應客人享用。　❷ 左一啤酒為 Lehtori，左四為 Reksi，左五為 Maisteri。　❸❹ 夏天好日子，餐廳露天用餐區最受歡迎，喝一口美味的啤酒，多爽快啊！猜想一下便知道，這處便是昔日的學生遊樂場。　❺ 牆上的地圖，就是昔日教學之用，如今成為餐廳的特色裝飾一部分。

銀行變身成酒吧

那邊有學校大翻身，走過數條街道的第二間的酒吧，就在露天市集附近，稱之為 OLD BANK PUBLIC HOUSE，不用多說，前身就是銀行。一幢花崗岩的銀行大樓於 1907 年建成，同樣是當時盛行的新文藝復興建築風格。

建築外觀是磁磚結構，給人穩重安全之感，與「銀行」這原始身分很配合。室內正是往昔銀行大廳及出納處，典雅非凡的高柱，抬頭一看精緻的柱壁和雕飾天花，極具氣勢。中央的吧枱採用長排列陣，供應著全球超過 150 種啤酒。

整座大樓共有三個銀行保險庫，首先參觀位於一樓的巨型保險箱，我們扮演銀行職員體驗一下，轉動保險箱旋盤、竭盡全力才能拉開厚重的保險箱大門，一看裡面當然沒有黃金與鈔票，自然是一支支動輒幾千歐元以上的上等好酒。地下一樓有另一個保險庫，保留著百多個保險箱，在那年代是供顧客存放貴重物如地契、黃金等，現時裡面擺放著真實比例的警察模型人看管貴重物，仿真度高，真有趣！

從一樓到二樓，由一道巨大的木製樓梯連貫，可追溯到 1920 年的色彩繽紛玻璃窗，描繪了工業、商業和航運，正顯示工業革命後芬蘭手工業的改變。

多年來，這大樓曾經有二間銀行，經過多次整合，但最後在 1992 年結業，並翌年由 ALEXIA CORPORATION 購入，然後租給今天的酒吧，在 1993 年開始營業。除了加建廁所和電梯外，基本改動不大，跟上文的「學校啤酒餐廳」一樣，兩座被列為受保護的古蹟建築，由市政府監管。

◆ 其他喝好飲料的特色地方

最後要介紹 TEERENPELI 及 THE COW 這兩間酒吧，前者是自設威士忌蒸餾廠，出產多款享負盛名的陳年威士忌，而後者的招牌是餐廳主理人之一：MARKUS SILLANPÄÄ，於 2016 在東京曾奪得 COCKTAIL 的世界冠軍（晚餐後的 COCKTAIL 組別）。這天，我們穿梭圖爾庫街道拜訪多間喝好酒地方，逐一品嚐讓人升天的啤酒、威士忌和 COCKTAIL，真是無法自拔！

❶ ❷ 我們有幸品嚐 Cocktail 世界冠軍現場調出來的 Cocktail。
❸ ❹ 啤酒和 Cocktail 之後，便是不同年份的威士忌，我們要升上天啊！

Old Bank Public house 的內部，
就是往昔銀行大廳及出納處。

❶ 木造樓梯，右邊為漂亮精
緻的彩繪玻璃畫。❷ ❸ 一樓
的巨型保險箱，Erica 好不容
易才能拉開厚重的大門。❹
地下一樓的百多個保險箱，
Jackman 與看管保險箱的警
察模型人合照。

一陣微風吹過河面，河面上立刻蕩漾起一圈圈波紋，陽光灑在河面上，河面亮閃閃的猶如長長的錦緞。

圖爾庫人口不到 20 萬，因 13 世紀開始受瑞典統治，此地漸成瑞典與俄國兩國交通中樞，被一條奧拉河分成兩岸。在奧拉河畔漫步，造訪圖爾庫大教堂及圖爾庫城堡，又可在歷史博物館中感受中世紀芬蘭人生活的氛圍，同時參觀河面上停泊的古老船隻，悠閒的在水上船屋餐廳吃頓飯，留下完美的圖爾庫印象。

奧拉河上的四座大橋把兩岸的城市連接起來，常年停泊著大型古帆船與由遊船改裝成的餐廳，不僅吸引著前來觀光的遊客，也為美麗的奧拉河增添了魅力。

Info Box

圖爾庫旅遊局及 Food Walk：visitturku.fi
圖爾庫室內市集：www.kauppahalli.fi
CaféArt：www.cafeart.fi
Koulu：www.panimoravintolakoulu.fi
Old Bank：oldbank.fi
Teerenpeli：teerenpelidistillery.com
The Cow：www.thecow.fi

風和日麗 河畔景致

奧拉河兩岸是心臟地帶，風景也是最吸引，我們來訪的幾次也有幸遇上好天氣，在風和日美下，粼波閃閃。全長 143 公里的奧拉河，源頭在芬蘭另一個城鎮奧里佩（ORIPÄÄ），流經多個地方，圖爾庫已是最後一鎮，然後流出波羅的海。

沿河散步到圖爾庫城堡

河邊散步路線大致分為兩部分，較長的一段是從市中心的河畔處起行，若從大教堂開始，一直沿著河邊走，可走至圖爾庫城堡，需時為四十多分鐘，可看到奧拉河尾段的完整景致。圖爾庫城堡的位置就是圖爾庫海港，也就是奧拉河河口，旅客可在那兒坐船往瑞典。

第二段是最精華路線，從河邊的大型旅館 RADISSON

BLU MARINA PALACE HOTEL 開始走，旅館的 GRILL IT! MARINA 河畔餐廳也是 FOOD WALK 的餐廳名單之一，這樣可從較遠的距離開始欣賞大教堂與河岸組成的怡人景致。

沿岸經常泊滿觀光遊船，又或改作餐廳的遊船，河畔咖啡館亦有不少，如 SVARTE RUDOLF、CAFÉ ART 及 PINELLA 也是 FOOD WALK 名單上，讓人悠然地坐下來渡過寫意午後時光，另一段則是綠樹林蔭，可見不少市民在河岸草地上溜狗聊天、看報曬太陽，風景不同卻閒適一致。大教堂及 ABOA VETUS & ARS NOVA 都在河畔之處，還有附近的露天手工藝博物館，這樣按著自己心意，來回逐一拜訪河畔各個景點及咖啡館。

補充一下，由 ABOA VETUS & ARS NOVA 往大教堂方向走去，會先遇上大教堂之下的舊大廣場（OLD GREAT SQUARE），昔日是市民的集會地，現在每年的聖誕和在暑期舉行的中世紀節慶，便是廣場最熱鬧的時候，即逢到訪當天，我們會遇上一連數天的夏日美食露天大會，由傍晚開始到深夜，大吃大喝，熱鬧非常。

❶ 我們的奧拉河速寫。　❷ 河邊滿是曬太陽或躺在草地上休息的遊人。
❸ 改作餐廳的遊船蠻受旅客歡迎。

姆明主題樂園 *Moomin World*
溫暖人心的互動：姆明一族無限放送正能量

　　胖嘟嘟、外表像河馬，其實是精靈的姆明（MOOMIN）與跟他一起歷險的好友史力奇、阿美等等，是不同國家、不同年代人的童年回憶。在創作源地的芬蘭人眼中，他們也許不知道芬蘭政要的名字，但不會不知道姆明是誰，當地旅遊局的人開笑地跟我們說，除了聖誕老人，姆明在芬蘭最有名氣！

　　代表芬蘭精神、每個芬蘭人都讀過的故事：姆明一族（瑞典語：MUMINTROLL，芬蘭語：MUUMI，英語：MOOMINS，台灣譯為嚕嚕米），香港人多稱作「姆明」，大概許多旅客不會錯過這個老少皆宜的芬蘭經典。

兩大姆明迷朝勝必到之地

　　姆明世界（MOOMIN WORLD）與姆明博物館（MOOMIN MUSUM）是來自世界各地的姆明迷朝勝必到之地，不過要注意兩處並不在首都之內，前者在圖爾庫的楠塔利（NAATALI），這也是我們選擇此古城為落腳點的原

因之一。這是全世界第一座姆明主題樂園，建於1993年，一般預留半天時間才足夠完整的遊覽。第二座的樂園在美國夏威夷，最新的就在日本，據說在2019年落成。

　　博物館則位於首都以北的坦佩雷（TAMPERE），過往一直是非正式展館，直至2017年夏天才正式成為永久性展館，我們前往的那個八月，這個全球唯一姆明博物館才剛剛開始以全新面貌迎接參觀者。

進入樂園便有一位正在掃地的老太婆，雖然不是故事主要角色，但她也會跟眾旅客互動，接下來眾角色就會在樂園核心地帶逐一出現，熱鬧非常。

左｜在市區搭乘的姆明公車。　中｜走過小橋，姆明世界就在另一邊的小島上。　右｜在小橋盡頭，還未看到姆明世界的真面貌，看起來有一種神祕感！

風景秀麗的楠塔利小鎮

小小的一個碼頭，可愛整齊的積木小屋，配合藍天白雲鳥兒飛舞的美景，還有露天茶座與古老鐘樓，感覺舒適自然，這個海濱小鎮絕對是偷得浮生半日閒的好地方。（橫過圖中小橋，那邊便是樂園的入口。）

與世隔絕的姆明谷

楠塔利（NAATALI）在圖爾庫的西南邊沿海，姆明世界位於小鎮對面的 KAILO 小島。選址遠離鬧市、自成一國落在這小島上，只因故事中姆明和家人、朋友也都生活在臨近大海的姆明谷裡，樂天、冒險、又平和地追尋著宇宙的真理，過著逍遙自在的生活。

作者在小島木屋住上三十個仲夏

另一個原因是按作者朵貝·楊笙（TOVE JANSSON）的要求，她從小十分熱愛被海洋包圍。話說芬蘭人的傳統流行夏天到小木屋度假，年幼的她，每年便跟著父母去斯德哥爾摩群島的親戚小木屋度過夏季。1960 年初，朵貝和她的終生伴侶、藝術家比埃狄拉

在《姆明爸爸的回憶錄》中首次出場的 Edward Booble，驚喜的這粉紅色身體的巨大生物竟然也在樂園出現！

（TUULIKKI PIETILA）在 PELLINKI 群島找到了一座名叫 KLOVHARU 的小島，並搭建了小木屋，一起度過了三十個盛夏。靜謐的廣大海洋為她帶來豐富的靈感，因而創作了姆明谷，姆明爸爸喜歡行船出海，也許就是作者本人的寫照；對她而言，小島就是自由的象徵。

前往樂園

前往樂園，可在圖爾庫市區的 MARKET PLACE 搭 6 或 7 號公車往 NAATALI，坐到最後一站，上車後直接跟司機購買就可以。不過，姆明公車是前往樂園最方便的交通，我們住在 CUMULUS CITY TURKU，對面街便有車站；在官網有時刻表，單程為 5.8 歐元，途經市區、一些旅館及港口便直接去到楠塔利碼頭，車程約三十分鐘。

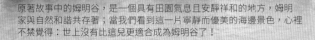

原著故事中的姆明谷，是一個具有田園氣息且安靜祥和的地方，姆明家與自然和諧共存著；當我們看到這一片寧靜而優美的海邊景色，心裡不禁覺得：世上沒有比這兒更適合成為姆明谷了！

姆明之家

時間一到，大部分姆明人物就會在姆明之家後方的小屋走出來，跟大家拍照和擁抱，一片溫馨愉快的氣氛。

原著故事中，姆明一家都住在姆明屋裡。藍色的姆明屋外形像極了壁爐。原先屋子只有兩層，但是愈來愈多的姆明人物使其內部變得愈來愈擁擠，於是姆明一家擴建了姆明屋，使它變成了三層外加一個地窖的小樓。

可愛的迷你樂園

下車後走一段路便見到姆明世界的小島，由一道小木橋連貫著，走著走著，我們好像變身成為愛麗絲自自然然進入幻想世界一樣，裡面都是大家期望的姆明世界可愛人物。

這個可愛的主題樂園，不得不在最初說明，不要期望有什麼美輪美奐的、刺激好玩的、什麼4D、VR的最新機動遊戲，也沒有排山倒海的歌舞表演或煙火表演：樂園只是平實地把書中主要場景實體化，不誇張地、原汁原味地呈現出來，包括姆明之家（MOOMIN HOUSE）、希米倫之屋（HEMULEN'S HOUSE）、森林小徑（FOREST PATHS）、莫立之屋（GROKE'S HUT）、史力奇的露營基地及姆明爸爸的小木船等等廿多個景點。

與姆明角色擁抱才是最重要

誰是你最喜歡的姆明人物呢？是善良可愛的姆明、酷愛冒險的姆明爸爸、見多識廣的史力奇（台譯阿金）還是淘氣霸道的阿美（台譯小不點）呢？在小島上，旅客可以在哪處一併找到他們呢？他們還是散落在不同角落等待我們去逐一拜訪呢？

樂園的焦點

以1:1的比例把故事中的姆明之家實體化，絕對是整個樂園吸引最多遊人的地方，在綠蔭綿綿的背景下，配上色彩鮮艷的卡通化建築很有童話氣氛。建築裡面的第一層，是姆明媽媽的廚房，她在此做炸麵包圈，第二層是姆明爸媽的寢室，第三層則是姆明房間和嬉戲室等，還可以看到姆明的個人收藏。遊人在屋子裡的各層穿梭，一幕幕故事的經典畫面也漸漸地浮現在眼前。

這處亦是「樂園的焦點之最」，因為絕大部分姆明家族成員都在此出沒，姆明、阿美、史力奇、姆明爸爸媽媽等等，一旦現身，所到之處都有一堆如蜜蜂的小朋友纏着，儼如明星下飛機引起大騷動一樣：所以若你希望能夠做到「姆明角色合照集郵」，這兒應該是你耗上最多時間、最興奮的地方。

❶ 身穿紅衣的阿美，異常搶眼！　❷－❹ 姆明之家內部，分別是客廳、姆明睡房及姆明媽媽廚房。不過，那張姆明睡床好像有點過小啊！

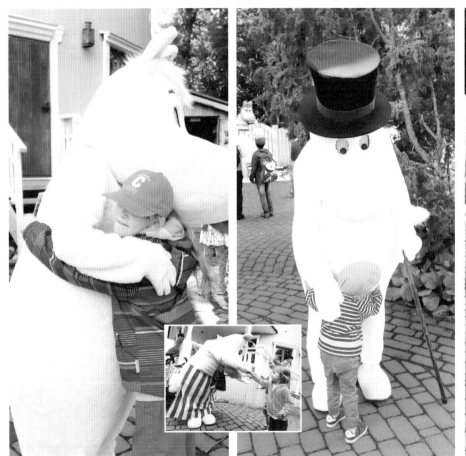

小孩子們跟姆明人物的擁抱，彷如跟至親擁抱一樣，大概是世上最溫暖擁抱的一種啊！

一趟溫暖人心之旅

小孩、小小孩圍在旁邊等的其實不只是合照，「討拍討抱」才是他們最期待的。看著姆明的白茸茸胖圓肚腩與小孩接觸的那一瞬間，彷彿產生奇妙的母愛化學作用，場面極為溫暖。

無限放送溫暖擁抱

因此，真的沒有任何機動遊戲或大型華麗表演一點也不重要，深深覺得到訪這姆明小島反而是一趟溫暖人心之旅，姆明家族一眾角色的無限放送溫暖擁抱與拍拍，溫暖人心的互動實在很療癒。

快樂了別人也快樂自己

另外，我自己深深覺得每一位扮演姆明人物的工作人員，絕不只當作一份工作，雖然無法看到他們的真正面部表情，但是他們的肢體動作已「完全出賣了」，每一位真的全情投入、樂在其中於每一次的合照與擁抱，不就是快樂了別人也快樂自己嗎？事隔數個月，我們翻看姆明人物與小孩子的擁抱的圖片，也依然感受到當時現場的溫暖時刻，深刻地觸動自己的心。

如何第一時間與姆明人物合照，就是在小屋前方等候；每當有姆明人物步出來，便可以搶先啊！

與姆明人物來一個溫暖擁抱，絕不是小朋友的獨享，大人也不要錯過！

粉紅色身體的 Edward Booble

　　當走到樂園右邊面向大海的位置，這處景色特別幽靜，只見粉紅色身體的 EDWARD BOOBLE（瑞典語：DRONTEN EDWARD）在水中游來游去，大家都想親近牠。牠是出現在《姆明爸爸的回憶錄》（MOOMINPAPPA'S MEMOIRS）中的一個巨大的生物，儘管身形巨大，但牠一點也不嚇人、而且對人非常溫柔、小心，不會踩人。《姆明爸爸回憶錄》是姆明系列第四本作品，1950 年出版，原名為《姆明爸爸的探險》，隨後被修訂為《姆明爸爸的回憶錄》。書中，姆明爸爸以回憶錄方式講述他還未遇上姆明媽媽、還未組織家庭前，獨自去冒險的所見所聞，途中便遇上 EDWARD BOOBLE。公園的另一處便有姆明爸爸的 1:1 木船，如今變成深受小朋友歡迎的遊樂場。

姆明郵票與姆明紀念郵戳

　　值得一提的是這裡也有姆明郵局，多款姆明信片、姆明郵票和各種精美的紀念品不在話下，最大亮點是每封從此郵局寄出的信件，都是蓋上姆明紀念戳。

明信片在 1-2 歐元左右的合理價錢，我們自然也投了幾張，送給父母和自己。回到香港之時，驚喜地發現信箱裡早已放進這張蓋上「姆明背着郵包派信的紀念戳」，圖案極為趣致。

　　姆明郵票方面，芬蘭郵局於 2007 年開始便發行姆明紀念郵票，每隔一至兩年便推出一套數張的新姆明郵票，至今已有七套，其中包括 2014 年以朵貝為主角的郵票，那年是其一百歲壽辰。當天我們在現場，不單可買到卡通風插畫為主的 2013 年版本郵票外，驚喜的是還買到最新（2017 年 5 月）的一套五款郵票，它最大亮點是郵票是使用作者於 1950 年代的畫作，以前從未使用過早期作品，這次是為了紀念姆明博物館正式啟用而發行。

Info Box

姆明主題樂園：
www.muumimaailma.fi

❶-❷ 姆明爸爸的木船，如今在樂園搖身一變成為小朋友的遊樂場。　❸-❹ 樂園內販賣姆明產品商店，產品種類十分之多。姆明全體的小公仔十分有趣，精緻度也蠻高，很想把它們全部帶回家！ ❺-❻ 這是 2017 年夏天推出最新姆明郵票，以及其中兩款我們買的明信片！ ❼ 回到香港時，我們便收到蓋上姆明紀念郵戳的明信片！ ❽ 姆明劇場，歌舞劇亞美為主角，並用芬蘭語進行表演，雖然我們不太明白，亦享受其中。圖中的台角，有兩位站者的工作人員，我覺得樂園真的很讚，那兩位其實是手語翻譯者，為有需要人士進行即場傳譯服務。 ❾ 2013 年的姆明郵票，採用卡通圖案，特別討小孩子的喜歡！

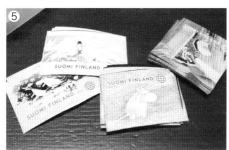

在姆明博物館也…

姆明博物館 Moomin Musum
從凶惡不討好變身成為肥胖又可愛的姆明

許多受歡迎的經典創作人物，其原始版本往往是出人意表。少女時代的朵貝‧楊笙與弟弟，某天在家中爭辯著名德國哲學家伊曼努爾‧康德（IMMANUEL KANT）的哲學思想，吵得面紅耳熱，一怒之下在牆上畫了隻「想像中最醜的生物」（THE UGLIEST CREATURE IMAGINABLE），下面寫下一句「自由是最好的東西」。這隻所謂最醜的生物，是一隻北歐著名的巨人精靈，想不到就是姆明的原型。可是這精靈的樣子卻很猙獰，所以最原始的姆明也就是一臉凶惡、而且一點也不肥胖、不討好。

當朵貝決定踏上創作姆明故事之路，便將它「搓圓揉扁」，才化身作今日我們所見到的肥胖又可愛的姆明。

第一本姆明作品誕生於第二次世界大戰

生於戰亂之時，她透過創作姆明去治療自己的傷痛與不安，同時亦安撫讀者。1945 年第二次世界大戰尾聲，朵貝推出首部以姆明為主角的作品《姆明們和大洪水》（THE MOOMINS AND THE GREAT FLOOD），姆明與媽媽為尋找因探險而失蹤的爸爸，經歷不少險阻，最後在多位森林好友幫助下，成功找回爸爸，並將新朋友都帶到姆明谷一起生活。

第二本作品《姆明谷的彗星》（COMET IN MOOMINLAND）緊接在 1946 年推出，被視為姆明系列故事的開始篇，因為很多故事中的主要角色，比如史力奇、歌妮也登場了，故事也發生在姆明谷中。直至 1993 年，朵貝總共發表了九部姆明系列小說、五部畫集及一部連環畫。朵貝於 2001 年離開人間。

❶、❷ 博物館位於 Tampere Hall 之內，大堂有姆明的小船和海洋場景。 ❸ 博物館入口處。 ❹ - ❻ 展覽館內只有這處讓參觀者拍照，展館小提供導賞手冊。 ❼ 姆明雕塑在 Tampere Hall 旁邊公園之內。 ❽ Tampere Hall 的外觀，其實是一座大型音樂廳。❾ Tampere Hall 的餐廳，午餐時段以提供自助餐為主，價錢約11 歐元，食物品質好，提供廣闊的視野空間。 ❿ Tampere Hall旁邊公園，環境優美，值得走一走，享受午後的美好時光。

餐廳之內掛有巨型的黑白姆明畫作，內有多位人物，是作者親自
繪畫的作品。

全球唯一的姆明博物館

　　欲想看朵貝的真跡、原始版本的姆明、不同時期的姆明、追尋著她一生的創作歷程，那就必要前往位於芬蘭第三大城市坦佩雷的姆明博物館。

　　以前一直都是在市內另一處地方以臨時展覽館形式出現，可惜空間不足夠而無法完全展示全部作品，直至 2017 年夏天，市內的 TAMPERE HALL 之內，全球唯一的姆明博物館（MOOMIN MUSUM）才正式誕生。從坦佩雷火車站走過去，只需十多分鐘。

圖葦的真跡

　　館藏均由朵貝捐出，展出超過 300 幅作者的手稿及原畫和約 30 個模型，包括由 1930 年代起的不同時期姆明作品，像她在 1943 年替《GARM》雜誌繪畫的插圖，第一個類似姆明的形象就在這時出現，那時的「姆明」擁有長鼻子，看來頗醜。另外還展出大量經典姆明原稿插圖及漫畫。現時有四分之一外借到世界各地，最精彩的傑作就在此館之中。

此館的焦點作品，被製作成多種「Only from Moomin Musum」的紀念品，左及中圖便是部分的博物館獨家產品，右圖是姆明屋模型，價錢為 99 歐元。

Hur gick det sen? Guess What

鎮館之寶

　　說到鎮館之寶，非全球最大的姆明屋模型莫屬，這座四層模型約兩米高，體積最大不是其最珍貴之處，而是它由朵貝和她的伴侶 TUULIKKI PIETILÄ 及牙醫好友 PENTTI EISTOLA 一起製作，花了四年時間建造完成；事實上她們三人合力製作了多座姆明屋模型，其中最大、手工最精細就是博物館的這一座了！

　　TUULIKKI 既是朵貝斯守一生的伴侶，亦是一位藝術家，姆明的雕塑和公仔等立體作品大都出自她手。在博物館旁邊的美麗公園，內有一個小小的姆明雕塑，十分精緻，看來是 TUULIKKI 的作品了。

　　在姆明樂園欣賞到的是非原者的繪畫作品，前往博物館的目的，就是要欣賞作者的真跡，本頁圖片是翻拍展館入口處，當然是作者的真跡，也是此館的焦點作品，被製作成多種「ONLY FROM MOOMIN MUSUM」的紀念品。

「Made in Finland」的姆明產品

不得不說姆明產品，綜合我們在姆明博物館、姆明主題樂園、姆明咖啡店及機場的專門店等等的觀察，發現樂園紀念品店面積最大，產品亦是最多最豐富，一心掃貨不要錯過此處。至於姆明郵戳，除了樂園郵局外，博物館紀念品店亦有提供，兩處的郵戳是不同的，我們比較喜歡樂園的「姆明派信圖案」的郵戳。

◆ 姆明咖啡店

至於姆明咖啡店，共有六間，都設於赫爾辛基市，有幾間是獨立店舖，而我們去的那一間位於市內 STOCKMANN 百貨公司五樓的分店，規模較小，紀念品也不多，但我們十分喜歡它的精心佈置，牆上掛上的黑白色姆明畫也是討人喜歡原因之一。順帶一提，不少百貨公司內亦有姆明紀念品的專櫃，蠻受旅客的歡迎。市內的其他姆明專門店，我們便沒有特意前往，至於萬塔機場的姆明專門店，據我們的粗略觀察，大致上產品種類在其他地方都見過。

一般在專門店等地方買到的紀念品都是大量在外地生產，比如姆明搪瓷杯子，通常是產自泰國；告訴一心想買「MADE IN FINLAND」的姆明紀念品的旅客，據我們觀察此類產品真的不多，如果找到那就更顯得其珍貴之處。就像博物館，我們竟然找到幾對可愛的姆明襪子、在 STOCKMANN 百貨公司亦找到給小孩子使用的剪刀，都是列明設計及產地都是芬蘭，我們通通也有入貨。

Info Box

姆明博物館：muumimuseo.fi
姆明咖啡店：muminkaffe.com

左｜在博物館買到產自芬蘭的姆明襪子，還有紙袋也是姆明人物圖案！　中｜在百貨公司亦找到給小孩子使用的剪刀，也是產自芬蘭。　右｜揮手的男人就是 Dock Helsinki 生活雜貨店的老闆，他還說店內還有許多產自芬蘭的姆明產品。

掘到真正的寶物

　　最驚喜的是，我們在赫爾辛基市的希塔灣農貿市場內的 DOCK HELSINKI 生活雜貨店，竟然遇上「MADE IN FINLAND」與「HAND MADE」的姆明玻璃碟子，直徑為 19CM，是工匠親手吹製，放入一千度高溫的熔爐而製成的，手工極好，用手觸摸著底部凹凸不平的姆明圖案，便實在地感受到這次真是掘到寶，價錢只要 13 歐元，這大概是早期一些產量不多的珍貴產品。

　　從此，我們經常使用這兩隻姆明及姆明媽媽玻璃碟子，每每見到碟上牠們的可愛樣子，便想起芬蘭的美好與姆明一族！

FINLAND
REPUBLIC OF FINLAND

芬蘭　羅凡尼米

chapter 3

Finland, Rovaniemi

羅凡尼米 Rovaniemi
聖誕老人故鄉的交通及住宿規劃

前文已說到我們會搭乘「聖誕老人特快列車」，由南邊直奔北部，在火車上睡一覺於清晨下車。到底為何羅凡尼米（ROVANIEMI）被公認為「聖誕老人故鄉」呢？

聖誕老人住在耳朵山，可聽到遙遠孩子的心聲

1927 年，有一位芬蘭兒童故事家在電台講故事時說，聖誕老人和兩萬頭馴鹿一起就住在拉普蘭（LAPLAND）的「耳朵山」（EAR FELL）上，確切的住址只有少數幾個人才知曉；正因為有「耳朵」，聖誕老人才能在偏僻的北極，仍聽到世界各地孩子的心聲。這個充滿童話式的說法引起極大迴響，從此「耳朵山」成了芬蘭人眼中的聖誕老人故鄉。

1995 年聯合國確認聖誕老人故鄉

隨著「聖誕老人」在西方國家愈來愈紅，芬蘭以外，也有不少國家宣稱自己才是「聖誕老人故鄉」。決定性的一年就是 1995 年聖誕節前夕，當時的聯合國秘書長將一封送給聖誕老人的賀卡寄往芬蘭羅凡尼米，這意味著「聯合國確認聖誕老人的故鄉就是羅凡尼米」，從此爭論停止，羅凡尼米也成為公認的聖誕老人的故鄉。

羅凡尼米是芬蘭北部的起點

拉普蘭（LAPLAND）是芬蘭北部的省分，大部分在北極圈內，西鄰瑞典，西北為挪威，東與俄羅斯相連，擁有 190 萬頭馴鹿、749 座山及 1 位聖誕老人。羅凡尼米是通往拉普蘭的大門，也是北部政治、經濟、文化與旅遊中心，不過還未屬於北極圈之內，出名的「聖誕老人村」，其位置才是真正的北極圈之內。耳朵山確實有此山，高約 486 米，位於拉普蘭的烏爾霍·凱科寧國家公園（URHO KEKKONEN NATIONAL PARK）內，屬於芬蘭與俄羅斯邊境。

羅凡尼米火車站距離市中心有一段距離，使用 GOOGLE MAP 計算步行需時約二十分鐘。坐八號巴士是公共交通唯一選擇，只不過班

上｜來到聖誕老人故鄉，計程車也會貼上「Santa's official Taxi」。
下｜我們乘坐的「聖誕老人特快列車」於清晨抵達，下車即展開旅程。

次並不是五分鐘就有車，而是一小時一班。我們下火車時才早上七點十四分，跟早上八點十五分的第一班巴士還有一小時，再加上後面行程是需要在八點多坐上另一班巴士，我們便決定坐計程車去酒店，剛好車站有一輛空車。給大家參考一下，計程車起跳為六歐元左右，我們酒店是市鎮的核心位置，車費為 10 歐元左右。

往返火車站、市中心及聖誕老人村的交通

這八號巴士十分重要，又俗稱為 SANTA'S EXPRESS BUS NO.8，因為往返聖誕老人村，也是要依靠它。事實上這巴士途經旅客最常會去的幾個地方，包括羅凡尼米火車站、羅凡尼米市中心、聖誕老人村、聖誕老人主題公園及羅凡尼米機場。

此巴士在市區有幾個停站，其中 AALLONKATU P 站應該吸引最多旅客，因為它最靠近 KOSKIKATU 購物大街，其附近也有不少酒店。從這站到聖誕老人村約 27 分鐘，車票單程 3.9 歐元，來回 7.2 歐元，上車直接跟司機買票即可；火車站到市中心的車費，則為 3.3 歐元。正因班次不多，離開時我們遇上趕時間，便請酒店電召計程車去火車站。

❶ 市內的 Koskikatu 購物大街，旅客中心就在正方格。❷ Koskikatu 購物大街入口，在另一端盡頭有麥當勞。❸ 旅客中心。❹ 踏入芬蘭北部，遊客將會感受到很多有別於南部的新體驗。因為北部地大脈廣，一般旅客都無法自行前往目的地，在酒店或旅客中心可拿取到各種 day tour 資訊，便十分重要。

左｜旅舍餐廳。
中｜旅舍二樓的露天用餐區，通常於週五及週末開放，聚集很多旅客。
右｜旅舍提供的租用單車。

鎮內的酒店以傳統式為主，Hostel Café Koti 走簡潔明亮風，價錢大眾化，提供床位及雙人房間等多種房型，所以蠻受歡迎。拍攝此圖時為下午五點多，餐廳坐上了不少旅客及本地人。

羅凡尼米市區

羅凡尼米市區不大，走一走便很快掌握，是一個非常方便的小鎮，旅客中心位於核心範圍，幾條主要街道佈滿購物商場、超市、餐廳及酒店，KOSKIKATU 購物大街兩旁有 RINTEENKULMA、KAUPPAKESKUS REVONTULI、和 SAMPOKESKUS 等購物中心，前者內還有 K-SUPERMARKET。此外，一間曾經是世界最北的麥當勞，不過現在已經被俄羅斯摩爾曼斯克的分店取代。不少旅客仍視「曾經是世界最北的麥當勞」為打卡景點，雖然其漢堡跟全世界的麥當勞好像沒有差別，不過據說它有免費送贈極光明信片。

簡潔明亮風的旅舍

我們入住的 HOSTEL CAFÉ KOTI，走簡潔明亮風，蠻值得推薦，提供 84 張床位、雙人房間（連獨立浴室）及家庭房間等多種房型，照顧到不同預算的旅客。夏季的床位為 23 歐元，而我們住的是 SUPERIOR TWIN ROOM，寬闊空間，每晚價錢為 84 歐元，因為是淡季，收費比較便宜一點，還可以現場付款。到了冬季，整個鎮的房間變得一房難求，價錢也提升不少。另外，此旅舍亦有租用單車及洗衣服務，是交給職員幫你處理，我們有請他們洗衣服，收費大概八歐元。

傳統道地拉普蘭料理

值得一提，這旅舍的位置很便利，無論前往上述提及的 KOSKIKATU 購物大街或 AALLONKATU P 站，都只是一分鐘路程。同一條街道亦有多間餐廳，其中 RESTAURANT NILI，櫥窗寫著 PURE TASTE OF LAPLAND，顯然以拉普蘭特色菜為賣點，當地人氣很火，就是可以吃到馴鹿肉，旺季時天天滿座，需要訂位。馴鹿肉以外，還有很多菜式，亦有中文菜單，可是我們剛巧遇上它在星期日休息，無緣品嚐。

❶ 我們入住的 Superior Twin Room，空間夠大，想像不到還有鞦韆吊椅啊！ ❷ 旅舍外觀，走去搭八號巴士不多一分鐘，去河邊也只數分鐘。 ❸ 以吃到馴鹿肉而出名的 Restaurant Nili。 ❹ 可搭到八號巴士的車站，離開此站巴士便上公路。

市區觀賞午夜太陽及極光的理想地方

　　當日間的旅程落幕後，我們愜意地散步到河邊。羅凡尼米市由凱米河（KEMIJOKI）貫穿，八號巴士離開市內便會上橋往北走，橫跨凱米河的是JÄTKÄNKYNTTILÄ大橋，是該市的地標。凱米河在冬天是會完全結冰，人們可在河上面玩溜冰等體驗。從市內走到河邊很近，然後再走到對岸，便可以清楚看到整片天空，視野空曠再遇上天朗氣清，夏天便是欣賞午夜太陽、冬天則是欣賞北極光的理想地方，最後找來官方照片，展現羅凡尼米市的極光之美！

羅凡尼米市

說實在，在市內看到明亮的北極光機會肯定比較少，而且市鎮的光也螢亮，假若你一心期盼觀賞璀燦悅目的北極光在漆黑夜空中飛舞，便要再往北走了。

Info Box

羅凡尼米旅遊局：www.visitrovaniemi.fi
Hostel Café Koti：hostelcafekoti.fi

往聖誕老人村的方向

RIVERBOAT CRUISE
ON THE TRACKS OF
TIMBER RAFTING

RIVERBOAT CRUISE
TO A REINDEER FARM

SANTA CLAUS SAFARI

左｜我們到訪時所看到夏天的凱米河。中｜河邊有不少夏季體驗。右｜冬天的凱米河便會結冰。（官方圖片）

聖誕老人村 *Santa Claus village*

預約從北極圈寄出的聖誕老人卡片給小朋友

　　既然羅凡尼米公認是聖誕老人的故鄉，旅客都把「去找聖誕老人」視作旅遊羅凡尼米的主要目的，即使沒有冰天雪地與節日愉快氣氛，聖誕老人村（SANTA CLAUS VILLAGE）依然是必去的地方！

腳跨北極圈線

　　聖誕老人村實際是一組木建築群，包含遊客中心、聖誕老人辦公室、餐廳、郵局、禮品店、馴鹿園等，不用付款可入場。我們一推門進去便見到地上那白色的北極圈標線，寫著北緯 66° 33'07"，彷彿散發著不可抗拒的魔力勾引著你的視線。「腳跨北極圈線」

透過小電視看到聖誕老人與旅客的互動情況。

應該是許多人第一時間會做的，北極線橫跨室內到室外，大家先在室內拍完照，然後又會走到廣場上，繼續扮出各種有趣的腳跨北極線的停格動作！（補充，旅客可付 5 歐元獲得一張跨越北極圈的證書。）

與聖誕老人合照

　　聖誕老人辦公室，說穿了，就是旅客與他合照的地方。旺季時定必大排長龍，這天不多人，旅客只需等候十多分鐘。我們一開始便打算只在外面看一看而已。辦公室佈置得非常溫馨，木板牆上掛著串串鈴鐺，屋頂有閃爍的彩燈，正面的牆壁上還鑲著一幅木製的世界地圖。過程大致是這樣：旅客不許在裡面使用自己的相機或手機，官方攝影師負責拍照，之後想要照片的遊客就在出口處購買。

　　雖然不少旅客在網上分享，排了約 30 分鐘才進去，跟聖誕老人卻只能聊兩句，比如你從哪裡來啦、會待幾天啦、第一次到芬蘭之類的話，拍個照不到兩分鐘就結束，而且他的表情也很酷，好像累到笑不出來。有人批評太過商業化，也有人表示不會後悔，因為就是想「在聖誕老人故鄉看聖誕老人」。

　　辦公室內的情況有實況播放，排隊的人可透過外面的小電視觀看到，當天我們觀看到聖誕老人與旅客的互動也蠻熱情，看起來大家也聊得不錯，整個過程也有三至四分鐘。說回照片，有幾種尺寸選擇及照片＋電子檔等不同選擇，三十至四十歐元左右跑不了，所以一群朋友或整個家庭一起去拍照，選購電子檔比較划算。

上｜室內的北極圈標線，寫著北緯 66° 33'07"。
下｜室外的北極圈標線，寫著北緯 66° 32'35"。

白雪皚皚的聖誕老人村，很有節日的氣氛。當白雪覆蓋廣場後，人們只能依靠室內的北極圈標線來拍照打卡。（官方圖片）

坐期間限定的鹿車在雪地上飛馳

　　冬天，聖誕老人村裡面有一些雪地活動可以體驗，搭乘馴鹿拉車應該最受歡迎。夏天，馴鹿懶洋洋地躺在草坪上養生；到了冬天，牠們會拖著鹿車在雪地上飛馳，讓遊客享受雪花撲面的快感。

寫下你的祝福，寄出一張聖誕卡或是明信片

　　說實在，聖誕老人郵局才是我們最喜歡的地方，郵局整個繽紛美麗，充滿童趣，門口有張世界地圖，聖誕老公公就是這樣駕著雪橇環遊世界送禮物。這處有大量充滿童話色彩或北極圈的郵票、賀卡及明信片，每張明信片大約 1.5-3 歐元，郵票分為 1.4 歐元的普通版，特別版有四款，都是 2.1 歐元。還據說這是全芬蘭最繁忙的郵局之一，而且此處寄出的信件都會蓋上很可愛的聖誕老公公專屬郵戳，深受旅客歡迎。

　　郵局內有多張木桌椅，買了明信片的人們可便慢慢寫著，寫給自己、寫給遙遠家鄉的家人好友。希望寄出的信要在聖誕前到達收件人信箱，便要投入紅色郵筒；而橘色郵筒中的信件則為當日寄出。我們寫了幾張明信片送給家人好友，放在橘色郵筒中，一封給自己的則放在紅色郵箱。

這是世界各地寄給聖誕老人的信，其中兩格有香港及台灣。

上｜我們送給親友及自己的明信片。
下｜左邊信箱是即時寄出，右邊在聖誕節前收可，當時大約 12 月初便收到寄送給自己的明信片。

旅客動輒買上十、八張明信片，比如這兩個家庭正在努力書寫明信片。

只需手寫一份表格便可完成手續。

最為特別的是「A Letter from Santa Claus」，很適合送給小朋友。收費為 7.9 歐元，包含一個聖誕可愛圖案的信封、1.4 歐元普通版的聖誕郵票、一封有聖誕老人親筆簽名的信（其餘文字是電腦打印、而且列印收信人名字、信件內容以聖誕老人的問候及祝福為主）、一張同樣有聖誕老人親筆簽名的證書（內容大概是小精靈證明收件者為一名心地善良的人）及聖誕圖案塗色畫紙。

我們買了一份送給台灣好友的一對姐弟，給他們帶來意外的驚喜，在表格上填寫他們的名字及英文地址便簡單完成手續。他們在十二月初便收到，高興不得了。後來發現這服務竟然可網上付款，有中文等十多語言版本，價錢及內容跟現場付款一樣，對於無法親身去到聖誕老人村的旅客，應該是很不錯的特別聖誕禮物啊！

在此郵局投寄全部的郵件，都會蓋上這可愛的聖誕老公公專屬郵戳。

我們台灣的好友姐弟就在 2017 年 12 月 4 日後，收到從芬蘭寄出的聖誕老人信件。

左至右｜聖誕可愛的信封、聖誕老人親筆簽名的信及證書。

Info Box
聖誕老人村：www.santaclausvillage.info
a Letter from Santa Claus（網絡訂購）：verkkokauppa.posti.fi

北極日落旅行團 *Sunset at the Arctic Circle*
深入人跡罕至冰川遺址去看如夢如幻的夏季之光

光，芬蘭有兩種很有代表性的光。羅凡尼米所屬的拉普蘭區，每年約有兩百個晚上可觀賞到北極光（AURORA BOREALIS），愈向北走，看到極光的機會就愈大，從九月到三月都是理想的月分。而夏季則是另一種特別的光上場，那就是午夜太陽（MIDNIGHT SUN）。

夜明如晝的夏天

午夜太陽，又稱為極晝或永晝，由於地軸傾斜和大氣折射關係，太陽還未降至水平線便已升起，即是全天二十四小時位於地平線以上，出現於北極圈以北的五月至八月，同樣地愈是往北，觀賞機會愈大。

其中以北角（NORTH CAPE / NORDKAPP），觀賞午夜太陽最為著名，因為其位處北緯 71°10'21"，東經 25°47'40"，距離北極點（NORTH POLE）尚有 2100 公里左右，從五月中旬直至七月末的這兩個月中，太陽永不落幕！

只需手寫一份表格便可完成手續。

最為特別的是「A Letter from Santa Claus」，很適合送給小朋友。收費為 7.9 歐元，包含一個聖誕可愛圖案的信封、1.4 歐元普通版的聖誕郵票、一封有聖誕老人親筆簽名的信（其餘文字是電腦打印、而且列印收信人名字、信件內容以聖誕老人的問候及祝福為主）、一張同樣有聖誕老人親筆簽名的證書（內容大概是小精靈證明收件者為一名心地善良的人）及聖誕圖案塗色畫紙。

我們買了一份送給台灣好友的一對姐弟，給他們帶來意外的驚喜，在表格上填寫他們的名字及英文地址便簡單完成手續。他們在十二月初便收到，高興不得了。後來發現這服務竟然可網上付款，有中文等十多語言版本，價錢及內容跟現場付款一樣，對於無法親身去到聖誕老人村的旅客，應該是很不錯的特別聖誕禮物啊！

在此郵局投寄全部的郵件，都會蓋上這可愛的聖誕老公公專屬郵戳。

我們台灣的好友姐弟就在 2017 年 12 月 4 日後，收到從芬蘭寄出的聖誕老人信件。

左至右｜聖誕可愛的信封、聖誕老人親筆簽名的信及證書。

Info Box
聖誕老人村：www.santaclausvillage.info
a Letter from Santa Claus（網絡訂購）：
verkkokauppa.posti.fi

北極日落旅行團 *Sunset at the Arctic Circle*
深入人跡罕至冰川遺址去看如夢如幻的夏季之光

光，芬蘭有兩種很有代表性的光。羅凡尼米所屬的拉普蘭區，每年約有兩百個晚上可觀賞到北極光（AURORA BOREALIS），愈向北走，看到極光的機會就愈大，從九月到三月都是理想的月分。而夏季則是另一種特別的光上場，那就是午夜太陽（MIDNIGHT SUN）。

夜明如畫的夏天

午夜太陽，又稱為極晝或永晝，由於地軸傾斜和大氣折射關係，太陽還未降至水平線便已升起，即是全天二十四小時位於地平線以上，出現於北極圈以北的五月至八月，同樣地愈是往北，觀賞機會愈大。

其中以北角（NORTH CAPE / NORDKAPP），觀賞午夜太陽最為著名，因為其位處北緯 71°10'21"，東經 25°47'40"，距離北極點（NORTH POLE）尚有 2100 公里左右，從五月中旬直至七月末的這兩個月中，太陽永不落幕！

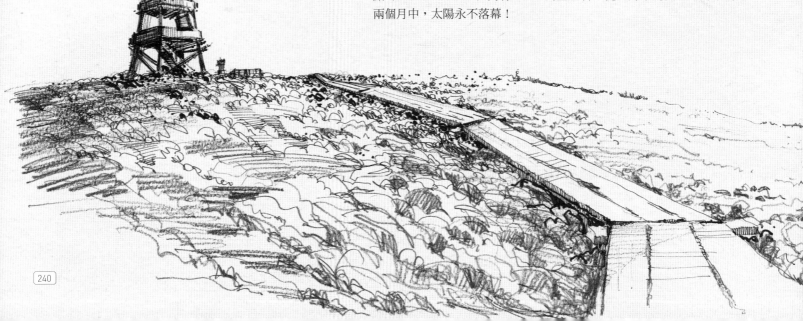

歐洲最北端

　　北角是一個海岬，高 307 米的陡峭懸崖，地處挪威北部、芬馬克郡西部，北角和北極點之間，除了斯瓦爾巴群島外已無其他陸地。這處是歐洲有公共交通可到的最北地方，但是沒有火車，主要依靠巴士。從芬蘭出發的話，六月初至八月下旬，羅凡尼米每天十一點有巴士出發，車程為十一小時左右，巴士會停留 2.5 小時給乘客欣賞午夜太陽，深夜一點正回程，接著會停在 HONNINGSVÅG 車廠停留 3.5 小時，乘客留在車箱內休息，清晨五點再發車，下午五點多才回到羅凡尼米。

　　說回羅凡尼米的午夜太陽，只持續一個月左右的時間，通常是六月到七月，我們雖然無緣（因為當時是八月），還是參加與光有關的旅行團，稱為 SUNSET AT THE ARCTIC CIRCLE（LAPLAND WELCOME 旅遊公司），即是前往羅凡尼米以北的北極圈範圍去看日落景色，換在六月至七月的話，這個團便改名為 MIDNIGHT AT THE ARCTIC CIRCLE。

樹林之間隱約有一條小路，我們隨著導遊腳步邁進。

左｜我們先在旅遊公司辦公室，換上防水的運動外套及防滑的高筒鞋子，裝備是免費提供的。

中｜一小時後，我們抵達人跡罕至的森林，要是沒有導遊，真的不可能自行前往。

右｜下車地方便是一片森林，沒有指示牌，我們跟隨導遊上行去探險。

不受市區光影響的偏僻大自然區

　　舉凡欣賞光主題的旅行團，都會安排旅客前往偏僻大自然區，以免受到市區光線的影響，我們目的地是一處稱為 KATKAVAARA 的山區，靠近比薩瓦拉嚴格自然保護區（PISAVAARA STRICT NATURE RESERVE）。車子駛離市區，行走了約四十五分鐘，其間曾在一間旅館停車，讓大家去洗手間。

在寂靜的美麗山區上徒步行走

　　車子抵達人跡罕見的地方，看起來導遊隨意挑選一個路邊便停車，因為沒有任何指示牌子，當然實際上他對此區地形十分熟悉。我們戴上外套的帽子便跟隨他腳步啓程，來一場森林之小探險，只見他沿著樹林之間的一條小路邁進，要不是有一位經驗的本地導遊，一般旅客絕不會獨自深入。整個過程都沒有見過其他人，再加上沒有公共交通工具，要來這處原始山區真的只能參加旅行團不可。山路起伏不大、緩緩提升，大家一邊感受著微溫的陽光、一邊輕輕鬆鬆深入。

　　據導遊介紹，KÄTKÄVAARA 地區除了接近市區，深受旅客歡迎的原因是其自然風光十分美麗又多樣化，常有大量的野生動物和鳥類出沒，金鷹、駝鹿和熊更以此為棲息地；

　　另外也因為漿果而聞名，藍莓、越橘、雲莓（這是十分珍貴，下一篇會介紹）、小紅莓和各種蘑菇都可以在夏末和秋初採集，聽到此，勾起不久前自己在南部參加的採集漿果旅行團的畫面。再加上，此區有不少可供釣魚的湖泊、池塘、小溪等，不少旅行團都會接載旅客來森林走一趟，體驗釣魚或伐獨木舟之樂。

寂靜的聲音

　　已經將近晚上十一點，太陽已在低空徘徊。芬蘭森林似乎真的具備著某種魔力，此時森林草地上凝聚的霧氣輕紗飄逸，極度寂靜的景緻包圍著我們這幾個徒步旅行者。大家默默的前行，默默的享受著。

上｜中途停下來，導遊解說石頭的來源。　中｜我們抵達口的地前，便在此小木屋內休息。芬蘭國家公園裡的小木屋沒有上鎖，供人自由使用，還提供免費木柴。　下｜導遊準備不少食物給大家享用，在如此僻靜原始山區裡燒烤香腸，彷彿這條烤香腸份外美味又難忘，需要慢慢品嚐！

在小木屋休息半小時，眾人抖擻精神，繼續前行。靜
謐溫暖的夏夜裡，我們來一趟不一樣的大自然體驗，
此行目的地就是圖中的木瞭望台。

奇異畫面

走著走著，山路開始出現變化，密密麻麻的大大小小石頭的奇異畫面展現眼前，而且愈走愈見到更多，自己在心裡好奇問道：看起來這麼大量石塊並不屬於這山丘之上。旁邊，導遊好像突然聽到我心裡的問題，便停下腳步說明起來。

大量的昔日海岸石塊

他說道：七千年前，芬蘭北部不少地方被冰川所覆蓋，此處為其中一區；後來冰河消融，海岸和土地亦因為地殼均衡效應（ISOSTASY）而逐漸上升；海水退後，便留下大量的昔日海岸石塊。所以這山區早在千年以前或更久遠時候其實是一個海岸。此外，考古學家發現了數千年前曾經有人在此居住的遺跡。

在小木屋休息、烤香腸

推想而知，我們其實正走在一條久遠時代的海岸線上。官方也在此區規劃了約 7 公里的步道，通往十多個不同的目的地，而我們所走的是比較輕鬆、並通往 KÄTKÄVAARA 山頂的一段經典路線。

大半個小時後，我們來到一間小木屋，入內休息。導遊不用幾分鐘便生起火來，除了國民點心卡累利阿派與肉桂卷外，我們還可以烤香腸，太棒了！綜合此次及上一回在努克西奧國家公園的體驗，發現導遊都會帶備幾款食物、咖啡等，在森林裡善用燒烤爐及木柴，以供旅客享用。

Info Box
北角：www.nordkapp.no
旅遊公司：laplandwelcome.fi

嘆為觀止的景觀

我們離開小屋，繼續走在無數石塊推疊而成的山路上，不過這段開始設有木棧道。一道又一道長長的木棧道連接著，引導我們登上終點站。步出樹林，大家豁然開朗，開懷笑起來，在山頂竟是一大片非常寬闊境地，並建有一座兩層高的木製瞭望台，旁邊還有說明牌。

將近午夜十二點，四周在夕陽照射下，染上了一層薄薄的紅暈。整個山頭只有我們六個人，大家盡情沐浴在北極圈的日落陽光，瞭望一望無際的壯麗景色，整個拉普蘭南部就在徐徐下降的太陽中盡收眼底裡。

登上如此寂靜的冰河遺址山區去看日落，真的別有一番韻味。又過了一會兒，夕陽的微弱光芒給大地披上了蟬翼般的光彩，太陽順著遙遠另一邊的那幾座山小心翼翼的走下去……這個如此特別的午夜，也為我們旅程添上另一幅難以忘懷的深刻動人畫面。

上｜我們爬上瞭望台，一邊遠眺景色、一邊聽著導遊的介紹。
下｜Jackman 身旁的旅客，就是剛從北角看完午夜太陽回來，盛讚這山頭的景色十分棒！

拉努瓦野生動物園 *Ranua Wildlife Park*

參觀世界最北動物園後遇上神奇的金黃色漿果

第一天清晨來到羅凡尼米，馬上要去的地方就是「世界最北動物園」。開放於 1983 年的拉努瓦野生動物園（RANUA WILDLIFE PARK），坐落於羅凡尼米以南，實際上已經進入另一小鎮範圍，那就是拉努瓦鎮（RANUA），可見動物園其實以此鎮命名。

遊覽羅凡尼米的另一熱門地方

除了聖誕老人村、追光活動及大自然體驗外，拉努瓦野生動物園，算是遊覽羅凡尼米的另一熱門地方。自己前往的話，是要乘坐來往「ROVANIEMI - RANUA」的 6 號巴士，單程為 17.3 歐元。羅凡尼米火車站是首站，同樣經過市內的 AALLONKATU P 站，車程約一小時廿分鐘，記得留意在 ELÄINPUISTO E 站下車，最好先告知司機會在動物園下車，一不留神便錯過。因為此巴士班次稀疏，不少旅客會參加動物園一天團，包含專車接送、門票、自助午餐、導賞及提供飼料以投食給北極熊、棕熊等等。

動物園藏於森林的環抱中，是一座戶外公園，居往了很多的極地動物，主要是保育類的動物，牠們因為氣候變化而面臨絕種的問題。園方規劃一條長 2.5 公里的環形木棧道，大家就是順著一直走就可以，穿過各種動物區，能看到為數有五十種類共 200 多隻野生動物，包括棕熊、北極熊、馴鹿、麋鹿、貓頭鷹、猞猁、狼、狼獾、水獺及鷹等等。

極地動物在冬天才會活潑起來

坦白說，冬天才是來訪極地動物園的最佳季節，導覽員也是這樣分享，因為對於習慣寒冷天氣的極地動物，只會在冰天雪地的環境才會變得活躍、四處跑動；而在夏季期間，由於日間的高溫，牠們會感到有點頭暈，基本上大部分時候都在休息，我們到訪時就是遇上這情況。

左上｜動物園入口及指示牌。
右上｜動物園的主建築物，就是遊客中心、餐廳及紀念品店。
下｜每種動物都設有展覽版，圖文並茂，在旁是我們的導覽員，也是負責照顧動物的專職人員。動物對他很熟悉，當他走近圍欄進行導賞時，有些動物如野豬會自然地走近他，以為他會派食物。

最受歡迎的動物

　　不用說，動物園最紅的當然是北極熊，一身雪白非常討大人小孩的歡心，導覽員也稱我們比較幸運，見到牠們「賞臉」出來在水池游水，不久之前還在裡面睡覺。

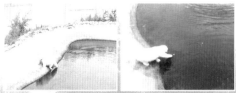

我們就是看見這兩隻北極熊在游水，一臉很享受的樣子。

冬天時，極地動物都變得活躍起來，同伴之間也會更互動。
（官方照片）

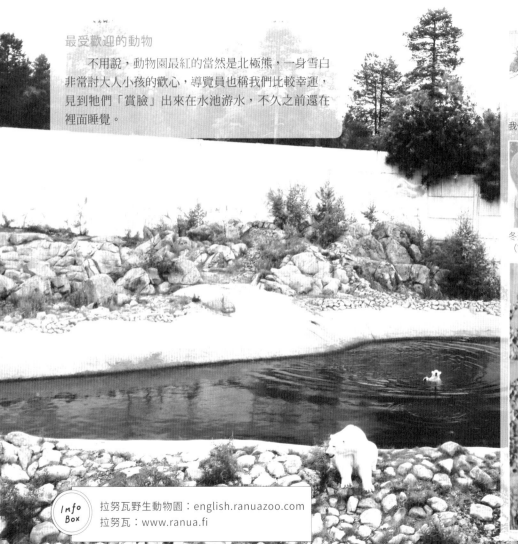

Info Box　拉努瓦野生動物園：english.ranuazoo.com
　　　　　拉努瓦：www.ranua.fi

芬蘭的國家動物：棕熊

　　北極熊的鄰居是棕熊，我們反而更有興趣，因為牠們是動物園的夏天主角，更被視為「芬蘭的國家動物」。先說為何棕熊是「芬蘭的國家動物」，原來熊的形象自古以來經常出現在芬蘭神話中，包括第一章提及過的國家民族史詩《卡勒瓦拉》。古代芬蘭的烏戈爾人，把熊視為既讓人害怕又讓人尊敬的圖騰動物。至於棕熊何時成為公認的國家動物？大約八十年代芬蘭曾進行大型民意調查，結果就是棕熊。

前往芬蘭、俄羅斯交界展開觀熊之旅

　　棕熊大概活到 25 歲，成年熊的身高 1.5 至 2.5 米，重 300 多公斤，生活在北美北部、歐洲和亞洲的森林和山脈中，至於芬蘭棕熊卻生活在針葉林，幾乎遍布全國，東部地區數量最多。我們曾考慮到芬蘭東邊邊境地區來一趟觀熊之旅，就是逗留在寬敞的隱蔽棚作近距離觀賞，其中以沿著俄羅斯邊界的卡依努（KAINUU）地區的森林最為熱門，已經成了當地的熱門旅遊活動項目。

儘管棕熊體型龐大，但速度非常快，可以每小時以 48 公里的速度走動。

棕熊主要進食堅果、漿果、水果、葉子及根，不過還會吃其他動物，從嚙齒動物到馴鹿。

1500 頭芬蘭棕熊

　　數十年前，芬蘭棕熊一度只剩下 150 頭，瀕臨絕種，於是從 1999 年成為受保護的動物，現時大概生活著 1500 頭。牠們一般都非常警惕人類，極少數本地人能在野外與牠們相遇。

　　說回這動物園的棕熊，牠們習慣在夏季開始儲存營養，其脂肪儲備可以達到其體重的 30-35%，約增加 150 公斤。大約在 11 月開始冬眠，期間，牠們不吃、不喝或小便，直至翌年 3 月才醒來。因此夏天來此動物園，多看兩眼這芬蘭國家動物啊！

左｜是棕熊直立的真實高度。右｜是北極熊直立的真實高度，後者比前者還要高大許多。

芬蘭的大自然象徵符號
不少國家選用某種動物作為國家的象徵符號，至於非常貼近大自然的芬蘭卻有七種象徵符號，除了棕熊列為國家動物，還有國樹、國蟲等，都是通過一系列民意調查而選出來。

國家動物：棕熊　　國鳥：大天鵝　　國花：鈴蘭　　國樹：垂枝樺
國魚：鱸魚　　　　國石：花崗岩　　國蟲：七星瓢蟲

雖然不少動物都在靜靜休息，還是有些動物都表現龍精虎猛、四處走動。
左｜猞猁屬（Lynx），也稱為山貓　中｜水獺（Otter）　右｜野生森林馴鹿（Wild forest reindeer）

馴鹿鹿角

野生森林馴鹿
牠們源自北部森林和山脈，列為受保護的動物，比普通馴鹿身形更大（上圖是年紀較小的馴鹿）。動物園還展示鹿角標本，旅客可以了解其真實大小及重量，原來成年的鹿角非常重！

上｜雲莓果實由 5～25 個小果子結成，熟透後則呈變成晶瑩剔透的琥珀色。　左下｜生於偏僻沼澤或濕地的雲莓，當地人視為秘密寶藏。　右下｜雲莓開出的白色小花。（官方圖片）

能吃的黃金：芬蘭極地森林的雲莓

　　芬蘭人非常自豪他們擁有各式各樣的莓果，旅客不但可以看到常見的野生藍莓、草莓，也可以發現一些不常見的珍貴種類。告別極地動物，我們去到拉努瓦鎮，動物園其實很接近小鎮。對外國旅客而言，小鎮景點不算吸引，只是我們聽到鎮上正在熱賣的是雲莓（Cloudyberry），一種早已聽聞、但從未見過的稀有漿果，便有非走一趟的理由！

超級營養的漿果之王

　　雲莓被譽為漿果之王或拉普蘭的黃金。「雲莓」這種植物可以長到 10～25 公分高，會開出白色的小花，結出來的果實才是重點；這球狀果實由 5～25 個小果子結合而成，生長過程中會多次變色，半熟時是漂亮的鮮黃色，熟透後則呈變成晶瑩剔透的琥珀色，亦有人形容為金黃色的光澤。吸引人的外表底下，它含有多種高含量的維他命，其中維他命 C 是橘子的四倍，而且在所有野生漿果中，其纖維含量也是最高。昔日北歐船員還以吃雲莓來對抗壞血病，足見它的營養價值。芬蘭從中世紀開始就已經在輸出雲莓，當年統治芬蘭的瑞典皇室更將「在拉普蘭採集雲莓的權利」出租以賺取利潤。

寒冷之地孕育珍貴的極地黃金

　　雲莓，為何如此稀有？為何在芬蘭南方不見其身影？皆因它只生長於寒冷之地，尤其是沼澤及濕地，在零下 40 度也生長得很好；另一關鍵就是無法人工栽培，由此可見雲莓全是野生，數量又稀少。

世代相傳的祕密寶藏

　　每年七、八月是雲莓盛產季節，芬蘭人對雲莓十分痴迷，雲莓採地就像

每個家庭世代相傳的祕密寶藏，絕不輕易外洩，大概是爺爺奶奶開始便在那祕密之地年復一年地採集。

客人通常以一整年份量來選購

抵達熱鬧的雲莓市集，我們見到雲莓果實跟藍莓差不多大小，吃起來十分多汁、酸酸甜甜的，非常鮮味。攤位的人把新鮮的雲莓儲放在一個個巨型白色塑膠桶子裡出售，客人通常自備數個小桶，以一整年份量來選購帶回家。

新鮮現吃，比如早上跟優格混在一起最常見，其餘的用不同方式保存起來，主要製成果醬，冷凍與乾燥均可，又可做成派，以及跟冰淇淋一起也不錯。另外還有一些公司會製成果汁、甜酒、烈酒、天然護膚品銷售到更遠的地方。

有效的雲莓護膚品

我們買了一瓶雲莓果醬，之後在家中用作搭配肉類料理，驚喜地發現味道非常配搭，特別適合豬排，超級喜歡！我們珍而重之，只會在特別日子才放在餐桌上。此外還買了兩小瓶天然保養品，其作用之一可以消除蚊叮蟲咬引起之紅腫和搔癢。旅途後期，JACKMAN 不知何故深受搔癢之苦，旅行箱裡沒有止癢藥膏，靈機一觸用上它。結果在患處塗上幾次，真的能減少搔癢及痛楚，感謝來自芬蘭極地森林的稀有寶藏！

左｜雲莓護膚品，對減少搔癢及痛楚很有作用。　右｜雲莓果醬，搭配肉類料理進食。

每年八月，拉努瓦鎮都舉行雲莓市集，人們習慣買下一整年份量的雲莓。白色桶子都是新鮮的雲莓，我們有幸品嚐到稀少的漿果之王。

ESTONIAN

愛沙尼亞 塔林

chapter 4

Estonian, Tallinn

波羅的海國家 *Baltic states*
規劃來回三個國家的完整旅遊線

芬蘭的最古老城市為圖爾庫，可惜發生在 1824 年的大火災，導致大部分數百年歷史的古建築消失；進入旅程的下半場，坐遊船橫過芬蘭灣，踏上波羅的海國家的土地上，更多、更壯觀、更歷史久遠的古城建築將會在眼前出現。相對芬蘭，我們更像坐上時光機器飛進歷史隧道之中。

歐元通用的波羅的海三國

波羅的海國家（BALTIC STATES），又稱波羅的海三國，是指波羅的海東岸的愛沙尼亞（ESTONIAN）、拉脫維亞（LATVIA）及立陶宛（LITHUANIA）（下面合稱為三國），以國土面積而言，最大為立陶宛，然後是拉脫維亞及愛沙尼亞。因三國的地理和歷史具有很大的相似性，都是自 18 世紀起被俄羅斯佔有，第一次世界大戰後脫離俄羅斯而獨立，可是到 1940 年又被蘇聯吞併，最終在 1990 年後相繼脫離蘇聯獨立，2004 年成為北約及歐盟成員國。三國成為歐盟成員國後，歐元通用，現時遊客遊覽時方便許多。

一脈相承，又充滿變化

雖說三個國家的政治背景、歷史文化都非常相似，國際上很多人把它們當作一個整體，但是愛沙尼亞十分接近北歐，與芬蘭較相似；拉脫維亞在歷史上深受德國的影響；至於立陶宛則與波蘭關係密切。求同存異的文化讓波羅的海三國一脈相承，又充滿變化。

塔林市政廳高樓

左｜塔林下城市政廳

塔林古城分為上城區及下城區，下城區的市政廳及市政廳廣場是
中心點，見證老城的八百年歷史。圖中的市政廳高樓，旅客可登
上去俯瞰城市全景，是古城三大觀景的絕佳地方。

右｜世界文化遺產：塔林老城

塔林城牆及塔樓，是愛沙尼亞首都塔林在 1265 年開始興建與持
續擴建而成的結果；八百年後，經過無數戰火，古城有很大一部
分牆體、城門及塔樓仍然保存很好，大概就是此處成為世界文化
遺產的重要原因之一。

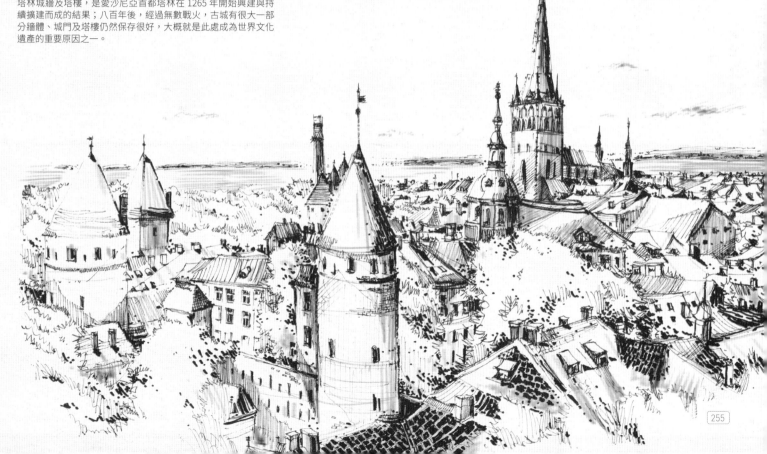

此圖為維爾紐斯古城（立陶宛首都）的格迪納斯塔，登上去可看全城景色。

三個古城區的濃濃中古世紀氛圍

　　首都是旅程重點之最，愛沙尼亞的塔林（TALLINN）、拉脫維亞的里加（RIGA）及立陶宛的維爾紐斯（VILNIUS），每個首都都擁有沒有人會錯過的中世紀古城區，三個古城區更是三國最豐富的寶藏，歷史的精華就濃縮在那裡。石頭鋪疊成綿長蜿蜒的街道，略帶迷宮感的佈局，充滿著中古世紀的濃濃氛圍。我們安排在每個首都住宿兩個晚上，落腳點在古城區邊緣。

步行可遊遍整個古城區

　　第一天的時間最適宜全放在古城區，綜觀三個古城區的面積，里加及維爾紐斯是比較大，塔林相對而言比較小；三者都是步行就可以遊覽整個區域，大概從古城一端走至另一端，不停下來的話，大約也會花上一小時左右。

一覽無遺的古城全景

　　塔林古城區雖說較小，實則只用一天去遊遍主要景色，還是有點走馬看花不太足夠的感覺，儘管第二次世界大戰後期，蘇聯對此處進行密集的空炸，不過大部分的中世紀老城區依然維持原來的魅力，之後在 1997 年更列為世界遺產，可見精采之高值得叫人多花時間慢步其中。此外，每一個古城區均有二至三處的高點，有些是高高的鐘樓、有些是位於山丘上的城堡，共同賣點是只要旅客爬上去，就可以把整區全景一覽無遺盡收眼底。

參加旅遊團，往古城區以外的地方探索

　　三國在古城區以外的地方，肯定還有許多迷人之處，所以第二天的規劃，我們往外探索。可是三國的公共交通網絡密度不高或是班次不多，為了善用時間、為了看得更多，我們參加了幾個本地旅遊團，比如立陶宛的聖十字架山（THE HILL OF CROSSES），是立陶宛當年反抗蘇聯政府的象徵，佈滿數以萬計的十字架、耶穌雕像、聖母雕像等。從維爾紐斯過去就要花上四個鐘頭的時間，若是接駁時間沒算準，可能花上更多時間。另外我們在塔林也參加了「LAHEMAA NATIONAL PARK」的旅遊團，一行八人坐上小型房車出發。說實在，三國的物價並不昂貴，我們未參加前便已覺得這些旅遊團的費用蠻合理，在完結後更有一種幸好沒有錯過的滿意，這部分在後文會詳細分享。

不用報名的古城區旅遊團

　　在網絡搜尋旅遊團時有一個好發現，原來三國的多間旅遊公司流行規劃「免費的古城區旅遊團」，通常稱為「FREE TALLINN／RIGA／VILNIUS OLD CITY WALKING TOUR」之類，是以英語為主，例如在塔林有一間稱為 EstAdventures 的旅遊公司，提供免費的「OLD TOWN WALKING TOUR」，11：00-13：00，天天有團，六至八月旺季時還會在 13：30-15：30 添加一團。遊客不用報名，只需在指定時間在塔林遊客中心門前集合，時間一到，導遊就會走出來講解一下便起行，帶著旅客走遍古城的主要景色。就我們觀察到情況而言，相當多旅客參加，估計超過七十多人以上聚集，所以旅遊公司還安排兩名導遊分批進行導覽。

上｜塔林古城區的旅客中心。
中｜此旅客中心出售很多關於古城的紀念品，素質不錯。
下｜我們在旅客中心買了兩只彩繪古城圖案的搪瓷杯（單價為 7.8 歐元），以及一份 2018 年曆（8.8 歐元），內有多幅優美的著名古城建築的繪畫。

❶-❷ 塔林旅客中心外聚集的大批旅客，都是參加 Free walking tour，圓圈中間的是兩位導遊。導遊講解後，大家便出發。　❸ 里加旅客中心擺放「Free walking tour」的資訊，提示旅客在早上十點半開始。　❹ 維爾紐斯旅客中心的 Free walking tour 資訊。

熱門的 Free walking tour

　　因為「FREE WALKING TOUR」十分受歡迎，旅客中心都會幫忙宣傳，在中心張貼告示，或是官方地圖亦有廣告，鼓勵更多旅客參加。

　　「FREE WALKING TOUR」有多個好處，可被視為快速的入門導覽，旅客跟著導遊的腳步在兩小時之內走遍主要景點，其中必定有些景點值得再花時間深入觀看，那就可以稍後再自行前往。另外，若想了解更多本地人才知道的資訊，導遊絕對是好幫手。

　　至於是不是真的免費？當然真的是免費，要不然旅客中心不會幫忙宣傳，不過若你覺得沒有後悔、並覺得導遊真的幫忙到你，他們十分歡迎參加者打賞一下，小費就是他們的主要收入。

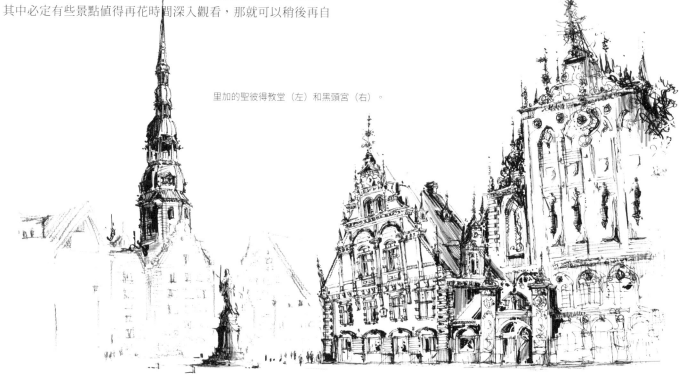

里加的聖彼得教堂（左）和黑頭宮（右）。

Private walking tour

　　有免費的，自然也有付費的古城區旅遊團，好處自然是參加人數有限制，導遊亦能更照顧每一位參加者，互動性也提高，兩小時的團收費通常為每人 15-20 歐元，蠻合理的價錢。不過，以上的兩種古城旅遊團，我們因為都是在固定時間出發而未能有機會參加，反而是參加了「PRIVATE WALKING TOUR」。只因它的時間很有彈性，我們在里加及維爾紐斯都預約了「PRIVATE WALKING TOUR」，都是為了善用時間，前往這兩個城市我們都是在早上坐大巴，大約中午去到酒店，然後放下行李後，預約好的導遊就在這時候在酒店大廳出現，不浪費時間，我們便跟著導遊快速進入古城區。

私人導遊的費用

　　塔林的物價比起里加及維爾紐斯較高一點點，後兩者較為接近，里加的私人導遊費用為每人 25 歐元，

左為我們在里加的私人導遊，右為維爾紐斯的私人導遊。

維爾紐斯的私人導遊費用每人只要 15 歐元，綜合上面的優點，加上如此便宜的費用，最重點是我們都有幸遇上資深豐富的導遊，提供預期以外的很多實用資訊，尤其是維爾紐斯的導遊，口才了得，導賞內容有條理又有趣，是我們這幾年遇上高質素的導遊之一，最後我們心滿意足地不得不多付她一些服務費。

四國的物價

　　說起物價，芬蘭及三國的消費水平，我們沒有引用甚麼官方的數據，只是說說自已的主觀印象。首先芬蘭物價真的沒有昂貴到嚇人那種程度，不過一旦坐船去到三國，你會變得特別高興的出手闊綽起來，只因物價落差了許多，三國之間還是有一點點差距，塔林比較高，據說愛沙尼亞獨立後經濟快速成長，因而物價上漲不少，而里加及維爾紐斯還是比較便宜。舉兩個例子，在芬蘭超市是找不到 1 歐元左右的飲品，動輒 3 歐元，而在三國的超市能找到大量的不同品牌的飲品，無論是汽水或啤酒，都只要 1-2 歐元。

❶-❷ 位於里加古城區及火車站附近的超市，因為旅客多，所以營業時間也較長，圖中超市的營業時間為 7-24 點正。　　❸-❹ Narvesen 是歐洲著名連鎖式便利店，在里加街頭有不少的報紙亭及便利店，便利店出售的東西跟台灣或香港便利店分別不大。

計程車的收費

計程車起跳收費為例子二，我們都坐過這四個國家的計程車，芬蘭為 5.9 左右歐元左右，塔林為 3.8 歐元左右，里加及維爾紐斯為 2.1 與 2.5 歐元左右，想一想，2.1 歐元這個價位已經與台灣及香港沒有分別了。又發現，塔林的車資計算資訊是放在車廂內，乘客坐上後才看到；反而在里加，這資訊是放在車身上，尤其是對從未搭過當地計程車的遊客而言，上車前已清楚車資就比較放心。

所以在古城區遊覽完，當身體累極之時，想起還要步行至少一小時才回到酒店，我們便直接揮手、坐上計程車輕鬆的回去！

塔林計程車的收費
本頁的圖是塔林的計程車車車廂，車資計算資訊放在玻璃上，起跳收費為 3.85 歐元，每公里為 0.69/0.80 歐元（6-23 點正 /23-6 點正），行車停留為 0.197（每分鐘）。

里加計程車的收費
這三輛都是我們在里加街頭遇見的計程車，實際上還有更多不同顏色或車型的計程車。車資計算資訊都放在車身上，起跳收費為 2.13 歐元，每公里為 0.71 歐元，行車停留為 0.14 歐元（每分鐘）。

來回三國的交通規劃

　　從赫爾辛基坐船去到彼岸的塔林，只需兩個多小時，芬蘭及三國同為歐盟國家，在四國之間移動不會有護照查驗的關卡，但是各個國家還是保留檢查證件的權利，所以護照就是一定要隨身攜帶才行。此外，我們坐大巴穿梭三國時，上車時司機會要求乘客出示護照，確認訂位的乘客名字。

　　如果有在歐洲搭過平價巴士，許多人都認識平價巴士代表的 EUROLINES，因為其路線涵蓋歐洲多國，三國也覆蓋到，作為平價巴士，素質自然較普通，配套都是基本。

◆ 質素好的豪華大巴公司 Lux Express

我們選擇搭乘豪華大巴公司 LUX EXPRESS，它的大巴主要從芬蘭、俄羅斯入波羅的海三國、波蘭及白俄羅斯。許多人都稱讚此公司的素質很好，我們經過三次搭乘旅程都贊同，日後有機會也會搭乘。

首先，大巴的免費 WIFI 速度不錯，每個座位都有不賴的視聽系統，該有的都有：電影、音樂、新聞、遊戲樣樣不缺，亦可充電；還有行車位置圖，可以知道現在開到哪裡，離目的地還有多遠，就跟飛機上的差不多！另外，車上提供免費咖啡茶水，要講環境也是數一數二乾淨的，而且還有廁所。它的座位也相當寬敞，可調整傾斜度，搭通宵跨境車也會覺得舒服。此公司有幾種級別的巴士，上面介紹的 LUX EXPRESS 已經相當令人滿意，更高級的還有 LUX EXPRESS LOUNGE，一排只有一個位子，座位更寬敞和舒適，主要行走塔林與聖彼得堡，車上竟然

還提供免費早餐或晚餐！

◆ Lux Express 的車費

有好質素當然「一分錢、一分貨」，LUX EXPRESS 相對於其他公司價錢稍貴一點，但我們覺得值得，共有三段車費，（一）塔林 → 里加，每人為 15.3 歐元，車程為四小時廿五分；（二）里加 → 維爾紐斯，每人為 13.6 歐元，車程為四小時；（三）維爾紐斯 → 塔林，每人為 22.95 歐元，車程為八小時廿分。車票都是兩、三個月前在官網可訂購。

◆ 通宵夜車

最後一段是八小時的通宵夜車，既然在車上睡覺，更加要選擇寬敞舒適的大巴。晚上十一點，我們在維爾紐斯大巴總站上車，當車駛到里加，司機就會下班，另一位司機接力，清晨七點左右抵達塔林大巴總站。塔林港口與大巴總站相距甚遠，我們下車即時坐上計程車，時間不失一分一秒，剛好坐上快將開出遊船回到赫爾辛基。

◆ 坐飛機返回赫爾辛基

從維爾紐斯返回赫爾辛基，還可以選擇飛機這個快速的方法，一天有幾班，直航只需一個多小時，或是中途在里加停站，則需時兩個多小時，機票大概是十倍以上的巴士車費，超過 100 歐元。事實上，我們曾經考慮過坐飛機，不過維爾紐斯機場在那年八月竟然關閉進行維修工程，旅客需要前往比較遠的另一個機場，我們才作罷。

1、2 Lux Express 大巴的外觀。
3 塔林大巴總站內站。
4 維爾紐斯大巴總站外觀。
5 維爾紐斯大巴的候車處，這時候我們是搭通宵夜車前往塔林，車程為八小時左右，中途在里加停站。

① ② ③ ④ ⑤

Info Box

塔林旅遊局：www.visittallinn.ee
里加旅遊局：www.liveriga.com
維爾紐斯旅遊局：www.vilnius-tourism.lt
Lux Express：luxexpress.eu
Eurolines：www.eurolines.com
免費的古城導賞團：
www.estadventures.ee　smileline.lv
www.vilniuswithlocals.com
www.vilniusfreetour.lt

每個座位均有可充電的視聽系統。

波羅的海人民組成波羅的海之路

回看波羅的海三國的近代歷史，許多都是關於他們人民爭取獨立的動人故事，其中一件發生在 1989 年的大規模和平示威活動，引起全世界關注，及後更於 2009 年被列入聯合國教科文組織的世界記憶名錄（MEMORY OF THE WORLD），承認此場活動在歷史紀錄方面的舉足輕重價值。

蘇聯不合法占領三國

先簡單說明背景，1939 年蘇聯和納粹德國祕密簽訂的「蘇德互不侵犯條約」，造成三國被蘇聯不合法占領，儘管此祕密條約在二戰結束後意外地被曝光，但是蘇聯一直否認，加上極權統治和資訊封閉的情悅下，三國人民普遍不知情。直到 1980

年代末期，隨著蘇聯、東歐、波蘭的民主浪潮興起，以及祕密資料被公布，造成三國人民極大震撼，一連串爭取自由和獨立的活動才展開。

200 萬人組成 600 公里長的人鏈

爭取獨立的眾多故事中，最重要又最觸動人心莫過是 1989 年 8 月 23 日，史稱此事為波羅的海之路（BALTIC WAY 或 BALTIC CHAIN）。那天，三國人民一起走出來，佩戴著襟章，展示爭取脫離蘇聯獨立的共同決心，從維爾紐斯到里加再到塔林、從城市到鄉村超過 600 公里長的道路上，聆聽著手提收音機的廣播，當得知組成人鏈的確實時間（傍晚七點正），便一起手拉手組成人鏈，維持超過十五分鐘（實際路線見於右圖藍

色線條）。

根據路透社報道參加人數，愛沙尼亞有 70 萬人，拉脫維亞有 50 萬人，立陶宛有 100 萬人，這可是人類歷史上第一個 200 萬人走上街頭，最大範圍傳達和平非暴力與人民團結的活動。

值得一提的是，當時三國總計人口約 800 萬，其中還包括蘇聯控制的大量移民約 273 萬，在蘇聯不斷恐嚇威脅之下，最後站出來高達 200 萬人，確實讓世界各國為之震驚。其他地方也爆發了支持三國的抗議活動，包括柏林、列寧格勒、莫斯科、斯德哥爾摩、多倫多等等。

和平示威後的 6 個月，立陶宛第一個打頭陣於 1990 年 3 月 11 日宣告獨立，愛沙尼亞和拉脫維亞相繼於 1991 年 8 月 20 日和 21 日宣告獨立，同年 9 月 6 日蘇聯也正式承認三國獨立，西方大部分國家其後也承認，2004 年三國成為北約及歐盟的會員國。

三國共 200 萬人組成的「波羅的海之路」

1 立陶宛首都：維爾紐斯
2 拉脫維亞首都：里加
3 愛沙尼亞首都：塔林

Google Map

世界文化遺產塔林老城 *Tallinn old town*
穿越時光走進中世紀童話般的塔樓之城

　　塔林老城（TALLINN OLD TOWN）具有八百年歷史，雖然多年來受到戰爭洗禮，但顯然大部分建築物都完好無缺，大概歸功於堅牢的城牆及石造建築。走在鵝卵石鋪的蜿蜒小巷，欣賞兩旁銅鐵制的路燈，遠望哥德式的尖頂高樓，處處看起來就像一座甜蜜浪漫的古城，散發著令人著迷的風姿，那段中世紀時光宛如在眼前鮮活起來。

塔林最早出現於 11 世紀

　　三面環水、風景秀麗的愛沙尼亞首都塔林，歷史上曾經作為連接中、東歐和南、北歐的交通要衝，因而擁有歐洲十字路口之稱。塔林這沿海地方最早在 1154 年，被阿拉伯人製圖師穆罕默德·伊德里西記錄在其世界地圖上，接著先後被丹麥、瑞典和蘇聯統治過，也曾被納粹德國佔領，所以深受這些文化影響，其名字也從 QLWN、KOLYVAN、

LINDANISA、到 1291 年被丹麥佔領後命名為 REVAL，直至 1918 年愛沙尼亞獨立後，才更名為 TALLINN，史學家認為此名稱源自「TAANI-LINN」，含有「丹麥人之城」的意思。

　　塔林老城區是歐洲保存完善的中古世紀城市之一，加上於 1997 年列為世界遺產，所以大部分旅客抵達後，第一時間都會湧進老城區，從海路而來的旅客比較方便，因為港口的幾個遊船碼頭很接近老城區，可以步行至大海岸城門（GREAT COAST GATE），顧名思義，它是面向海灣的古城入口，目前是塔林古城僅存的兩座主要城門。

塔林老城最迷人的地方就是多姿多彩的房屋建築，無論走到哪裡，視線裡都充滿了跳躍的明亮色彩。所以當地商店裡，經常見到以繽紛色彩房子為主題的紀念品，異常吸引。

塔林古城

二次世界大戰更是曾遭受蘇聯密集的軍事轟炸，但大部分的舊城區仍保持往昔的樣貌。塔林古城分為上城區及下城區，圖為上城區，只見高高的教堂高樓被幾座保存完好的塔樓包圍著。

大海岸城門

　　大海岸城門（GREAT COAST GATE）有一座外觀有點肥胖、不太高的圓柱體建築，稱為瑪格麗特堡壘（PAKS MARGAREETA），又俗稱為「胖胖瑪麗亞之塔」（FAT MARGARET），建於 1511 年至 1530 年，有著 155 個射擊口，直徑為 25 米，高 20 米，城牆厚度為 5 米。

龐大展示空間的愛沙尼亞海事兩座博物館

　　胖胖瑪麗亞之塔，先後成為槍火和武器的倉庫與監獄，現在一轉身變為愛沙尼亞海事博物館（Estonian Maritime Museum）的主館，旅客在裡面，除了能觀賞到愛沙尼亞的船舶歷史和航運史的各種各樣展區，還留意到此館是怎麼以現代的

建築技術與材料，把古老塔樓內部天衣無縫地改成博物館所需的展示空間。愛沙尼亞海事博物館在 2012 年開設另一展館，稱為水上飛機港口（Seaplane Harbour），它不在古城之內，是位於跟古城距離兩公里的沿海之處，佔地面積更大，從胖胖瑪麗亞之塔行走過去，大約至少半小時。

　　旅遊局大力推薦此兩處，強調兩館組合成龐大的海事展示空間，絕對可以殺掉一整天的時間，然後我們又在網絡上看過旅客評價，一般人以為遊覽塔林只能沉醉於中古世紀的氛圍，當走進水上飛機港口時，視覺效果強烈的前衛太空感設計，完全給人意料之外的驚喜感覺。資料寫著建築物前身是個建於 1916 年的飛機倉庫，啊，跟胖胖瑪麗亞之塔一樣，同樣是老建築活化成展覽館，建築特色絲毫無損，通過幽藍的燈光佈局、展出的不同船隻懸吊於空中，恍如在海中航行，重點展品是六百多噸潛艇蘭姆彼特號（Lembit）。

　　我們就是錯過了這兩處，正如上文所說，只給一天時間遊覽古城和周邊真的是不足夠，話雖如此，幸好我們在翌日參加的一天旅遊團亦非常豐富，目的地是塔林以東的拉赫馬國家公園，那是此國最大的國家公園，不但保持了原始生態的多樣性，人文歷史亦完整豐富。

站在大海岸城門外看，會明顯發現左右兩邊的城塔大小不一致，左邊是一較為圓胖的就是「胖胖瑪麗亞之塔」。坐遊輪抵達塔林港口的旅客，可直接步行至大海岸城門進入古城區。

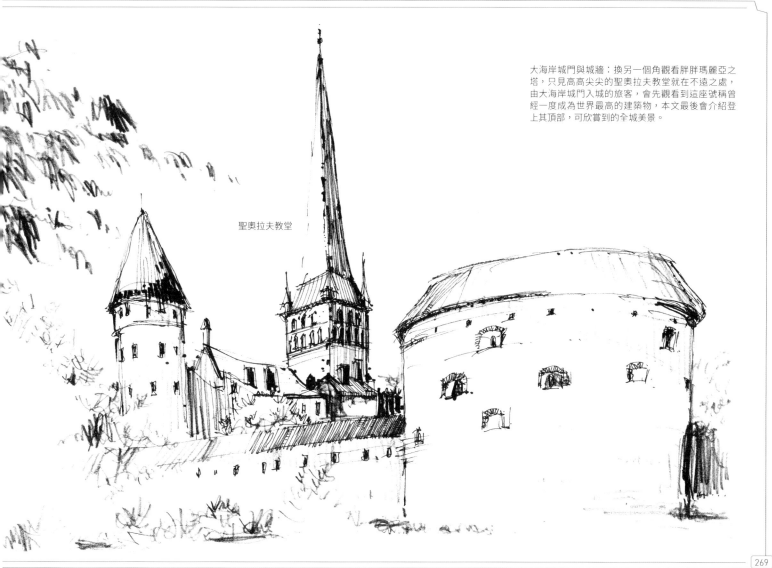

大海岸城門與城牆：換另一個角觀看胖胖瑪麗亞之塔，只見高高尖尖的聖奧拉夫教堂就在不遠之處，由大海岸城門入城的旅客，會先觀看到這座號稱曾經一度成為世界最高的建築物，本文最後會介紹登上其頂部，可欣賞到的全城美景。

聖奧拉夫教堂

維魯城門

　　古城原有六座城門，大海岸城門與維魯城門（Viru Gate）是僅存的兩座，維魯城門更是老城區最主要入口，是整個區域的重要地標之一，在市區的旅客通常從此處入城。下榻酒店在古城外圍不遠之處，我們在港口坐計程車去酒店，放下行李後馬上展開古城之旅。大約走了十多分鐘，便抵達人來人往的維魯城門。

　　維魯城門由左右兩邊兩座相對立的塔樓組成，我們在城門一角豎立的說明牌上看到，原來這對塔樓其實是十分複雜的城門體系的唯一入口，它包括一個巨大的方形塔、城牆等部分。為了便於交通，也為了城市的擴張發展，古城大多數的多個城門早在1880年被推倒，但維魯城門的這兩座塔樓仍舊保存下來。

　　這對風景如畫、常春藤覆蓋的塔樓如今是城市的象徵，也是進入老城主要的步行街，也是遊客獲得對塔林老城第一印象的地方。從此入城，彷如坐上時光機瞬間回到中世紀，慢慢品味老城數百年前的繁華和滄桑。

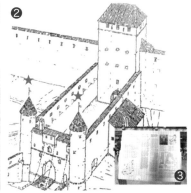

❶ 維魯城門：進入城內便見到街道的兩旁，盡是那些古式古香的樓房，其底層多已作為商店及餐廳。
❷ 此圖是原始的維魯城門模樣，左下角為左右兩邊相對立的塔樓（紅色星形），其他部分早已推倒。
❸ 城門入口處的介紹牌子。

塔林市政廳高樓

我們帶著輕快的步伐從維魯城門進入古城，
只見維魯大門內外兩側分布許多的商鋪和咖
啡館，熙熙攘攘，熱鬧非凡。

古城區的散步路線：從下城區逛到上城區

　　古城的面積並不是很大，手拿一張地圖，便可以讓自己隨意穿行在蜿蜒的小巷中，整個區域分為：下城的舊城區及上城的瑭環亞山丘（TOOMPEA），又稱為座堂山區，一座石灰岩小山，高出舊城區大約 20-30 米，長約 400米，寬約 250 米。兩區簡稱為下城區（LOWER TOWN）及上城區（UPPER TOWN），前者比較熱鬧一些。從前，下城是商人、手工業者及一般平民的居住地及市集，上城是上流社會、宗教階層和封建權貴的聚集地，延續了國家政權中心的傳統，著名的托姆比亞城堡（TOOMPEA CASTLE）就坐落在上城，如今是國會大樓所在。

　　時至今日，上城區和下城區就是旅客遊覽的指標，從下城區的外圍走進，逐一遊覽各個景點如市政廳廣場、城牆、塔樓、聖奧拉夫教堂等等，然後登上上城區，重點為聖母聖瑪麗大教堂、亞歷山大涅夫斯基東正教堂，以及丹麥國王的花園。

272

登上高處俯瞰城市全景

　　說實在古城之內有好幾個高處可看到全景，比如旅客可在胖胖瑪麗亞之塔頂部，觀看港口及老城景色，不過要說到城中四大最高點就是絕不可錯過了，分別是下城區的市政廳塔樓與聖奧拉夫教堂塔樓，以及上城區的兩個主要觀景台，登上去，一座鮮活的中世紀童話小城就在眼前鋪陳開來。

下城區的心臟地帶：市政廳廣場及市政廳

沿著維魯城門大街一直走，市政廳尖塔發揮著為人們指引方向的作用，盡頭便是下城區的心臟地帶，相對於托姆比亞城堡是上城區的核心，那麼市政廳廣場及市政廳就是下城區的「權力中心」。

人聲鼎沸的市政廳廣場，就像典型的歐洲廣場，冬天時候比較空曠，一到夏天變得熱鬧異常，人山人海，整個廣場和市政廳都會被音樂會、舞蹈和中世紀主題狂歡點燃，而且擺滿市集，遊客被吸引停下腳步盡情挑選。大街小巷都以此廣場為中心發展開去，盡是各色店鋪與風格鮮明的餐廳，餐廳待應習慣穿上傳統服裝主動出擊，向遊客熱情推銷自家餐廳。

保存完好無損的哥特式市政廳

塔林市政廳，其出名在於它是北歐唯一保存完好無損的哥德式市政廳，建於 1404 年（根據文字紀錄在更早的 1322 年，此地便有另一座市政廳），一直至 1970 年，不同時代的市政府都在此運作，扮演著管理城市的最具代表性建築的角色，並且自 1997 年以來，此建築與塔林老城一起被列入聯合國教科文組織世界遺產名錄。市政廳現在成為博物館及音樂會場地，亦會用作接待來訪的國王與總統。

古鎮塔林的守衛：Old Thomas

市政廳塔樓，是與市政廳一起建造，高 64 米，其尖頂之處立著一位持劍武士雕像作風向標，本地人喚他為老湯瑪斯（OLD THOMAS，愛沙尼亞語為：VANA TOOMAS），臨風搖曳，神態威武，是塔林傳統的守衛象徵。第一代老湯瑪斯雕像，在 1530 年被放置在尖頂之上，直到 1944 年 3 月的空襲被破壞，從此放在市政廳地窖展出。第二代老湯瑪斯雕像在 1952 年豎立了，不過塔樓在 1996 年進行維修，第二代雕像因老舊而退役、現放在塔林城市博物館（TALLINN CITY MUSEUM），第三代雕像才換上直至現在。

雖說古城保存很好，但其實塔林經歷了幾次大型空襲，比如 1944 年，三分之一的塔林、約一半房屋在 8 月 9 及 10 日持續空襲中被摧毀，當時有一枚炸彈的摧毀目標是市政廳，其旁邊不少建築物因而被波及摧毀。

左及中｜市政廳及廣場上的市集，是當地居民日常生活的主要集會場所。　右｜市政廳地窖的展館入口處。

1530 年的第一代老湯瑪斯雕像，現存放在市政廳地窖。

第三代老湯瑪斯雕像，現在於市政廳高樓之頂看守中。

旅客可登上此層觀看景色。

ANNO 1627

爬上市政廳塔樓之頂

　　步行登上市政廳塔樓之頂與參觀市政廳內博物館，可說是夏天期間限定的活動，前者只在五月十五日至九月十五日開放，後者的開放時間更短，只有七至八月。進入博物館，可欣賞到市政廳內部有一個華麗的議會廳，拱形的穹頂，錯綜複雜的木制雕刻，還有一些該城最有價值的藝術珍品，以及第一代老湯瑪斯雕像。旅客塔樓入口處買票便可以爬上 115 級階級，通道比較窄，基本上只容一人，所以大家需要互相讓一讓。

　　塔林市政議曾經擁有自己的警衛，維持城內的秩序，一旦發現敵軍入侵、城市受到威脅之時，警衛就會搖動塔樓頂部的銅鐘，警告城內每一位居民，此銅鐘完成於 1586 年。如今銅鐘內的鈴鐺早已拆下來，但具有數百歷史的銅鐘還掛在塔樓之中，旅客登至塔樓最高處便能見到。

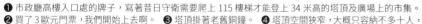

❶ 市政廳高樓入口處的牌子，寫著昔日守衛需要爬上 115 樓梯才能登上 34 米高的塔頂及廣場上的市集。
❷ 買了 3 歐元門票，我們開始上去啊。　❸ 塔頂掛著老舊銅鐘。　❹ 塔頂空間狹窄，大概只容納不多十人，大家互相讓一讓，輪流觀賞及拍攝不同方向的美景。

市政廳圓型觀景台共有七個窗子，旅客大致可欣賞 360 度的景色，其中三個方向的畫面特別精采，就是維魯城門與市區景色（左上）、市集及海港景色（左下），以及下城區與上城區組成的景色（本頁）。

上城區位於瑭環亞山丘，是一座石灰岩小山，高出舊城區大約 30 米。

1　維魯城門
2　維魯大街：沿著此街走可抵達市政廳。
3　市政廳廣場
4　聖靈……教堂
5　遊輪……
6　聖尼古拉斯教堂：建於 1230 年，在城牆建立之前，教堂當時興建了雙層防禦牆。在二次大戰時被摧毀又於 1980 年重建。現在經常用於舉辦音樂會，同時也是重要的宗教藝術博物館。
7　亞歷山大涅夫斯基東正教堂
8　聖母聖瑪麗大教堂

在中世紀酒吧大口吃牛肋骨、喝麋鹿湯

當不少人在市政廳塔樓上上下下時，其入口處旁邊亦聚集排隊的旅客，原來在市政廳一樓長廊還有一間佈置成中世紀風格的酒吧，稱為 III Draakon（Draakon 是愛沙尼亞語，即是龍的意思），其招牌充滿著童話風格的龍形圖案，它是參考市政廳屋簷排水管的龍形滴水嘴。店內用餐空間比較昏暗，但四處都佈滿蠟燭，點綴著每個角落。

這家酒吧生意超好，幸好一身中古世紀服裝的幾位店員速度也甚快，不用多久便輪到我們。店內販賣的種類不多，有招牌麋鹿湯（2 歐元）、各種口味的酥皮派（1-1.5 歐元）、野豬香腸（3 歐元）、啤酒（3 歐元）等。陶瓷湯碗載滿麋鹿湯，嚐起來像是牛肉湯，濃郁好喝！只需 1 歐元的酥皮派，真是很便宜，內餡用料很紮實，剛出爐最好吃，也適合外帶回旅館慢慢享用。

不過真正吸引旅客的目光，莫過是香口的燒牛肋骨，無論室內或外邊的桌上，只見幾乎每兩至三人都叫了一份，看起來令人垂涎不已。我把牛肋骨放進口，便馬上感受肉質結實，滿嘴立即是濃香肉味，一盤這麼大份也只要 10 歐元，完全沒有不吃的理由！

聖奧拉夫教堂

下城區的另一處可以居高臨下俯瞰城市全景，便是聖奧拉夫教堂（St. Olaf's Church），它跟市政廳一樣，同樣只限夏天開放。

座落於大海岸城門附近的聖奧拉夫教堂，其最早文字記載見於 1267 年，比市政廳更早誕生，當時塔林還只是個小漁港，主要是斯堪地維亞居民（Scandinavia，又稱為斯堪的納維亞）在塔林的聚居地，教堂用作獻給挪威國王歐拉夫二世（King Olaf II）。有一個傳說提及到，修建教堂的人名叫歐拉夫（剛巧跟挪威國王同名），不知何故從塔頂摔下死亡，當他的身體撞到地面時，口中突然爬出蛇和蟾蜍，非常詭異！

縱然此教堂在現今看起來並不特別醒目，但它其實曾經名列世界最高的建築，長達 75 年之久。回看一下教堂歷史，它經歷了幾次大規模改建，曾經一度升高至 159 米，大約在 1549 至 1625 年期間，因而一躍成為世界上至高的建築。興建這樣高的尖塔，目的是把它作為海洋路標，從芬蘭灣的遠處亦就可清楚看見這座城市。

不用多說，建築愈高風險愈多，教堂尖頂被閃電擊中至少有八次，其中一次就在 1625 年，那個世界第一的尖頂便毀於這次雷電中，除了被閃電擊中，教堂也被燒毀至少 3 次。教堂在幾次重建後，高度下降為 123.7 米。時至今日，這尖塔即使不再是世界第一，還是此城最高建築之一，就在 1944 年到 1991 年，克格勒（通稱「KGB」，是 1954 年至 1991 年期間蘇聯的情報機構）將教堂尖頂用作廣播發射塔，以及監視全城各處。

左｜聖奧拉夫教堂的尖塔。　中｜登上觀景台的門票為 3 歐元，需要爬上 258 級階梯。　右｜石造的 258 級階梯，樓梯雖然又長又陡，旁邊亦有繩子可供攙扶。

❶ 燒牛肋骨與招牌麋鹿湯。 　❷ 酒吧室內及穿著中世紀服裝的店員。 　❸ 酒吧門口，上小圖為酒吧招牌，下小圖為排水管的龍形滴水嘴。 　❹ 酥皮派。

教堂開放給旅客的觀景台位於 60 米之高，比起市政廳 34 米高的觀景台更高，樓梯級數自然也有差距，前者為 258 級，後者只有 115 級。如此說來，爬樓梯是唯一登上去的方法。這裡的樓梯和牆壁同樣是用石頭砌成的，樓梯在經年累月的踩踏後，更顯歲月痕跡，大約十多分鐘便可抵達上面長方型的觀景台。

1 大海岸城門。
2 遊輪碼頭。
3 往水上飛機港口的方向。
4 保留較好的一段較長城牆與七座塔樓。
5 聖尼古拉斯教堂。
6 亞歷山大涅夫斯基東正教堂。
7 聖母聖瑪麗大教堂。
8 塔林火車站。

教堂觀景台可欣賞到芬蘭灣的廣闊景色，數小時前我們還是乘船而來的途中。

站在教堂觀景台，一幅由老城區及現代化市區組成的完整塔林城市景色映入眼簾，比起市政廳觀景台看得更多更廣闊！

1　市區的 Rotermann 區，是一處由緊挨著老城的廢棄工廠區改造而成的，具有前衛風格建築的商業中心，我們下榻酒店就在那處。

2　維魯酒店及 KGB 博物館；在前蘇聯時期，有傳言說 KGB 掌握了全城所有人的檔案，而且他們在此酒店內工作。現在這個傳言已被證實為事實，那些對這個城市的秘史感興趣的人可以去位於維魯酒店 23 層的前蘇聯 KGB 博物館參觀。

3　維魯城門。

4　城牆及 Hellenmann 塔樓。

5　市政廳。

6　聖尼古拉斯教堂。

7　亞歷山大涅夫斯基東正教堂。

8　聖母聖瑪莉大教堂。

塔樓之城

TALLINN 的中文名稱定為「塔林」，當你在老城區繞一圈，便隨時觀察到高高低低的塔樓出現在城內角落之處，深深覺得此名翻譯得真貼切，城中原有 46 座塔樓及 2.4 公里城牆，26 座塔樓及 1.9 公里城牆至今還保存得很完好。

經過修繕的塔樓及紅色的尖頂，依然可以讀出其在這數百年來經歷的滄桑，每座塔樓都有自己的名字和故事，在歷史上各司其職各有定位。值得一提，走過維魯城門不久，留意右邊，便見到一道城牆，其中有一座三層樓高的 HELLENMANN 塔樓，旅客登可上約 200 米長的城牆棧道，漫步其中可俯視到老城景色。

❶-❷ Hellenmann 塔樓及城牆棧道，算是座落於旅客可輕易地找到的便利位置。　❸丹麥國王花園附近的城牆及塔樓。　❹-❻整個古城區的最長一段城牆及七座塔樓，保存最完好。

兩座位於上城區的截然不同建築風格的著名教堂。
左｜亞歷山大涅夫斯基大教堂。
右｜聖母瑪利亞教堂。
中｜赫爾曼塔樓（Tall Hermann），是圖姆皮城堡內
的高塔，其頂部是愛沙尼亞國旗。

古城區之旅下半場：上城區

我們寫意地走到座落在岩石高地上的上城區，往昔統治階層、王公貴族等都高高在上聚居於此。上城區與下城區其實也沒有明顯界線，主要由長腿街（PIKK JALG）與短腿街（LÜHIKE JALG）連接，如今也成為旅客登上上城區最常行走的路線。

長腿街與短腿街

長腿街是一條長長的陡坡，路面較寬，車輛亦可行駛，據說是塔林最長街道之一，人們可從大海岸城門進城，沿著長腿街直接步上上城區。又窄又陡的短腿街，只能供行人通行，就是一道階梯路。兩條路都各有一個塔門，當塔門關上後，兩區之間的交通就隔斷了。在歷史上，兩區關係並不融洽，禁止通商、通婚的，又經常發生衝突，所以入夜後閘門一定會緊閉的。

旅人最常的行走路線是長腿街與短腿街，我們便先沿著長腿街開始上行，起始點就是一座建於 14 世紀末的三層樓方型塔樓，橘紅色的屋頂，還有上面金色的風向標。長腿街大約有兩百多米，抬頭向上看，便已經能看到石灰岩山丘上的城牆與建築。

圖姆皮城堡

有著粉紅色巴洛克式建築外觀與高聳堡壘塔樓的圖姆皮城堡（TOOMPEA CASTLE），也是塔林現存歷史最悠久的建築群之一，最初的城堡歷史可追溯到 13 世紀，部分華麗建築是 18 世紀時俄羅斯卡捷琳娜大帝所建。乍見其粉紅又帶點華麗風的外觀，以為已然搖身一變成為博物館，它其實是愛沙尼亞的國會大樓，往昔的幾個世紀，統治者也是以它做為權力統治的象徵。

愛沙尼亞國會與現任總統

愛沙尼亞國會主要職能是通過法律選舉總統、任命高級官員及批准政府預算等。2016 年 10 月，國會選出了一位女性來擔任愛沙尼亞總統，是該國的首位女性總統，獲選的卡尤萊德（KERSTI KALJULAID），更以 46 歲成為就任年齡最年輕的該國總統。她在有著 101 議席的國會中，獲得了 81 票的高度支持，成為愛沙尼亞自 1991 年獨立以來的第 5 位總統，任期 5 年。總統是由單一制國會選舉產生而非由全民直選，雖然愛沙尼亞總統是虛位元首，主要扮演儀禮性角色，但卡尤萊德當選總統仍被視為該國歷史重要的第一次。

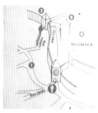

●短腿街塔樓。
●長腿街塔樓及上行路線。

左｜中間建築是長腿街塔樓。中｜長腿街長長的陡坡，我們沿此路爬行。右｜翻拍入口處的介紹圖，展示長腿街塔樓及周邊城牆。

上城區的西南角是圖姆皮城堡及赫爾曼塔樓（右方）。13 世紀的城堡，於 18 世紀擴建了一座華麗建築，現為愛沙尼亞國會大樓。

事實上，城堡共有四座不同高度的塔樓，負責防護四邊。目前只留下兩座，至於赫爾曼塔樓（Tall Hermann）為最高的一座，始建於 1360 年，後在 16 世紀重建，內有一個 215 級的階梯通至塔頂。塔頂有一面巨大的愛沙尼亞國旗，長 191 厘米，寬 300 厘米；在日出時會升起及播放國歌，日落時候下降。

1918 年 12 月 12 日是此塔頂第一次掛上國旗，具有重大的獨立意義，不過在 1940 年夏天俄羅斯又再侵佔此國，直至 1989 年 2 月 24 日，國旗又再度高掛至今。

赫爾曼塔樓與國旗

亞歷山大涅夫斯基大教堂

亞歷山大涅夫斯基大教堂（ALEXANDER NEVSKY CATHEDRAL）就在圖姆皮城堡對面，近看它讓人有一種以為自己身處俄羅斯的美麗錯覺。中世紀時，基督教從東西兩個方向傳入愛沙尼亞，來自西方的是天主教派，而東方則是東正教派。據資料記載，大約在 13 世紀時東正教教堂便開始出現此古城，首座東正教堂的原址可能就在舊城區的聖尼古拉教堂（NIGULISTE KIRIK）。

至於高高豎立在上城區的亞歷山大涅夫斯基大教堂，可以稱得上是東正教堂的典範，乃是 1894 年俄國沙皇亞歷山大三世（ALEXANDER Ⅲ）所興建，當年之所以選擇這個地點，大概是它居高臨下，可以俯視整座塔林城，又具有軍事監視用途。建造經費出自俄國，建築師也是來自聖彼得堡的 MIKHAIL PREOBRAZHENSKI，1900 年尼古拉二世時期（NICKOLAS Ⅱ）竣工，從此成為俄國在此國留下的歷史印證。

我們後來參加赫馬國家公園旅遊團

（另見後文），當去到蘇聯的舊軍事遺址時，女導遊便提到當地人其實厭惡這座教堂，因為它標誌著俄羅斯的黑暗統治。愛沙尼亞曾計劃在 1924 年拆除它，但因缺乏資金才沒有實施。直至 1991 年該國脫離蘇聯獨立後，時代變了，這座教堂卻被修復，發展觀光景點，普遍受到遊客的歡迎。

聖母瑪利亞教堂

此區的另一個標誌建築是聖母瑪利亞教堂（ST MARY'S CATHEDRAL），是此國最重要的路德教派教堂，別稱叫「圓頂教堂」，從外觀上怎麼也看不出圓頂來，這是因為從中世紀以來教堂經歷過無數次的改建，慢慢變成了今天這個模樣。

建於 1219 年的教堂，只是一座木造教堂，名字叫 TOOMKIRIK，而圖姆皮（TOOMPEA）這個名字就來自於這個教堂，意思是「大教堂山丘」。現在教堂大約完成於 15 － 17 世紀，而巴洛克式的尖塔則是 1779 年才擴建上去的。

上 ｜ 亞歷山大涅夫斯基大教堂。
下 ｜ 聖母瑪利亞教堂。

口圖觀景台

　　順著教堂後方的小路往前走，路的盡頭就是著名的口圖觀景台（KOHTUOTSA VIEWING PLATFORM）。上城區坐落在高地上，環顧全城有兩個主要觀景台，都隱藏在小路中。位於東邊、擁有超過180度視野的口圖觀景台，最受歡迎（聽說旅遊團只往此處），以近距離眺望到下城區的一片紅屋頂而聞名。左邊的橙色牆壁上寫著：THE TIMES WE HAD，瞬間讓人產生無限的想像，也成了留念的景點。再往山坡北面走多一點，相距約一百米，就會到達帕特苦觀景台（PATKULI VIEWING PLATFORM），從另一角度再次擁抱迷人古城。

最宏偉的穹頂式教堂

　　亞歷山大涅夫斯基大教堂是塔林最大最宏偉的穹頂式教堂，共有 5 座裝飾金色雙十字的洋蔥圓頂，正面裝飾黃金鑲嵌的聖母與聖子像，其西面、北面和南面有三個大門。教堂鐘塔上的鐘也是一大特色，由 11 座鐘所組成，最重的一座達 16 噸。

❶ 短腿街塔樓及城牆。 ❷ 人們可登上少女塔連接的城牆，那兒有一間景觀一流的咖啡店。 ❸ 已變成博物館的少女塔。 ❹ 丹麥國王庭院的一角。

一踏進丹麥國王庭院，大家便被無臉的僧侶從不同方向迎接著。

丹麥國王庭院

上城區的最後著名景點為丹麥國王庭院（DANISH KING'S GARDEN），簡單來說是短腿街塔門（SHORT LEG GATE TOWER）旁的庭院。當穿過短腿街塔門便進入庭院，人們通常逛完此處便從短腿街返回下城區。顧名思義，此庭院與「丹麥」有莫大關係，相傳 1219 年，當時丹麥正值攻打愛沙尼亞，在一場關鍵戰事中丹麥軍隊快要敗陣之時，一面繡著白色十字架的紅旗從天而降，丹麥軍隊大受鼓舞並反敗為勝。丹麥不僅勝利，還統治了塔林及北愛沙尼亞超過一個世紀。今天丹麥的國旗正是白色十字架的紅旗，而塔林也以紅底白十字架作為市徽。

三個無臉的僧侶

不過這庭院卻滿佈神祕氛圍，顯然來自三座沒有頭顱、穿著黑色僧侶服裝的雕像，如幽靈一樣站立於庭院的不同角落。正如前面所說，短腿街塔門是阻止平民百姓進入此區，傳說原來也具有阻止那些試圖從花園裡潛入山上的鬼魂的作用。數百年以來，這兒就是塔林最鬧鬼的地方，傳聞有一位臭名昭著的僧侶、一隻兇猛獅子，以及一艘幽靈帆船在深夜裡穿過城牆，當我閱讀到這文字紀錄，不禁想像著那隻獅子與那艘幽靈帆船，在此處出現的詭異畫面……

除了短腿街塔樓外，這裡還有一座值得注意的少女塔（MAIDEN TOWER），自然是中世紀的方型防禦塔之一，如今已成為博物館，其拱形的地窖裡有一個展覽館。旅客亦可以登上城牆，在咖啡廳一邊享用飲料、一邊俯瞰古城美景。

我特別提及此塔，原因是這座被稱為少女塔竟然一度用作關押妓女的囚牢，這實在與其名字來得相當諷刺。傳說是這樣：曾經有一位樣子醜陋的妓女與魔鬼在此塔裡達成交易，此女孩因而變得異常美麗，而魔鬼則命她去迷惑鎮上的男人，好讓她吸取那些男人的靈魂。最後，鎮上的人認為此妓女為女巫，最終被處決而死。

左｜旅人對於無臉的僧侶感到好奇，很想知道裡面到底怎麼樣？
中及右｜下行的短腿街，我們從此折返回舊城區。

科技強國的愛沙尼亞

初到塔林，發覺無論是市區或老城區都是乾淨整潔。在車水馬龍的現代化市區穿梭，一點也沒有呈現出在共產制度統治下所帶來的黑暗印象，完全無法想像到廿多年前，這國土上的人民走上街頭，為自己國家的獨立發聲，手拉手組成 600 公里長的「波羅的海之路」。

一股流動的活力

在廣闊大街上，觸目所見都是百貨公司、購物中心、環球美食主題餐廳、大型酒店及商業大樓，其繁華程度跟我們在赫爾辛基見到不分軒輊。行駛在路上的公共交通工具有一般公車，也有雙節公車、無軌電車，每架車上都滿載乘客，讓人感到這城市充滿著一股流動的活力和朝氣。

用身分證進行投票、銀行交易等等多種服務

愛沙尼亞面積是 4 萬 5 千平方公里左右，相等於 1.26 個台灣的面積，47% 的國土被森林覆蓋；人口其實只有 130 萬左右，首都有 40 多萬人，以人口來說這國家應該是小國，但其實是科技強國。愛沙尼亞加入歐盟後，經濟飛漲，尤其 IT 產業，有波羅的海矽谷之稱的網絡電話 SKYPE 誕生之地就在此。

值得他們自豪的是，原來每位愛沙尼亞公民，都有一張具有個人生物辨識資訊和數碼簽章能力的身分證（ID-CARD），這是使用了 2048 位公鑰加密系統，可廣泛應用於投票、銀行交易、公共交通支付、入學紀錄、歐盟旅遊證件、醫療服務及稅務等等。更進一步，公民還可以申請 SMART-ID，可透過手機 APP 使用網上銀行服及電子服務等等，這都是香港或台灣還沒有發展到的先進階段。

電子公民

愛沙尼亞，在 2014 年 10 月宣布向全世界所有人開放電子公民（E-RESIDENCY）身分證服務，這也是全世界首例電子公民項目，旨在將愛沙尼亞優質便捷的網絡工商政務服務帶給全世界，讓全世界互聯網創業者更加便捷。簡單地說，就是我不需要成為愛沙尼亞公民，也不需要本人在當地的情況下，可通過互聯網享受該國的工商政務服務與銀行服務，比如說我成為愛沙尼亞電子公民後，便可在網上註冊一間正規的愛沙尼亞公司（營收稅率為 0%），也可以在網上開設愛沙尼亞銀行的賬戶，這些服務都對於互聯網創業者極為有用的。

截止目前（2017 年 12 月），來自 143 個國家的接近 3 萬名人士申請了愛沙尼亞電子公民，4 千多間愛沙尼亞公司因而誕生。有興趣者可全程網上辦理，並用信用卡繳納 100 歐元的申請費即可。寫在此，忽發奇想，自己需要註冊一間愛沙尼亞插畫工作室嗎？

拉赫馬國家公園 *Lahemaa National Park*
蘇聯軍事基地遺跡與濕地之旅

跳出塔林古城範圍，位於首都以東 70 公里處的拉赫馬國家公園（LAHEMAA NATIONAL PARK），只需一個小時左右的車程，便是享受及體驗愛沙尼亞自然風景及生態系統的熱門地方。

第一個國家公園

愛沙尼亞擁有五個國家公園，拉赫馬國家公園成立於 1971 年，是該國第一個國家公園，也是前蘇聯第一個國家公園。它實際是座落於北愛沙尼亞海岸，佔地 725 平方公里，三分之二被森林覆蓋，是歐洲最重要的森林保護區之一。LAHEMAA，在愛沙尼亞語中，意指「海灣之地」。

九小時的拉赫馬國家公園一日團

出發前，我們在網絡搜集資訊，便已知道多間當地旅遊公司都有規劃的「拉赫馬國家公園日團」（LAHEMAA NATIONAL PARK DAY TOUR），只是前往景點數目略有出入。當地人會自駕前往，對於不是自駕遊的外國遊客來說，一天內來回面積廣大公園內的多個景點及步道，是幾乎不可能的事情，所以最方便還是要參加旅行團。綜合比較多間旅遊公司後，我們選擇參加 TRAVELLER TOURS 的日團，團費為 55 歐元（不含午餐），全程為九小時要遊覽六個地方，到傍晚七點左右才回到市內。

在這旅程中，多樣化的自然風景比如沙石海岸、愛沙尼亞境內最大的瀑布、原始森林及沼澤濕地，自然是觀賞重點，想不到重點之外還有幾個亮點，包括數百年歷史的漁村和莊園，以及前蘇聯潛艇基地遺跡，讓原本以為只是純大自然之旅變得額外豐富。

第一站：愛沙尼亞境內最大的瀑布

寒冬時候，瀑布的水凍結成冰體，
變成冰隧道的奇景畫面。

在莊園裡閒晃著，不經意繞到主建築後面，相像不到這裡竟有廣闊的美麗後花園及池塘，驚豔不已。

薩加迪莊園的主建築，充滿巴洛克風格和新古典主義建築風格混合交錯的裝飾元素，目前是酒店及餐廳。本頁的三幅祕密後花園圖片，就是此建築後面。

集合地點就在塔林古城的旅客中心門前，出發時間為早上十點正，我們在九點四十五分來到，只見早已聚集數十人，場面熱鬧，難道大家一起坐大型旅遊巴士出發嗎？後來才明白 TRAVELLER TOURS 在十點正亦有免費的古城導賞團或其他主題的旅行團，而參加國家公園日團也有二十多人之多。

有趣的年輕導遊

參加者都是在現場才付款，報名資訊已說明每團最多八人，就是一名導遊兼司機接載八名旅客乘坐九人小型車子，所以這天會有三團。大家圍著圈留心聆聽職員的說明及介紹兩男一女的導遊，事前在其官網已知悉這公司的導遊特色都是「YOUNG AND ENTERTAINING GUIDES」，三名導遊的年紀約三十上下，然後大家自行選擇跟隨哪一位導遊。不到兩分鐘，三團的人數順利組合而成，我倆則坐上臉帶甜美笑容的女導遊 MARJU 的車子，同行有來自不同國家的三個組合旅客。車子遠離繁囂的市中心後，飛快的在高速公路往東走。

第一站：愛沙尼亞境內最大的瀑布

第一個地方是 JÄGALA WATERFALL，實則在前往國家公園途中的一處。它可是愛沙尼亞最大的瀑布，不過高度只有 8 米，但在幾乎沒什麼高山的愛沙尼亞國土上，已能榮登「最高」的頭銜。一般時候，這瀑布只是寬 50 多米，春天與秋天是最多水量的季節，會擴寬多達 70 多米。河水流經此處後，最終會流入芬蘭灣。而瀑布底部的沉積岩層，可追溯大約 900 萬年前。

不過 MARJU 推薦此瀑布的冬天奇景，就在天氣寒冷之時，瀑布的水會凍結成冰體，變成閃閃發光的大冰牆，瀑布裡面的石壁也會結滿冰柱，因而形成讓人嘆為觀止的冰隧道奇景。聽完她這樣的描述，我感到好奇，便從瀑布旁邊小心的踏在石上走進去，一邊凝視瀑布的石壁，一邊聽著劈哩啪啦、劈哩啪啦的瀑布聲音，腦海裡自然上演了一幕冰隧道畫面。

第二站：華麗莊園

拉赫馬國家公園內有四處數百年歷史莊園（MANOR），其中三處已成為度假村、博物館及餐廳。它們分別是：帕爾木斯莊園（PALMSE MANOR）、薩加迪莊園（SAGADI MANOR）和維乎拉莊園（VIHULA MANOR）。一日團通常會選擇一至兩處安排旅客去參觀，薩咖迪莊園便是第二站。

薩加迪莊園佈滿巴洛克風格和新古典主義建築風格混合交錯的裝飾元素，最原始莊主是德國貴族，以此莊園為禮物送給太太。甫進大門便是一大片的大宅花園，一片愜意的美麗環境，大致分為博物館、餐廳、酒店這幾部分，博物館以展出昔日莊園的文物及十九世紀的家具為主。我們走至主建築後面的後花園，驚喜這兒有繁密清新的樹林和波光粼粼的池塘，只見園藝工人用心修剪草地及料理花圃，看起來應該有不少人來這兒拍攝結婚照片。

第三站：阿爾特亞古老漁村

拉赫馬的海岸線與歷史文化息息相關，數百年來漁民們從愛沙尼亞北海岸坐船出海捕魚、捕海豹，又到芬蘭與蘇聯聖彼得堡進行貿易。阿爾特亞老漁村（ALTJA FISHING VILLAGE）以及第四站的漁村都是這裡久遠的漁村。

阿爾特亞老漁村，最早於 1465 年出現在文獻中。1838 年，漁村由薩加迪莊園擁有。1858 年，大概有十二個家庭居住。這樣小小的漁村慢慢發展起來，房子隨著增加，一些貴族或富裕家庭也陸續興建避暑別墅及桑拿小木屋，1782 年已經超過一百名居民。可是，到了二次世界大戰，建築物被戰火破壞，及後蘇聯再度統治後，這裡甚至變成軍事禁區，軍隊進駐，漁民生活遭逢劇變，居民被迫遷移，漁船亦被廢置。

雖說這一帶是前蘇聯第一個國家公園，可是老漁村的大規模重建工作，直至愛沙尼亞再度獨立後的 2003 年才展開，依據舊照片和村民的記憶重建。入口處連接進村的唯一主路，目前大約三十多座房子沿著主路延伸開去，我們一直走，走到底便是面向海灣原址的最古老幾座茅草屋頂房子，那處也是飽覽整片海灣景色的好地方。

環形步道

值得一提，村口有一條約三公里長的環形步道，稱為 ALTJA NATURE TRAIL，旅客可依著村口的步道標示步行至高地，期間穿過一座吊橋，繞到另一邊抵達那最古老的海灣房子，折返村口。

傳統遊樂設施：驚悚的木鞦韆

此外，村口有一座木製大鞦韆，是當地很傳統的遊樂設施，也是重建的一部分。它最多可一次乘載六人，但必須要兩邊人數平衡，雖然名為鞦韆，但實際盪起來是可以有機動海盜船的等級。大家對此玩意感到興趣，但因為沒有任何安全措施，當 MARJU 實力的越盪越高時，速度之快與漂盪之力相當嚇人，不得緊抱木柱，雙腳安全踏在地上後有一種渾身冒出冷汗的感覺！

❶-❷ 舊照片的漁民房子及重建的房子。　❸ 旅客喜歡行走步道，亦會踏單車穿梭國家公園不同的景點。　❹ 愛沙尼亞北岸的迷人海灣景色，遙遠的另一邊便是芬蘭。　❺ 盪起來也蠻嚇人的木鞦韆。

塔林以東的拉赫馬國家公園，距離首都只有一個小時的車程，是愛沙尼亞最大國家公園，不但保持了原始生態的多樣性，人文歷史亦完整豐富，諸如阿爾特亞漁村已擁有數百年的歷史，圖中便是村中最古老的幾座木房子，昔日漁民都居住在此，前方海灘也是小漁船停泊之處。

第四站：卡斯姆民辦海事博物館

該是午飯時候，我們來到另一個老漁村。卡斯姆村（KÄSMU VILLAGE）首次被提及是在 1453 年，發展情況明顯比上一個漁村好，人口約 150 人，觸目所見村內有不少較現代化的房子、教堂，還有前海軍學校。

村裡有一間民辦海事博物館，稱為 KÄSMU MARITIME MUSEUM，午餐就是由這博物館的主人及家人親自款待的。這處其實是主人 AARNE VAIK 居住的大房子，他在 1993 年開始把一半空間開辦成私人博物館，記錄了這一帶航海歷史，保存了幾百年間的航海用具等等，坦白說以民辦而言，其收藏量真的蠻豐富，相當令人敬佩。

這份價值 13 歐元的午餐非常豐富，主菜是一條煎得非常香鮮的鮭魚，配菜有愛沙尼亞國馬鈴薯沙拉、黑麥包和傳統蛋糕。午餐早在出發前，導遊已詢問是否替我們訂餐。

❷ 民辦海事博物館，就是主人的大屋子的一半空間，圖中是其中一間展示區，總共有幾間這麼大的展示區，都放滿大大小小的展品，相當豐富。　❸ 我們在房子外面用餐，說說笑笑，偶爾微風吹過，相當愜意。　❶ 及 ❹ 博物館之大真的始料未及，外面還有海灘，飯後大家散步，除了停泊幾隻飽歷滄桑的舊漁船外，還發現一座六層高的老燈塔，是愛沙尼亞保存的兩座木製燈塔之一，遊客可爬上去看海景。

前蘇聯潛艇基地遺跡

冷戰時期，蘇聯在這裡建造了祕密的潛艇基地，
在當時任何地圖上都沒有標記。

旅客大概只能走到此建築（紅色方格），後面的路已斷，無法繼續前行。人們還是可以走進建築裡面，見到不少被遺棄的日常生活用品，如杯子及西洋棋盤，猜想那是軍人的居住地方。

潛艇停泊處

我們的導遊

第五站：前蘇聯潛艇基地遺跡

公園內不少的海岸和森林地區在蘇聯時期是被完全隔絕，被用作封閉的邊境地區，接下來來到 JUMINDA 半島的哈拉村（HARA VILLAGE）的一座特殊用途的碼頭。

觸目所及這根本是海邊一座滿目瘡痍的廢墟，這處原來是嚴格保密的蘇聯軍事基地，在當時任何地圖上都沒有標記。話說 1956 年至 1958 年期間，蘇聯在此建造祕密潛艇基地，以派出小型潛艇在波羅的海進行間諜活動。

這基地特別在於，當時整個蘇聯只有兩處具有消磁設備，什麼是消磁設備？為了防止潛艇被偵測到，便需要進行「消磁」，就是去除潛艇金屬外殼上殘留磁場，方法之一就是由基地開始到海底建設長長的消磁電纜，MARJU 說道當蘇聯軍隊勢力最大之時，消磁電纜伸入海裡超過 20 公里，使到潛艇在波羅的海來去無蹤。

如今全部潛艇基地的設施早已撤去，雜草叢生、遍地瓦礫，只留下銹跡斑斑的鐵軌和水泥建造。基地遺跡也成為特別的旅遊景點、塗鴉藝術家的發表地方、甚至音樂表演場地。

第六站：濕地健行

　　富饒的生物多樣性的 VIRU 沼澤濕地是國家公園旅程最後一站，很多本地人週末休假天氣好時，都會帶著全家大小來這裡踏青。這一趟濕地沼澤步行，可以一覽水天一色、綠影倒映的沼澤景觀。

　　導遊沒有帶著我們走，3.5 公里長的木棧道只有一個方向，她說明一下便駕車子到另一邊出口。基本上這就是輕鬆易走的小徑，沿途遇見不少父母推著嬰兒車或在路邊長椅上野餐，途中有一座三層高的觀景台，可眺望四周一望無際的森林沼澤。我們就這樣，漫步穿越由幾十個大大小小的湖泊組成的沼澤濕地及生態保護區，歷時一小時左右的健行就在另一邊森林，再見導遊之時，劃上句號。

左 | 介紹沼澤裡的多樣化動物及植物的牌子。
中 | 觀景台。　右 | 輕鬆易走的木棧道，這個湖邊可讓人游水。

Info Box

Traveller Tours：www.traveller.ee
薩加迪莊園：sagadi.ee
卡斯姆民辦海事博物館：www.kasmu.ee

挑選合適的旅遊公司及旅客責任

　　從芬蘭到三國，我們參加了多個旅遊團，全是事前在網絡搜集資訊，評估後才選出適合的公司，查看Tripadvistor的評價、比較不同公司的景點規劃等都是基本，另外還有幾點也值得參考。

1. 紮根當地的旅遊公司：有些公司沒有說明地址在哪兒，便要小心。紮根當地的旅遊社，而且都在旅遊區內，更有信心保證。

2. 電郵回覆：事前都會透過電郵了解，我們遇過間公司的幾次電郵來回，發現價錢、景點等前後不符，對方解說自己搞錯了。大概這是人手不多的公司，回覆電郵、公司老闆與導遊很可能是同一個人，不是說全部小公司都要小心，只是電郵會有多次出錯，自己便感到不安心。反之回答時清晰條理，最重要能提供合理又完整的答覆，就能加分。

3. 導遊：絕大部分公司不會在網頁介紹導遊，本文旅行團是來自 Traveller Tours，是極少數會在官網逐一介紹全名導遊，廿多名都有文字介紹，讓人感到這公司關注導遊、對他們素質抱有信心。

旅客的責任

　　旅客也有自己的責任。有些小旅遊公司為了節省成本，沒有事前網上收費。在芬蘭圖爾庫，我們在兩個月前預約了出海旅行團，現場付款，對方也說明天氣不好便不出海改行程。結果前一天真的收到晴天霹靂的通知。

　　只因坐船去的那個海島是唯一目的，我們回覆決定不去，並表明願意負上責任，繳付全費。那料到收到溫暖的祝福，對方不但不收，還祝願我們餘下旅程順利，將來有機會記得再參加！

拉脫維亞 里加

chapter 5

Latvia, Riga

LATVIA

波羅的海三國都經歷過令人扼腕嘆息的時代，時至今日都成為許多人值得細味的東西。離開愛沙尼亞首都塔林，前往下一站拉脫維亞（LATVIA）首都里加（RIGA）。搭了大約四個多小時的巴士後，我們終於抵達人口約為七十萬（2017 年）的里加，這個數字已佔了該國人口的三分一這麼多，四成六為拉脫維亞人，另接近四成為俄羅斯人。據說三分之一的里加人口在第二次世界大戰後消失，隨著首都踏上工業化之路，以俄羅斯人為主的大量人口便湧入，因而造成俄羅斯人佔據四成的這樣人口結構。

波羅的海三國中最大的城市

面積超過 300 平方里的里加，是三國之中最大的城市，早在十九世紀中期開始，已成為俄羅斯帝國版圖下的第四大城市，僅次於聖彼得堡、莫斯科及華沙，其繁榮富裕可想而知。地理環境而言，里加其所屬的里加州位於波羅的海里加灣，並由道加瓦河（DAUGAVA）浩浩蕩蕩的貫通，進一步準確地說，里加這城市並不位於海岸，而是在道加瓦河右岸；此河源頭位於俄羅斯，流經多處後來到里加，最終才滙入波羅的海。

世界文化遺產的里加

塔林古城被列入世界文化遺產，800 年歷史的里加舊城（OLD RIGA）同樣是保留著不少歐洲的中世紀建築。可是里加不是單純以古城內歷史久遠的老建築群而入選，聯合國教科文組織於 1997 年讚揚「里加的新藝術建築風格非常獨特」，這才是重點之最。里加擁有八百多座風格迥異、精美獨特的新藝術建築，當之無愧地成為歐洲的新藝術建築風格的中心，被譽為不亞於巴黎。尊為「二十世紀最偉大的小說家」的英國作家葛林（GRAHAM GREENE），在 1934 年從德國搭火車抵達里加時，在筆記簿寫下的讚美詩句：「里加，北方之巴黎」，大概就是這原因吧！

我們在清晨於塔林出發，四小時後終於抵達，里加巴士總站旁邊的幾座半圓形巨型建築物，不說就不知是許多旅客的第一個必去景點，那就是里加中央市集，同時也被入選為世界文化遺產。

舉目所見的里加古城建築物都是石板街
道、尖尖的高塔、宏偉的教堂和傳統小店，
到處都保留着中世紀時期的城市格局，絕
對稱得上是歐洲中世紀的縮影！

昔日是古城城牆，如今變成里加市運河，旅客可坐遊覽船觀賞運河及道加瓦河，景色相賞優美！

歐洲最大的市場

　　如果你跟我們一樣，是搭乘大巴來到，當到了擠擁的里加巴士總站，毫無疑問立即便被河岸上連綿的、壯觀的五座巨型飛機棚吸引了眼球，它們就是里加中央市場，不僅是該國的最大市場，同時也是歐洲最大的市場之一，與里加老城一起被列為世界遺產。新藝術建築與里加中央市場，留待下一篇詳談，我們先從漫遊里加古城開始旅程。

住在舊城區外圍

　　里加分為新城區和舊城區兩部分，我們入住的 TALLINK HOTEL RIGA，位於舊城區外圍，從巴士總站開始走，途經中央火車站，約十多分鐘便抵達，酒店對面有一間便利店。這是時尚又舒適的四星級酒店，標準雙人房間只需 60 多歐元，豪華雙人房間也只要 80 多歐元，留下印象良好的回憶。以這酒店的整體質素、設施與價錢，以及兩個整天在此城市內的消費，我們大致已看到里加的物價水平，相對塔林而言又下降了不少。

　　SMILE LINE 旅遊公司主力經營里加市及周邊的旅遊團，我們在幾間當地旅遊公司中挑選了它，出發前使用電郵跟對方預約了一位私人導遊。資深的女導遊 MADARA 在酒店大廳等待，我們放下行李便輕鬆的跟她會合，然後展開徒步遊覽舊城之旅。

接近自由紀念碑一帶的里加市運河。

左上｜我們的旅館：外觀。　右上｜標準雙人房間。　左下｜自助早餐的地方。
右下｜正門對面的便利店。

幾近全部城牆消失的老城

　　塔林古城以保存較多的城牆及塔樓聞名，里加古城留下的城牆便相對地少許多，基本上已成為沒有城牆的古城了，僅存的城門只有一個。舊城區面積大概有五十公頃，青石鋪成的小路狹窄曲折又四通八達，因為大部分城牆消失了，所以從任何一個方向都可進城，逐一拜訪著名的遺址。補充一說，城牆大約在十九世紀末隨著城市發展而被拆掉，然後有部分修建成里加市運河（RIGA CITY CANAL），把道加瓦河引入，圍繞著古城。現在，遊人可以乘坐遊船遊覽，繞一圈欣賞古城外圍與道加瓦河的美景。

僅存的城門

　　古城原本有廿多座城門，建於 1698 年的瑞典門（THE SWEDISH GATE），就在古城北處的 TORNA 街道上（俗稱塔街），是惟一保存至今的古城門，這區還保留一小段的城牆。它隱蔽於小巷深處，後來加建成一棟房子。被稱為瑞典門，主因是 1621 年里加開始被瑞典統治，一直持續到 1711 年，自然而然，此城門也成為瑞典在里加歷史留下的印記。

瑞典門的傳說

　　瑞典門有好幾個傳說留傳至今。此城曾經發生可怕的瘟疫，居民因而被隔離。一名年輕女子為了與城外的愛人見面，在深夜偷偷穿越此門，結果被守衛拘捕、然後活生生被高掛在牆上死去。那時起，此處經常鬧鬼，人們還聽到可怕的哭聲……；另一個傳說，瑞典門曾經一度成為劊子手的住處。他有一個特別習慣，每當第二天要執行死刑任務時，前一天便在城門高處掛上一個盒子和一朵紅玫瑰，預告居民知道即將有血腥殘忍事情發生。

像一頂斗笠的唯一瞭望塔

　　直至 1926 年，拉脫維亞建築師協會租用及修建瑞典門，從此成為一座擁有巴洛克式外觀的建築物。城門外依舊保留著當年瑞典軍隊駐紮的雅各軍營（JACOB'S BARRACKS），現在則成為各式各樣的商家店鋪、咖啡店與酒吧，熱鬧非常。此外，附近還遺留下的一座瞭望塔，建立於 1330 年，是十八個瞭望塔中唯一倖存的一個。稱為火藥塔（POWDER TOWER），因為曾經作為火藥庫而得名。紅磚塔的直徑 14 米，高 25 米，牆體厚約 3 米，看著火藥塔的圓形塔尖，突然覺得很像一頂斗笠。

　　現有建築在 1940 年完成修復，並成為拉脫維亞軍事博物館（THE LATVIAN WAR MUSEUM），珍藏了此國 14 世紀以來多場戰爭的圖片、模型、槍炮、軍人服裝和勳章等上萬件珍貴文物。此館有數層之大，亮點是「不收門票」。

左一｜瑞典門。　左二｜瑞典門連接一段城牆。　右一｜火藥塔。　右二｜雅各軍營。

惟一保存至今的瑞典門，穿過此門便是雅各軍營。

兩個主要進城的入口

　　雖然里加古城失去了城牆，人們可從四方八面的街道入城，不過還是有兩個主要入口：旅客通常在接近道加瓦河岸的那個入口開始，因為那處有著名的黑頭宮、拉脫維亞紅色步兵像，以及旅客中心。旅行團一般都把車停在這處的紅色步兵廣場上。

備受爭議的紅色步兵像

　　於是，我們就在紅色步兵像廣場開始探索這座號稱小巴黎之城。迎面而來的是這座以玫瑰色花崗岩製作成的拉脫維亞紅色步兵像（LATVIAN RIFLEMEN MONUMENT），其正前方面對著道加瓦河上的石橋。三個步兵背靠背高約八米，線條冷峻、威嚴硬朗，紀念的是第一次世界大戰時期，一支由拉脫維亞人民組建的步兵團參加了俄國的「十月革命」，並成為列寧麾下最驍勇善戰的勁旅之一，並且獲得蘇聯最高軍隊勳章——紅旗勳章。

　　話說在前蘇聯時期，紅色步兵團真是非常榮耀的，不過蘇聯解體後，許多本地人希望拆掉此雕像，後來有人提議將塑像後面原來的「紅色步兵紀念館」改名成「被佔領博物館」（THE MUSEUM OF THE OCCUPATION OF LATVIA），記錄從 1940 年至 1991 年納粹德國和前蘇聯時期的兩段歷史，便成為一個好的解決方法，此步兵雕像也得以保留下來。

廣場上還有另一座雕像

　　走過廣場、穿過被佔領博物館又是另一個廣場（兩個基本是連在一起），此為市政廳廣場，中間亦有一座雕像，那就是羅蘭雕像（STATUE OF ROLAND）。羅蘭騎士是歐洲歷史上一位公正的法官，從 14 世紀時，羅蘭雕像大量出現在東北歐地區，被視為正義和自由的化身，多座大大小小的羅蘭雕像之出現，讓我聯想起中國的關公像，同樣由古至今無數的出現在中國社會，具有多重不同的象徵意義。說回里加的這座尊羅蘭雕像，建於 1896 年，有點特別的是在二次大戰時這一區受到重創，唯獨這尊雕像竟然毫髮無損，從此又有了「幸運之神」的美譽。

位於古城入口處迎接大家的三個步兵雕像，高大魁梧，遠眺著道加瓦河。

前方為氣宇軒昂的羅蘭雕像，與紅兵雕像完全不同風格。後方為里加聖彼得教堂，人們可登上遠眺里加全城的風光。

上｜紅色步兵雕像。
中｜被佔領博物館。
下｜羅蘭雕像及黑頭宮。

黑頭宮

　　要數這廣場（甚至整個舊城區）最吸睛的莫過是，這座鮮豔的山形獨特建築，亮麗又搶眼，眾人焦點自然都投放在黑頭宮（HOUSE OF THE BLACKHEADS）。最原始的中世紀建築興建於 1334 年，當時稱為 THE NEW HOUSE，是受歡迎的公共場所及舉行節慶活動的主要地方；直至十七世紀，黑頭兄弟會（BROTHERHOOD OF BLACKHEADS）接手管理，才開始易名為黑頭宮 (HOUSE OF THE BLACKHEADS)。

信奉黑人武士

　　此組織為中世紀波羅的海沿岸一個單身客商行會組織，活躍於愛沙尼亞和拉脫維亞，會員主要是德國和荷蘭商人及船員（所以在塔林也有一些黑頭兄弟會的建築，不過還是以里加這座黑頭宮最為華麗耀眼）。取名黑頭，因為他們信奉的守護神聖摩里西斯（ST.MAURITIUS）本身就是一位黑人武士，是早期基督教的殉道者，其人頭後來成為黑頭兄弟會的徽章圖騰。

　　數百年來，黑頭宮經過多次改建和增加了許多裝飾，目前外觀主要是哥德式與荷蘭文藝復興的風格。此建築也歷經多次天災人禍的破壞，二戰期間被毀，1948 年更被徹底推倒。現今的建築是按照歷史圖片資料仿建於 1995-1999 年，作博物館之用，而在牆上的「ANNO 1334，RENOV ANNO 1999」，就是代表創建及修復完成的年分。

　　總統府曾經因為整修，總統更暫時搬到黑頭宮來辦公，黑頭宮也變成總統暫時的住宅。宮前升起四個旗子，代表總統正在總統府內。

白色圓圈是水神、團結神、和平神及商業神的四座雕像。
黑頭宮的拱型大門，左邊為聖母瑪利亞，右邊為守護神聖摩里西斯。

被譽為「里加最堂皇宏偉的建築」的黑頭宮，與里加聖彼得教堂組成迷人畫面。

黑頭宮被譽為「里加最堂皇宏偉的建築」（GRANDEST ADORNMENT OF RIGA），其正面擁有豐富多姿的雕刻與浮雕，堪稱三國之中最有獨特建築風格建築之一，可惜的是我們無緣欣賞到，因為來到之時它正進行修復工程。

回想一下，它於 1999 年才完成重建工程，至今也只是短短的十八年（2017 年），按常理應該還未需要接受如此大型修復工程，只是聽著導遊 MADARA 提示：「除了黑頭宮外，古城外內的多處，應該是整個首都有不少地方或著名建築物都正在接受大型修復工程，這樣修一修動輒花上不少錢，為何政府在同一時期展開多項工作？」

想一想，我們便找到答案，2018 年就是拉脫維羅宣佈獨立的一百周年啊！

MADARA 便繼續說每一位拉脫維亞人必會記得的戰爭，那就是拉脫維亞獨立戰爭（LATVIAN WAR OF INDEPENDENCE）。它是拉脫維亞與蘇俄之間爆發的獨立之戰，開始於 1918 年 12 月 5 日，結束於 1920 年 8 月 11 日。這場戰爭最終以蘇俄和拉脫維亞簽訂里加和約（LATVIAN-SOVIET RIGA PEACE TREATY），拉脫維亞最終成功爭取獨立。

左為自由紀念碑下層的四面雕像，共有 13 組雕刻，每組雕刻都有其代表的意義，象徵著拉脫維亞的歷史、人民的智慧、獨立的願望以及對未來的期望。底座正面有一行字「Tevzemei un Brivibai」，它的意思是「為了祖國和自由」。

紀念碑最上方的自由女神雕像，手握三顆金色大星星，代表著拉脫維亞的三個歷史區域。

左｜雖然黑頭宮進行修復工程，依然吸引許多旅客。
中｜修復前的黑頭宮（官方相片）。
右｜修復中的自由紀念碑。

所以，我們只好根據找到的黑頭宮資料，在此簡單的介紹一下，如果此書有幸成為你們遊覽當地的重要參考資料之一，到時修復工程應該已經完成，黑頭宮的盧山真貌必定重現。好了，黑頭宮的特色是這樣：它擁有拱型大門，入口兩側有抱著嬰兒的瑪莉亞與保護神的色彩繽紛浮雕。上方時鐘上的兩個花瓶是荷蘭的文藝復興風格，鍍金的鳥站在樹枝上，下頭有鐵雕盛開的鍍金花束，非常吸引人。

　　至於時鐘，是一個由三個圓盤組成的天文鐘，可顯示月亮之盈虧和行星的軌跡。時鐘之下，則有四個徽章，代表著四個漢薩同盟的城市，包括里加、不萊梅、盧卑克與漢堡。再往下望，四個徽章之下是四座代表水神、團結神、和平神及商業神的雕像。總而言之，黑頭宮是里加古城中最華麗的建築之一，也是里加的建築珍品，令人目眩神迷的哥德式風格建築，加上荷蘭文藝復興風格的外觀，一直是里加最吸睛的觀光景點。

自由紀念碑

　　上面提及過古城有兩個主要入口，從黑頭宮這邊的入口一直走的話，不轉彎、不去其他景點，便可走到另一邊位於里加市運河的入口，里加地標之一的自由紀念碑就在那處，亦是里加新、舊城區的重要交接處。噢，自由紀念碑（FREEDOM MONUMENT）也是在修復中。

　　它是紀念拉脫維亞獨立戰爭，以花崗岩、石灰岩和青銅建造，高42米，在1935年揭幕。紀念碑上的雕刻則是描述拉脫維亞的文化和歷史。是里加舉行公眾集會和官方典禮的主要地點。三層的自由紀念碑由衛兵守護著，每整點替換交接。紀念碑四面的雕像，都是有關爭取自由的圖騰。頂部是自由女神米蘿妲（MILDA），手握三顆金色大星星，代表該國三個歷史區，維德澤姆（VIDZEME）、拉特加列（LATGALE）和庫爾澤姆（COURLAND）。

高 42 米的自由紀念碑

紀念碑旁邊有士兵守衛，每逢整點還會看到他們的交接儀式。

擁有最多風信雞的古城

　　歐洲教堂的頂頭都是擺放什麼東西？許多人一定笑著回答：不用多說，自然是十字架啊！

　　凡事有例外，里加古城幾座最古老的教堂，比如圓頂大教堂、聖彼得教堂、聖約翰教堂和聖雅各布教堂的頂部，通通都不是十字架，而是風信雞，即是風向標，英文叫作 WEATHER VANE 或 WIND VANE。根據基督教的傳統，公雞是避邪之物，其在清晨唱出的第一首歌聲，可以把不好或邪惡的東西趕走，因而當地流傳在古城四個角落安置風信雞，位置愈高愈好，以求國泰民安。當地人在十三世紀末，開始在教堂與房屋頂部安裝大大小小的風信雞，把雞身兩側塗上金色和黑色，以辨別風向；再加上里加作為一個海港，風向標對於帆船來說十分重要，於是道加瓦河附近的所有教堂（即是上面提及的幾座）都安裝風信雞。

　　時光綿延到現在，風信雞早已不用來辨別方向，反而成為這座城市特有的標誌、古祥物。

聖彼得教堂尖塔頂端是第七代風信雞。

聖彼得教堂

　　無數的風信雞中，里加古城最著名的一隻，就在聖彼得教堂（ST. PETER'S CHURCH）頂上，因為它不單是波羅的海沿岸最古老的教堂之一，並於 1997 年被列入聯合國教科文組織世界遺產。

七代風信雞

　　聖彼得教堂目前高度為 123 米，始建於 1209 年，到了 15 世紀初才擴建，第一代風信雞也是在那時候開始放在頂部。第一代公雞（始於 1491 年）被風暴吹倒、第二代（始於 1577 年）被強風吹倒、第三代（始於 1578 年）受到暴風雨破壞而被移走、第四代（始於 1651 年）於暴風雨期間倒下在教堂院子裡、第五代（始於 1660 年）倒塌下去壓死六人、第六代（始於 1709 年）與尖塔一起倒塌，後於 1746 年經過修復後再度在尖塔上安置。

預言成真

　　話說發生多次意外後，人們在更換風信雞時，工程負責人必須登上公雞旁邊，喝一杯經酒，然後把玻璃杯從高處倒在地上，玻璃杯的碎片數量就會預告這隻風信雞將可以安置在尖塔多少年。

　　豈料到 1746 年重新放置第六代公雞時，在高空掉下的玻璃杯，竟然落在一輛路過的車子車尾的乾草裡，一點也沒有被打破。那時傳言這次公雞會很快又倒下來，大家擔心不已……

聖彼得教堂
此教堂為波羅的海最古老、最有歷史價值的中世紀建築世界遺產，推薦一定要搭電梯上到里加最高的鐘樓，可俯瞰里加全城景色。

第六代風信雞展示在教堂之內；聖彼得教堂的風信雞十分有名，曾以其圖案發行成貨幣。

聖彼得教堂內部：哥德式的拱頂與正中央的教堂主祭壇，彰顯了教堂的莊嚴。

出人意表的是第六代公雞一直安然無恙，直至教堂在 1941 年第二次世界大戰期間被大砲摧毀，塔樓、屋頂，甚至教堂內部都被徹底摧毀，後來在 1973 年連同塔樓全部重建修復完成，第七代也在那時候放上去。

我們離開黑頭宮往聖彼得教堂方向走，不久教堂正門便出現眼前。目前旅客進入教堂，除了參觀內部，重點是可在第 2 層的電梯直達 72 米高的鐘樓觀光台，俯瞰里加 360 度全貌。值得一提，第六代風信雞就在乘塔電梯前便可看到。另外，在 2005 年，政府曾發行以「聖彼得教堂的風信雞圖案」的 1 元拉脫維亞貨幣，發行量為 50 萬個，可見此教堂風信雞的地位在當地何等重要。

被摸得亮晶晶的四隻動物雕塑

在離開聖彼得教堂之前，別忘了摸一下格林童話的布萊梅樂隊雕像。是為里加和德國布萊梅（BREMEN）互為友好城市所受贈的，由上而下分別是公雞、老貓、棄犬和老驢，銅像本尊在布萊梅；許多人相信，如果觸摸這幾隻動物並且許願，願望便會實現，所以只見大家輪流摸著牠們，四隻動物的鼻子和嘴都被摸得發亮！

這尊 2 米高的銅製雕塑，是德國雕刻家格哈德‧馬爾克斯（GERHARD MARCKS），1951 年的作品：《布萊梅的城市樂手》講述在德國布萊梅的四隻動物與四個強盜鬥智鬥勇的故事。四隻動物一個踩在另一隻的身上，以疊羅漢的方法窺探強盜們在屋內聚餐的情景，場面表達弱者團結協力能夠戰勝強者。

動物鼻子和嘴每天都被無數旅客摸一摸，摸得亮晶晶，面貌變得相當趣怪！

旅客們反正無論前腳、後腿、嘴，都摸一摸，相信好運都會伴隨而來！！

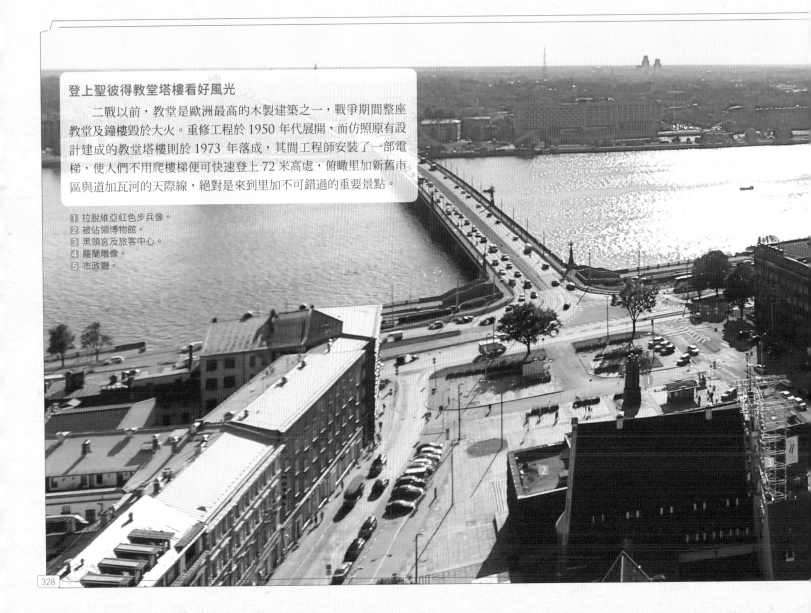

登上聖彼得教堂塔樓看好風光

　　二戰以前，教堂是歐洲最高的木製建築之一，戰爭期間整座教堂及鐘樓毀於大火。重修工程於 1950 年代展開，而仿照原有設計建成的教堂塔樓則於 1973 年落成，其間工程師安裝了一部電梯，使人們不用爬樓梯便可快速登上 72 米高處，俯瞰里加新舊市區與道加瓦河的天際線，絕對是來到里加不可錯過的重要景點。

1 拉脫維亞紅色步兵像。
2 被佔領博物館。
3 黑頭宮及旅客中心。
4 羅蘭雕像。
5 市政廳。

道加瓦河起源於俄羅斯，流經多處來到里加市，最後流進波羅的海（朝向圖的右邊）。圖中有兩道橫跨兩岸的大橋，左邊的稱為 Stone Bridge，於 1957年開放，是里加唯一車輪、路面電車及人們可通行的大橋，不少旅客散步至橋的中段，欣賞兩岸的風景。

里加古城的最美畫面

　　在觀景台繞一個圈子，每一個角度都是令人讚嘆的風景畫，目不暇給；不過若要眾裡尋找出里加古城的最美畫面，首推以圓頂聖瑪麗亞大教堂及聖雅各教堂為主的構圖（左圖），再配上密集交錯的色彩鮮艷房子，大後方則是道加瓦河、幾艘遊船與一望無際的城郊與平原，如此豐富的畫面一直散發迷人的光芒，久久不能忘懷！

1 圓頂聖瑪麗亞大教堂。
2 里加城堡。
3 三兄弟屋。
4 聖雅各教堂。
5 瑞典城門、城牆及雅各軍營。
6 火藥塔。
7 自由紀念碑。

古城的心臟地帶

　　里加大教堂（RIGA CATHEDRAL）又稱圓頂大教堂，與其前方的圓頂廣場（DOME SQUARE），可說是整個古城的心臟地帶，看著數百年來依舊鋪設在廣場上的無數鵝卵石，充分感受到古城的魅力。

　　話說回來，城內之所以有那麼多石路，據說以前規定入城的人，要交兩塊人頭那麼大的石頭當作「入城稅」，於是城內才有那麼多石材來築路啊！

左上廣場石路上的里加古城被收錄為世界文化遺產標誌。
1 里加大教堂。
2 此大街稱為 Pils Iela，盡頭便是里加城堡。
3 里加證券交易所。
4 聖雅各教堂。
5 走進便是 Mazā Pils Iela，可見到三兄弟屋。

三兄弟屋

「三兄弟屋」（TRIS BRALI）是老城區最著名、最古老的民居建築群，位於 MAZA PILS IELA 這小街道上，17、19 及 21 號三間相連的古舊石屋，印證著古城建築由中世紀式演變至巴洛克式的歷史。

三棟石屋原是民宅，17 號白色房子是最古老的，追溯到 15 世紀末，屋頂呈「山」字造形（GABLED ROOF），哥德式與早期文藝復興為其建築特色。最早期的屋子內有一間大房間和一個當作倉庫的閣樓，目前收歸國家，改作「拉脫維亞建築博物館」，由國家管理和保護。19 號黃色房子建於 1646 年，於 1746 年增加了一個石頭門戶，建築風是受到荷蘭的風格主義（MANNERISM）影響。21 號綠色房子是最年輕，完成於 17 世紀末，可以看到它的大門帶有巴洛克風的門楣雕飾。

仔細看有些窗戶都很小，尤其是 17 號，因為當時有課徵窗戶稅，窗戶愈大稅就愈重，故人們都把建築物開小窗戶以避徵重稅。

里加城堡

轟立於道加瓦河畔的里加城堡（RIGA CASTLE），算是位於古城邊緣。始建於 1330 年的它，最初是三層建築，包圍著一個長方形庭院，後來擴建成四角均有四個塔樓，屬於古典主義晚期建築。

幾百年間，它見證著國家的歷史發展，由當初反抗騎士團、到後來歸入立陶宛大公國、再到被瑞典及蘇聯佔領，這些深刻的歷史都銘記於此城堡之中。目前是總統官邸，城堡南部設有幾個博物館，包括拉脫維亞國家歷史博物館（LATVIAN MUSEUM OF NATIONAL HISTORY）。

巷弄之間，藏著一個又一個津津樂道、由數百年來流傳至今的有趣故事，也同時藏著一幢又一幢 19 世紀末新藝術風格的建築，讓人驚艷不已。里加被列為世界文化遺產的重點，就是保留許多新藝術風格的建築，但是這類建築最精彩的，並不在古城之內，是時候離開此區、邁向華麗的異想世界！

❶里加城堡的一角。若想看完整的城堡面貌，最理想是走至河岸處眺望。　❷三兄弟屋，右邊是老大，為最古老的一幢。　❸圓頂廣場上的這棟橘色的里加交易所大樓，現已成為博物館（The Art Museum Riga Bourse），建於 1852-55 年，屬於威尼斯文藝復興時期的建築。　❹廣場附近的街道，有不少迷人的新藝術建築。

此棟是古城內新藝術風格的建築物，數量最多反而是在古城之外。

Info Box

里加旅遊局：www.liveriga.com
拉脫維亞軍事博物館：www.Karamuzejs.lv
黑頭宮：www.lngalvjunams.lv
里加聖彼得教堂：peterbaznica.riga.lv

世界文化遺產里加舊城 Old Riga Part 2
找尋夢幻與奇特的新藝術建築之旅

里加，這座城市的建築之華麗，讓每一位初次造訪的外國人都讚嘆不已，除了舊城區的哥德式、文藝復興等的中世紀建築群，另一重點就是「新藝術建築」，就在舊城區以外的幾條街道上，被聯合國教科文組織（UNESCO）評為歐洲最精美、也是保存最完整的「新藝術建築風格的城市」，與其媲美的城市只有維也納、布拉格和巴塞隆納！

新藝術風格的起源

話說，19世紀末開始，歐洲興起一股新的裝飾藝術，統稱新藝術（ART NOUVEAU），並在1890至1910年間達到頂峰，影響力波及歐洲多國，甚至到了美國。它的名稱源於薩穆爾·賓（SAMUEL BING）在巴黎開設的一間名為「新藝術之家」（LA MAISON ART NOUVEAU）的商店，陳列的都是具有這種風格的產品。

新藝術風格的最重要特色，是採用高度程序化的自然元素，創造出充滿活力、波浪形和流動的線條。那時候，歐洲新興中產階級興起，商業及公共建築因而大增，在這些保留著新古典建築的外觀上，搭配了各式各樣青銅與金屬材料，有著金色曲線、抽象化的花草鳥獸、藤蔓繩索等。

新藝術建築在歐洲多國落地生根

雖然新藝術風潮的時間不長，但其影響力與鮮明的風格，至今仍是許多歐洲城市引以為傲的文化遺產。新藝術建築在歐洲多國落地生根、發展出各自獨特的美學造型，比如作為此風格誕生地的巴黎，大量裝飾於車站、地鐵、道路、橋樑等公共建築物上，巴黎鐵塔便是經典例子之一。

里加的 800 棟新藝術公寓

里加，也跟隨歐洲大城市發展的腳步，再加上1901年是為其建城七百週年紀念，造就大量興建新藝術建築之風潮。里加的新藝術建築有別於巴黎，以展現於公寓居多，處處呈現極盡所能想像的動態線條、人面獸身的埃及斯芬克斯雕像，甚至是花卉鳥獸都能作為建築外觀的裝飾。

里加所發展出的新藝術建築，超過八百棟，佔去三分之一的市中心建築，非常豐富，也細分為裝飾性藝術與浪漫民族主義。

上｜我們沿著阿爾伯特街一棟棟參觀，期間也有好幾個旅行團來欣賞。
下｜掛在牆上的俄國建築大師伊爾·愛森斯坦紀念碑。

左邊的人體雕塑

右邊的人體雕塑

阿爾伯特街 2 號
哈伊爾·愛森斯坦作品　建於 1906 年

樓房窗頂、門側及牆面都佈滿不同浮雕，樣子千奇百怪。
建築立面的兩個人體雕塑，一個右手高舉火把、一個左手
上揚，和諧對稱栩栩和生。入口旁的一座獅身人面像，一
臉欲哭的悲傷樣子，令人產生無限想像。

藍色的瓷磚外牆更加
突顯整體的設計！

最吸睛的是正中央最高點的左右人
面雕像，是里加最著名的兩張臉，
也是代表里加新藝術建築的象徵！

10a 號雖沒有 10b 的顯目，但最特
別的就是其特殊圓弧造型的窗框。

伊莉莎白街 10b 號（左）及 10a 號（右）

伊莉莎白街 10a 號及 10b 號

哈伊爾·愛森斯坦作品 建於 1903 年

建築頂部中央是里加最著名的兩張臉，也是最經典最具
代表性的里加新藝術建築。面具、孔雀、頭像等浮雕，
和幾何圓形組成建築的立面。藍色馬賽克磚配上各式
各樣精緻的雕飾，用對稱的方式展現其獨特的華麗感。

我們從老城出來，走過運河上的橋，前方就是拉脫維亞自由廣場，中央聳立著白由紀念碑，這裡算是新舊城的交界。穿過自由廣場，前方不遠便見到里加東正教教堂（RIGA ORTHODOX CATHEDRAL）。這是在波羅地海地區最大的東正教教堂，教堂外觀非常雄偉，金色的洋蔥頭格外耀眼。它是俄國沙皇亞力山大二世於 1860 年所建，在前蘇聯時期教堂一度改為了電影院和餐廳。

三大新藝術建築街道

里加的新藝術建築散聚於多處，以伊莉莎白街（ELIZABETH IELA）、阿爾伯特街（ALBERTA IELA）和斯特拉涅庫街（STRĒLNIEKU IELA）這三條街匯聚了最精華與輝煌的建築群；它們屬於同一區，可一併走訪。裝飾性新藝術建築，大多集中在伊莉莎白街和阿爾伯特街，也是最不能錯過。

我們步進新城區，期間遇見里加東正教教堂（右）。

伊莉莎白街 33 號

哈伊爾・艾森斯坦作品　建於 1901 年

33 號是大師在這街上最早期作品，混合了歷史主義和新藝術風格。目前是俄羅斯大使館，牆上的人體雕塑，展現陽剛與陰柔、力與美的對比。二樓陽台由大力士扛著，三樓陽台則用美女雕像裝飾著。

彷如進入夢幻、奇特、詭譎的世界

　　阿爾伯特街建於 1901 年，是以建立里加城的阿爾伯特主教而命名。此街只是一條長度大約只有兩三百米的小街，表面上只是一般公寓，但它的兩旁全部是新藝術建築，都在 1901 年到 1908 年之間完成的，每座房屋充滿裝飾性的石像，像是鬼、仙女、半人半獸、獅子、斯芬克斯、各種植物、面具，立面又設有凸出的陽台、柱子和其他元素，都獨自地成為 20 世紀獨一無二的建築成就，現在其中八座建築被評為具有國家意義的建築遺跡。

　　此街的新藝術建築，大部分都是俄國建築大師哈伊爾·愛森斯坦（MIKHAIL EISENSTEIN）於 1901-6 年間設計的作品，其獨特的風格創作出哭泣的女人和外來的生物。至於伊莉莎白大街的 10A 和 10B 號堪稱是其代表作，藍色外牆和建築一角被拉長的人體都讓人印象深刻。很難想像這樣華麗奇怪的建築只是路邊的一面外牆，牆面上的立體浮雕非常富有戲劇性，不同的面孔和動物刻在立面上，十分值得細味！

1　最上方裝飾了三個美杜莎的頭。

阿爾伯特街 4 號

哈伊爾·愛森斯坦作品　建於 1904 年

被譽為完成度最高的新藝術風格建築，屬於典雅的折衷裝飾風格建築，屋頂有三個美杜莎頭是最大亮點，兩邊有著像徵守護神的兩頭獅子，展現對稱的設計。中間上下兩排窗戶擁有漂亮曲線。

1

世界文化遺產里加舊城 Old Riga Part 3
走進歐洲最大的市場來品嚐拉脫維亞的味道

里加中央市場（RIGA CENTRAL MARKET），其實是我們，也是許多旅客的第一個里加景點，因為它位於里加巴士總站旁邊。

想起不久之前到訪過的幾個赫爾辛基傳統市集，我們如今置身在這個號稱歐洲最大的市場，眼前數之不盡的攤位、魚貫進出的市民與遊客，真的尤如逛世界博覽會一樣。這五座半圓形頂蓬的建築（查不到實際的建造年分）在昔日真的是停放飛機，就是給齊柏林飛船（ZEPPELIN）的休息地方，此飛船在第一次世界大戰前後非常活躍，被視為現代商業航空界的開山祖師。

20 世紀拉脫維亞最著名的建築之一

大概到了 1922 年，里加市政府有鑑於原來在附近道加瓦河岸的市集規模不夠，於是把這五座佔地達 72,300 平方公里的飛機棚在 1924 至 1930 年改建，並融入了新古典主義和裝飾藝術風格，搖身一變成為全歐洲最大的傳統市場之一，之後在 1997 年，與里加老城一同被列為世界遺產。

其中四座飛機棚是佔地面積一樣，由通道連接起來，逛起來相當方便，第五座是最大的，再加上露天市集，總數超過 3000 多個攤位。要逛完五頂帳蓬下的各式店鋪？請至少預留兩小時吧！

五座不同食材的專區

來到廣闊的市場，除了四處充滿濃郁的生活氣息之外，也感受到其宏偉的氣氛，有一種很想買很多很多食材回去的感覺；從第一座到第五座，分為肉類專區、蔬果專區、魚產專區、乳品專區及美食專區。

第四與第五座間是露天攤販區，滿是蘋果橙梨、草莓櫻桃、瓜果葡萄等等各類生果，尤如一個面積龐大的超級市場，生活所需都可以在這裡一網打盡！全部在週一至週日營業，在早上七、八點開始，最晚在黃昏六點整收攤。

在古城區聖彼得教堂的觀景台，便可眺望到里加中央市場的五個巨大停機棚，起伏連綿躺臥於道加瓦河畔。

里加中央市場是歐洲最大的市場之一，也是 20 世紀拉脫維亞最著名的建築之一，總數三千多家的店家，從禽畜魚類、瓜菜配料、麵包飲品……再到生活雜貨等等，全都都與拉脫維亞入生活息息相關，接近一百年來，默默見證著這個波羅的海國度的歷史，難怪也被列入世界文化遺產名單。

第四與第五座間是露天攤販區，也靠近公車總站，大多賣蔬菜、水果及鮮花。看著蘋果橙橘、梨子紅柿、草莓櫻桃、瓜果葡萄等等各類當季水果，每一種看起來都很美味，真想把每種水果各嚐一口啊！

里加中央市場素有「里加腹地」的暱稱，當你逛過市場內數千攤新鮮食品與拉脫維亞特產店後，就知道它的確名副其實。第二個倉庫是蔬果專區，琳瑯滿目，跟其他歐洲市場一樣，就是整潔又清爽，沒有到處亂滴的魚肉殘渣湯汁碎屑，也不會有難聞的氣味，逛起來舒適。

五個停機棚組成就是一個巨型的超級市場，攤位販售著的每一食品都有許多種類、應有盡有。仔細觀看本圖中的牛油、起司、乳酪、酸奶等奶類製品上的價錢牌，比如幾款 1000 毫升盒裝的牛奶也只是 0.8-0.9 歐元，便知道真是價廉物美，難怪每天都有浩浩蕩蕩的顧客爭先恐後的來購買。

拉脫維亞的味道

我們在市場大致走了一圈，每個攤位都門庭若市。MADARA 邊走邊說，傳統菜餚是深受德國、波蘭和俄羅斯的影響，亦與寒冷的冬天有關，最為推薦的包括燻魚（SMOKED FISH）、燻肉（SMOKED MEAT）、黑麥麵包（RYE BREAD）、醃鹹菜（LIGHTLY SALTED PICKLE）、新鮮製作的奶酪（FRESHLY MADE CHEESE）及大麻牛油（HEMP BUTTER），都是拉脫維亞人的味道。

煙燻魚

甫進海產專區，便感受煙燻食物的獨特味道，要說到中央市集的王牌食物，自然就是燻魚和燻肉。煙燻食物的香氣真的無可取代，介於苦澀與焦香之間的淡淡味道，讓味道多了一個層次！

拉脫維亞就在波羅的海一帶，許多河流與湖泊又遍布全國，因而擁有大量的新鮮魚產，每天由道加瓦河運抵此處。人們亦會把魚產做成可長期保存的煙燻魚，在漫長的冬天裡食用。MADARA 說著幾個世紀以來至今，沿海的漁村習慣採用熱熏法與冷熏法，眾多魚類中，以燻鰻魚最為美味，亦只會使用樺木（BIRCH）和楓木（MAPLE）等產生煙燻，樺木或楓木的火慢燻而成的香氣，就是拉脫維亞的煙燻食品啊！

MADARA 打開地圖，續說道最新鮮的煙燻魚，多盛產於沿海的 SAULKRASTI 及 ZVEJNIEKCIEMS 兩個城鎮，距離首都 40 公里，要吃最美味的拉脫維亞煙燻魚，就在那兩處。同樣地，煙燻肉也是當地人的主食，情況跟燻魚一樣，可以保存很久，而且煙燻後，味道更香！

在波羅的海捕獲的大大小小海產，多數被做成煙燻魚，價錢以每公斤來計算，數塊到十多歐元不等。

邁進海產品巨棚，活像是一個海產的博物館，從生猛鮮活的深海魚、艷若胭脂的魚仔到煙燻的鮭魚、鯖魚……看得人飢腸轆轆！

◆ 黑麥麵包

黑麥麵包（RYE BREAD）是當地傳統食物，無論是孩子出生、迎接客人、還是舉行婚禮或者葬禮，他們都有分發這麵包的習俗。它的特點是比較乾及結實，跟煙燻食物一樣可以保存很久，方便過冬。MADARA 說，不同的村落、不同的家庭都有自己烘製黑麥麵包的做法，因而每家每戶的黑麥麵包都會有不同外觀、口味和香氣，而且有的會做得很大，甚至可以重達 8 公斤！

◆ 醃鹹菜

當地人愛鹽漬、醃製和醃製各種蔬菜、瓜類、水果，甚至磨菇，看著醃製後的番茄與蘋果，心裡想著到底是哪一種味道？我想，任何人看著如此色彩繽紛的醃製食物，都會高高興興品嚐起來！

◆ 克瓦斯

飲品方面，我們便嚐了克瓦斯（KVASS），是俄羅斯、烏克蘭、東歐的一種黑麥麵包發酵飲料，酒精濃度很低（最多 1.2% 甚至無酒精，所以兒童也可以飲用），帶有微微的氣泡，我覺得喝起來像是不甜的黑麥汁，也有人說像是不酸的酸梅汁，幾乎每間餐廳都會有。

◆ 拉脫維亞最大的巧克力廠商

另外，LAIMA 就是拉脫維亞最大的巧克力廠商，也是一家百年老店，里加不僅到處都有它的專賣店，超市裡自然有其專櫃。MADARA 大力推薦其 90% 濃度的巧克力，雖然有點苦但純度高，嚐起來有一種真實的可可味道！

◆ 私人導覽團

最後總結一下我們參加的兩個私人導賞團，SMILE LINE 旅遊公司的 MADARA 是「里加中央市場美食團」（1.5 小時）及「古城導賞團」（2 小時）的私人導遊，前者的收費為 25 歐元，後者為 20 歐元，兩人總花費為 90 歐元。

MADARA 先帶我們去里加中央市場，在市集裡繞一圈子後便坐下填肚子，食物有燻魚、黑麥麵包、醃鹹菜、起司、克瓦斯等（右頁的食物圖片全都是美食團安排的食物），每一種都有一些，讓我們淺嚐到最經典的拉脫維亞味道！

售賣醃製蔬菜的攤位，想不到多款磨菇也會是其中一分子，數量又多，應該是蠻受本地人喜歡的！

里加中央市場：www.rct.lv
Smile Line：smileline.lv

右邊是資深導遊 Madara，帶著我們走遍古城與中央市集。品嚐美食前，我們還是要先整理好訪問的筆記。

我們品嚐的本地美食 1 黑麥麵包 2 燻魚配黑麥麵包 3 燻雞腿（喜歡！） 4 燻鯖魚配黑麥麵包 5 數款醃鹹菜 6 Laima 巧克力 7 克瓦斯 8 三款甜點（甜度很高！） 9 兩、三種濃淡不一的起司

立陶宛 維爾紐斯

chapter 6

Lithuania, Vilnius

LITHUANIA

世界文化遺產維爾紐斯舊城 *Old Vilnius Part 1*
滙聚豐富又壯麗建築風格的悠久古城

從北到南的波羅的海三國之旅，告別塔林與里加，來到最後一站，就是最南邊的立陶宛首都維爾紐斯（VILNIUS）。同樣地，維爾紐斯古城區與前面的兩個古城，也被列為世界文化遺產。

錯落有致的壯觀建築群

綜合比較波羅的海三國古城的面積，維爾紐斯古城是最大，也是北歐最大規模的現存中世紀古城之一，聯合國教科文組織也評選它為「歐洲最大的古城之一」。此舊城佔地面積為 3.59 平方公里，共有 70 多條街道和將近 1500 座建築，因為經歷了多個世紀的動盪歷史，造就許多建築風格交相輝映、壯麗輝煌的藝術效果，古羅馬式的維爾紐斯大教堂、哥德式如的聖安娜教堂、其他還有文藝復興式、巴洛克式等等建築。

進城的兩大起點

舊城區的大部分城牆或軍事設施，大約在十八世紀末被俄國拆毀，所以現在從不同方向都可進城，不過第一次到訪旅客都會從南邊或北邊兩大起點展開散步之旅，因為那兩處都有彎有紀念價值的建築物，兩者亦由幾條主要街道連貫在一起。北邊起點，是公認最精華地段，那裡就是十四世紀維爾紐斯城堡僅存的遺蹟，維爾紐斯大教堂及白色鐘樓就在那處。

至於維爾紐斯火車站及巴士總站，則位於南方入城口附近，不少旅客下車後便從南邊入城，一直走、一直參觀，走到最北邊，便是最精華部分，這樣好戲留在後頭的走法我最建議！

所以，本文介紹是由南出發的路線：下一篇是對岸共和國，這是一個很有趣的不存在地圖的「國家」；第三篇便是北邊的最精華地段。

整個維爾紐斯古城的最核心範圍，就是昔日的維爾紐斯城堡建築群，現存的維爾紐斯大教堂（左圖）及白色鐘樓（圖右），那就是古城之行的最後高潮。

真是意料驚喜，維爾紐斯的街頭藝術如
此豐盛，又得到市政府大力支持。這幅
深藍色詭異大塗鴉就在酒店與巴士總站
之間，我們幾乎天天跟這三位戴著怪鳥
面具的人對望幾回。

古城南邊入口附近的塗鴉作品（一）
畫家：Sepe and Chazme（波蘭雙人組合），
擅長創造奇異抽象的神祕世界。
作品位置：巴士總站附近的 V. Sopeno g. 街

我們住宿的安排

抵達維爾紐斯的那天，雖然一直下著雨，也沒有影響漫遊古城的愉快心情。早上，我們從里加出發，四小時的 LUX EXPRESS ，兩人車費只是 16 歐元左右。維爾紐斯旅遊巴士總站就在古城南邊起點附近，這裡還有維爾紐斯火車站以及類似中央市場的 HALES MARKET，其外觀很像火車站，佔地面積自然不能與里加中央市集比擬。

我們入住的 COMFORT HOTEL LT，距離巴士站不多於十分鐘路程，拉著行李一直走、走過幾條街口便找到，酒店就在十字路口。COMFORT HOTEL LT，是落成只有幾年的酒店，屬於中等價位的 COMFORT 連鎖酒店集團。我們選擇它，原因不外乎房價及位置，每晚的雙人標準房間（包早餐）只是 50 多歐元，空間足夠又舒適。

尋找付款的洗澡地方

實際上我們只需要住宿兩個晚上，到了第三天晚上十一點多是搭乘通宵巴士折返塔林。搭夜車便要解決洗澡的問題，夏天的波羅的海三國，一般溫度也達到三十度，如果在日本就輕易解決，日歸大浴場隨處都有。歐洲不少大型火車站或機場都有付款的洗澡地方，收費大約十元八塊歐元。可是我們在網上找不到，於是直接電郵維爾紐斯旅遊局查問：他們回覆是沒有的，建議前往青年旅舍付款使用其浴室。

想出妙計解決全部問題

不過，我們想出一條妙計，便是直接租住三個晚上的房間，就在最後一天結束行程，黃昏時回到房間洗澡後，看看書、好好休息，待到晚上接近十一點才好整以暇辦理退房手續，慢慢走到車站。多付 50 多歐元，一次解決全部問題，非常值得！

私人導遊與免費舊城導賞團

此外，我們在 VILNIUS FREE TOURS 預約了私人導遊，兩人合用的古城導覽費用只要 30 歐元，真是想像不到的便宜啊！女導遊 VYTAUTE 跟我們約在酒店大堂見面，有些導遊的沉悶介紹會叫人無法集中，意外驚喜的是 VYTAUTE 真是口才了得，準備十足，讓我們打從心裡在最後盛讚她，兼付小費！

VILNIUS FREE TOURS 亦有提供免費的舊城導覽團，每天早上十點半都有，兩個半小時，集合點位於古城北邊起點的大教堂廣場。記得他們以小費為主要收入啊！

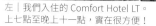

左｜我們入住的 Comfort Hotel LT。　中｜酒店內的早餐區。　右｜酒店對面的超市，營業時間為早上七點至晚上十一點，實在很方便！

為城市的老舊建築物注入新生命

踏進古城前，我們竟遇見幾幅足以令人停下腳步、暗暗稱奇仔細欣賞的巨型街頭藝術作品。第一幅就在 V. Sopeno G. 街，途中有一座四層高的建築物，面向大街的牆壁被畫上一幅深藍色詭異大塗鴉，牆上有三個戴著怪鳥面具的人彷彿凝望著每一位途人。

隨著時代演進，街頭藝術愈來愈受主流社會重視，由以往被認為難登大雅之堂，到近年擁有專家研究、收藏及拍賣，可謂吐氣揚眉。據 Vytaute 的介紹，市政府亦積極發展街頭藝術，目前古城內外共有二十多幅大型塗鴉，都是過去三屆維爾紐斯街藝術節（Vilnius street art festival）的重點作品，而古城南邊起點外圍便有五幅，都是 2015 年的第三屆作品，也是比較大幅的作品，受邀請的藝術家除了本地，還有來自波蘭、義大利及巴西等地。

大型塗鴉用上顏色與光線、融合了藝術和建築元素，又為老舊建築如前蘇聯廢棄車庫、議會用車停放的車庫等等，重新賦予生命，有些讓人會心微笑的畫作，也有不少帶有強烈諷刺意味的塗鴉，為城市景觀增添不一樣風景。實際上，整個城市不只這廿多幅塗鴉，Vytaute 猜說大大小小應該超過一百幅，因為數量不斷在增加，其中在涅里斯河沿岸的 Olimpieciu 街，俗稱為塗鴉碼頭（Graffiti Pier），藝術家可以隨時隨地發揮創意，因而造就持續不斷的豐富街頭藝術！

同樣在古城南邊入口附近，Pylimo g. 街雲集了三幅巨型塗鴉，霎時間讓我雙眼無法對焦，先欣賞哪一幅好呢？（此兩頁的三幅作品）Vytaute 笑說，要說到話題十足的作品，首推本地畫家 Mindaugas Bonanu 的作品，其完成後即時惹來全球媒體的注視，作品描繪著俄羅斯總統普丁（Vladimir Vladimirovic Puti）（左）與美國共和黨總統參選人川普（Donald Trump，那時候他還未當選成為總統）接吻後的一刻，神情曖昧，兩雙嘴唇還溢出唾液來，途人無不禁駐足觀看。

他們的創意之高往往令人驚嘆不已，原本一個普通不起眼的地方經過他們的改造，頓時變成了一個令人難以移開眼球的藝術作品。

古城南邊入口附近的塗鴉作品（二）
畫家：MILLO（義大利），擅長使用卡通畫風，創造出兒童的幻想趣味世界。
作品位置：巴士總站附近的 Pylimo g. 街

古城南邊入口附近的塗鴉作品（三）
畫家：Sepe and Chazme（巴西兄弟組合），其
創作受當地民俗藝術、嘻哈文化影響，故事性濃。
作品位置：巴士總站附近的 Pylimo g. 街

古城南邊入口附近的塗鴉作品（四）
畫家：Mindaugas Bonanu（立陶宛），主打社會時事的
諷刺畫風

make everything
great again

Pylimo 66

夾間餐廳真幸福，被兩幅
巨型傑作左右擁抱著！

兩雙嘴唇溢出

普丁（左）與川普（右）這深情一吻，是戲仿 1979 年前
蘇聯總書記布里茲涅夫及前東德領袖昂納克上演的一幕
社會主義式「兄弟之吻」（fraternall kiss），那是以往
社會主義領袖彼此問候的方式。

黎明之門

　　南邊作為起點，第一站迎接我們的是黎明之門（GATES OF DOWN），站在城外，看起來是一座完全不起眼、平平無奇的城門，兩旁還有一些小販；16 世紀時像這樣的城門，大約有十座，目前僅存的就只有這一座。豈料，走過去後回頭一望，城門二樓卻擠滿人，透過窗戶看進去便發現裡面金碧輝煌，原來樓上是一個聖母瑪莉亞教堂！

　　黎明門小禮拜堂（CHAPEL OF THE GATE OF DAWN）其入口在隔壁巷子，須排隊繞過長長的走道再上二樓。長久以來，小禮拜堂恭奉的黑面聖母，在當地人心目中非常靈驗，每年十一月的第二週都會慶祝聖母瑪莉亞節。我想大概就像香港的黃大仙、台灣的黑面媽祖一樣，比較矚目的是 1993 年教皇約翰保羅二世曾來此講述《玫瑰經》。

立陶宛的耶路撒冷

　　人口約 54 萬多的維爾紐斯，曾經有一個廣為人知的綽號「立陶宛的耶路撒冷」，擁有數目龐大的猶太人口，而且是全世界學習摩西五經的中心。換上另一個稱呼，也可叫作「教堂俱樂部」，愛沙尼亞塔林古城擁有許多塔樓，而整個維爾紐斯擁有超過 50 座各式各派的教堂，在舊城區便有 28 座，21 座是羅馬天主教，4 座是俄羅斯東正教，另外路德會等各有 1 座教堂，大概平均每一座教堂便有七百居民。只因立陶宛宗教信仰很多元化，最多人虔誠信拜有天主教、基督教和東方正教。所以此地的教堂數量多、風格之多真令人嘆為觀止，同一條街的街頭巷尾各有一座不說，有時中間還要再卡一間才行。

　　穿過城門後，沿著大街一直走，路上也會看到很多教堂，多到很容易把名字搞混，時間關係，只能挑一些較有建築風格特色的教堂來欣賞。聖德蕾莎教堂（ST. THERESA'S CHURCH），應該會是第二座，過了黎明門往前

穿過黎明之門，回頭一看便是恭奉黑面聖母的小禮拜堂。

直走的第一個路口，就是它了。從教堂外觀波浪狀曲線的壁面雕飾，以及內部極其華麗的裝飾與雕刻，是由義大利建築師設計的巴洛克建築，內部的富麗堂皇在舊城數十座教堂中可說是數一數二的呢！

維爾紐斯市政廳

　　繼續往前走，便會遇上聖靈教堂（Orthodox Church of the Holy Spirit）等好幾座教堂，不久便抵達市政廳。雪白色拱門型的維爾紐斯市政廳算是位在舊城中心點，首次被提及是在 1432 年，曾經是一座哥德式風格建築，在歷史上多次重建。現在的市政廳修建於 1799 年，為新古典主義風格建築。大樓外牆壁上鑲嵌 UNESCO 的世界遺產標記，面對市政廳最左邊為旅遊中心。

以市政廳為起點的免費古城導覽團

　　除了前面介紹的免費古城導覽團，還有好幾個選擇，只要網上輸入 Vilnius Free Tour 便能找到，都以市政廳的旅遊中心為集合點，其中一間稱為 Vilnius with locals，每天有早上十點及中午十二點正的兩團。

露天刑場

　　古城區有兩大廣場，除了大教堂廣場，便是市政廳廣場。話說幾百年以前，市政廳廣場是一個露天刑場，或是公開處罰罪犯的地方，後文會提及的三座十字架山谷，那三位殉道的聖人就是在這市政廳廣場被吊死的。不過，現在這個廣場已經充滿熱鬧氣氛，政府部門重要的演說，或是像聖誕節，新年等節慶活動都在此舉行。

　　離開市政廳廣場，便沒有固定路線，除了不用回頭走外，便要朝向不同的街道，因為多個著名景點散聚於不同的方向。

❶ 黎明之門的小禮拜堂。　❷ 平平無奇的黎明之門外觀。　❸ 聖德蕾莎教堂。　❹ 市政廳及廣場。

古城城牆全貌（右）及原貌圖像（左）。

十六世紀的城牆

先說古城區的東邊，有一座十六世紀城牆遺址，稱為 BASTION（即是堡壘的意思），那就是防禦牆的一部分，是古城城牆保留下來較大面積的一處。當初為了防禦韃靼人和俄國人而建，建築風格是文藝復興，其特點在城牆內興建多座塔樓，以及一些地下砲口和一條長達 48 米的隧道。

文學之路

這只是一小段的灰色牆面街道，剛好在古城區最熱鬧的皮利斯街叉口處，卻擁有文學之路（LITERATŲ GATVĖ）這樣較有分量的特別名稱。細看牆上一幅又一幅只有 33.3 平方公分不同形式的作品，便想起不久前欣賞過那幾幅巨型塗鴉，發現立陶宛人的街頭藝術真多元化。

緣於 2008 年，一群藝術家為了紀念曾居住在這街上、19 世紀波蘭浪漫主義的代表詩人亞當密茨凱維奇（ADOMAS MICKEVIČIUS），以及多位立陶宛詩人及文學家們，便根據另一位當地近代詩人 AIDAS MARČĖNAS'S 的一首詩作出「非常有趣的發想及延伸」。

那首詩名稱是「未知的文學街」，這街頭藝術計劃目的是在牆上佈置成真正的文學街。至於要如何將一條小街道佈置成「文學街」呢？公開徵求藝術作品的幾項要求包括：首先是形式不拘，彩繪、瓷磚、立體造型、混合媒體印刷品皆可，最重要是內容要與「立陶宛文學家或文學作品相關」。第二，作品尺寸統一為 33.3 平方公分。就這樣，十年過後，牆上已安置了超過二百件文學相關的創作，形成「名符其實」的文學街，也成為觀光客必遊之地。

文學之路是我們在維爾紐斯最喜歡的小巷之一，它的僻靜足以讓人放慢匆忙的腳步，屏息看待文學和藝術如何走入當地人的生活。

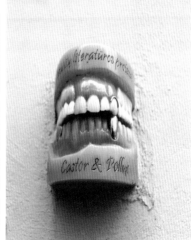

數座建築組成一幅絢麗多采的圖案。

聖安妮教堂與伯納德教堂

　　若說到維爾紐斯眾多教堂中，最美最驚艷的教堂該是聖安妮教堂（ST. ANNE'S CHURCH），傳說拿破崙路過此城時曾對它一見鍾情，說出：「我真想將聖安妮教堂捧在手掌心上帶回巴黎去啊！」

　　遠看其哥德式的設計加上火紅色牆面，便猜到它應該奪走了古城內其他教堂不知多少風采，更何況它是當今維爾紐斯教堂裡，保存最完整的一座。比起其他教堂飽受戰火的摧殘，聖安妮教堂幾乎是毫髮無傷，如今依舊呈現出它最原始的面貌。這座 15 世紀興建而成的美麗動人建築物，實際上是由緊密相鄰的四棟建築物，包括聖安娜教堂、伯納德教堂、伯納德修道院和一座鐘樓組成。

　　看起來就像一首動人旋律的聖安娜教堂，擁有深厚哥德式建築風格，其外牆使用了三十三種不同形狀的紅磚砌成，頂端有主塔，又有若干個小塔，如眾星捧月，極為壯觀，如此極盡複雜精緻的教堂可以說是古城中最美麗也最著名的建築。另外，後方的伯納德教堂及修道院，因經歷各個時代的建造與修復，下半段為哥德式紅磚外牆、上半段則添加了文藝復興和巴洛克式風格，都以紅色為基底。

1 聖安娜教堂
2 伯納德教堂與修道院
3 鐘樓

聖安妮教堂最初是木質結構，是立陶宛大公爵為其公爵夫人 Anna 而建的，及後於 1419 年被大火完全摧毀。現在的聖安妮教堂是 1582 重建的，教堂高 22 米，寬 10 米，全部用紅磚砌成，僅教堂外牆就用了 33 種不同形狀的磚。

立陶宛總統府

　　來到古城西邊，眼前是偌大的廣場，以及一座隱約散發威嚴氛圍的古典建築物，VYTAUTE 問：「你們猜想這處是甚麼地方？」我們指著建築物前有三面旗飄揚著，便說：「難度是政府總部或總統府？」

　　原來這處真是總統府（PRESIDENTIAL PALACE）！話說此座建築物是建於 14 世紀的一座貴族宅邸，踏進 16 世紀，才開始成為尊貴人物的居住地方，首先變成主教宮殿，18 世紀時又改為俄羅斯總督官邸。俄羅斯沙皇亞歷山大一世、法王路易十八、拿破崙等等曾居住或造訪這座官邸。自 1997 年起，此處成為立陶宛總統的官邸。

　　既然來到總統府，VYTAUTE 也順勢介紹現任立陶宛總統。達利婭·格里包斯凱特（DALIA GRYBAUSKAITė）是現任、也是第一位立陶宛女總統，她擁有敢說敢做的強悍作風，被稱為該國的「鐵娘子」，而且年輕時曾練過空手道，是一名黑帶高手。她於 2009 年上任，5 年後，又在 2014 年以反俄政綱為主打而深得民心，最終成功連任。我們一邊聽著 VYTAUTE 介紹，觀其讚嘆語氣、引以為傲的表情，便大概猜到這現任總統應該得到不少人民的愛戴和支持！

左｜立陶宛總統府。　中｜維爾紐斯大學入口，入口旁便是可登上去的聖約翰教堂鐘樓。　右｜鐘樓的觀景台。

維爾紐斯大學

　　總統府對面是維爾紐斯大學（VILNIAUS UNIVERSITETAS），這大學可不是只有一座建築物，事實上舊城中最複雜的建築群，就是維爾紐斯大學建築群。成立於 1579 年，是東歐地區最古老的大學之一，佔去舊城區不少面積，大學校園建築則有哥德式、文藝復興、巴洛克與古典主義風格猶如一座大型建築博物館，共有 16 棟建築與 13 個庭院（多以著名作家或詩人命名），不過在 1831 至 1919 年期間大學曾關閉將近百年之久，第一次世界大戰後才重新辦學。

聖約翰教堂

　　遊客需購票進入大學校園參觀，繞到另一邊的大學正門（並不是面向總統府），入口處左側的木門內房間先購票才可進入校園，至於右邊建築物才是大學巡禮重點之最：聖約翰教堂（CHURCH OF ST. JOHN），此教堂建於 1388 至 1426 年間比大學創校更久遠，是大學裡主要的教堂。右側的鐘塔則建於 16 世紀，是舊城中最高建築物，旅客需要另外付款才能登上去。我們是在最後一天，天色最好的時刻，登上觀景台欣賞全城景色。

聖約翰教堂與教堂鐘樓
教堂正面，早期以巴洛克風格建造，後來改建
以新古典風格為主。旁邊的五層鐘樓建於十六
世紀，兼具巴洛克風格及文藝復興式風格，樓
頂有一個 6.2 米高的十字架。

ALMA MATER VILNENSIS

三十字架山丘

　　山丘上豎立了白色的三十字架紀念牌（THREE CROSSES MONUMENT）。傳說是方濟各會修士殉道之處，從 17 世紀開始成為受尊崇的聖地。數百年來，多座三十字架先後被豎立、又被炸毀，目前這一座在立陶宛獨立前夕的 1989 年重建起來。旅人可以爬上高處，此山與蓋迪米納斯瞭望塔一樣，列為欣賞城市天際線及黃昏夜景的最佳地點。

上文提及的文學之路，繼續往前走便會看到聖母大教堂（CHURCH OF HOLY MOTHER OF GOD），是老城最古老的基督教會之一，後來成為了立陶宛東正教的主要避難所，沒有光輝燦爛的洋蔥大圓頂，反而外觀以樸實簡單為主。

所有到訪不存在國度的人士必須微笑

過了維爾尼亞河（VILNELė），可說是在地圖上的「不存在的國度」。地球上有接近二百個國家，構成了現有的世界，但世上總有一些連地圖也沒有記載的微國家，正為夢想而努力奮鬥。我們走過橋，一切看上去很正常，河道牆上的一尊美人魚雕像注視着每一位訪客。直到路牌出現。路牌上的圖案大致意思是：所有到訪人士必須微笑，否則會被扔進河裡；所有車輛限速 20 公里，否則也是同樣下場。

在愚人節宣布成為獨立的共和國

對岸共和國（REPUBLIC OF UŽUPIS），UŽUPIS 是「河的對岸」是指被維爾尼亞河圍繞的小社區，居民約有七千人。此國誕生在 1997 年的愚人節（注意是愚人節！！），那時候有一班藝術家宣布這區成為獨立的共和國，擁有自己的國旗、貨幣、憲法等等，還有一支十一人的「軍隊」；每年 4 月 1 日為其獨立日，藝術就是他們最關心的事情，發起人之一 ROMAS LILEIKIS 後來成為終身總統，他本身是一名詩人、音樂家兼導演，憲法也是由他與另一位發起人 CHEPAITIS 完成，後者則擔任外交部長。他們都是愛貓狗之人，所以憲法上特別添加關於愛貓愛狗的內容。

與其說 UŽUPIS 是一個「小國」，其實是一個理念，是藝術創作者的夢想烏托邦。這個藝術之國當然不被任何國家合法承認，不過市政府卻一直作出支持的開明態度，尤其是前任維爾紐斯市長阿圖拉斯·佐卡斯（ARTūRASZUOKAS）因為曾住在這小社區，也不時參加共和國的活動。從塗鴉、文學之路，再到不存在的國度與官員的開放及支持態度，可見維爾紐斯市對藝術推動真是不遺餘力。

橫過橋後便進入對岸共和國，河岸處有一間咖啡店迎接每一位到訪者。河岸一旁的房子擺放很多藝術家的搞怪作品，天氣好的時候，還可以看到當地人坐在河邊泡腳聊天，非常的悠閒。

中心廣場上的天使雕像，
象徵藝術復興和自由。

此區已經發展成為一個藝術味濃厚的小區，藝術家、工作室、畫廊及咖啡廳紛紛進駐，公共藝術如塗鴉和雕像隨處可見，瀰漫著獨特的地道風情。

從巨大雞蛋中出現的天使？

走到中心廣場，有一座吹號角的天使雕像（ANGEL OF UŽUPIS）。在這裡，女導遊 VYTAUTE 說了一個有趣的故事。幾年前，居民被告知天使即將降臨在此廣場。然而，天使卻沒有在說好的日子出現，反而有一個巨大雞蛋雕塑突然出現在廣場上，傳言天使將從蛋中出現。2002 年的一天深夜，蛋失蹤了。當居民醒來時，便看到的是天使像。這尊雕塑由雕塑家 ROMAS VILčIAUSKAS 製作，象徵著藝術自由與復興，已成為對岸共和國的地標。

對岸共和國自訂的憲法牆

對於遊客而言，最有趣的當然是這裡的「憲法」，合共四十一條，被翻譯成多國語言。對岸共和國憲法刻在反光鋼板，掛在小路的牆上，大約有三十種文字，中文繁體版本在 2015 年開始展示，根據官網介紹這是由台灣人負責翻譯的。到訪當日，似乎無論哪個國家、哪個地域的旅客，看到這些「憲法」都看得津津有味或是心裡有所領會而笑起來。

左｜是對岸共和國自訂的憲法牆。 右｜中文繁體版本的憲法。

節錄部分憲法

第一條：每個人都有在維爾紐利河畔生存的權利，而維爾紐利河有流經每個人的權利。

第六條：每個人都有愛的權利。

第十條：每個人都有愛和照顧貓的權利。

第十二條：每隻狗有權去做狗。

第十六條：每個人都有快樂的權利。

第三十二條：每個人都要為自己的自由負責。

這些憲法看來有趣、看來也很無聊，好像一切都是人所共知的「廢話」，甚麼愛貓愛狗、甚麼每個人都是獨立、甚麼每個人可以快樂或不快樂、都要為自己負責等等，所以隨時可能聽到有人在笑說 THIS IS BULL SHIT, HAHA!

說穿了，不少都是每個人的基本權利、待人接物，以至對萬事萬物應有的態度，對岸共和國只是採用了讓人一看便會心微笑，在微笑中又能令大家反思這些最簡單、最基本的人權而已。不過到底有多少國家、多少人能夠做到呢？

過河後，便是他們的地界了，進入要記得保持笑容、保持創意，否則會被扔進河裡啊！

共和國內滿布塗鴉、雕塑等多種街頭藝術，現在這裡已成為藝術家與文化人的集中地，設有畫廊、工作坊和咖啡店等。

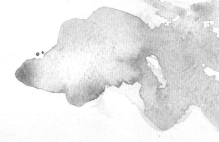

進入維爾紐斯古城漫遊的最後一回，先介紹皮利斯街（Pilies Street），是古城中最熱鬧的大街，市政廳廣場為始點，走到盡頭便是古城北邊的起點，那就是大教堂廣場。典型的歐洲中世紀石板路上，滿是餐廳、咖啡館、冰淇淋店、紀念品店……，以及大大小小的琥珀專門店。

波羅的海黃金

眾所周知，琥珀有「波羅的海黃金」之稱，因為立陶宛琥珀蘊藏量占全球總量的95%，強調是「95%」！據說立陶宛在歷史上，曾將琥珀當貨幣使用，建立了通往羅馬的「琥珀之路」。就在老城區的這

黃金購物大街，不少遊客就是為了購買琥珀而來。不過女導遊 Vytaute 告誡：太便宜的東西，千萬不要買，建議我們先到琥珀博物館（Amber Gallery & Museum）走一趟，那兒的琥珀產品比較有保證。

琥珀博物館

我們跟 Vytaute 說再見後，便獨自前往好幾個地方，其中一個是琥珀博物館，它就在皮利斯街的其中一條小巷裡，小小的很不起眼。入內參觀是免費，裡面看起來是一個小小的地質博物館，原來是 15 世紀末陶瓷烘焙店的遺址。除了展覽外，博物館自然有出售琳琅滿目的琥珀產品，我們被各種形狀、色彩奪目的琥珀所吸引，而且此處的品質受到保證，很想選購一些，不過未能找到合適的。幸好，我們繞回到大街上的琥珀專門店，尋尋覓覓最後終找到心儀的琥珀飾品送給家人。

❶-❷ 琥珀博物館出售的現代和古典設計的琥珀首飾。❸ 琥珀博物館內部，本身也是 15 世紀末陶瓷烘焙店的遺址。

❹ 皮利斯街滿是琥珀專門店，大多提供免稅優惠。❺ 我們最後就在皮利斯街盡頭找到此間店，買得心頭好。

格迪米納斯瞭望塔，
為上城堡的最後遺址。

舊城區的最後高潮戲碼

步出皮利斯街就是大教堂廣場，此處才是整個維爾紐斯由古至今的心臟地帶。資料指出從黎明之門、對岸共和國所屬於那社區等等，再到大教堂廣場此刻都列為「維爾紐斯古城」，而最後核心範圍便是此刻身處的廣場及周邊，總稱為「維爾紐斯城堡建築群」（VILNIUS CASTLE COMPLEX）。

維爾紐斯城堡

維爾紐斯城堡建築群外圍，建有較為完整的城牆包圍著，再外面有涅里斯河支流包圍著，作用如護城河，此支流有一部分已填成平地。城堡區有一座格迪米納斯山，就像塔林古城一樣，分為下城堡（LOWER CASTLE）及上城堡（UPPER CASTLE）。

上城堡與下城堡

下城堡的多座建築，現存的只剩下維爾紐斯大教堂、立陶宛大公宮等，至於教堂鐘樓，實際是昔日城牆的主塔；已完全拆毀了的，包括城門及橫跨涅里斯河支流的橋（面向皮利斯街，我想像著步出大街後，原來有一條河流）、皇室宮殿、最高法院的宮殿、主教宮殿、皇室花園等等。至於上城堡，是維爾紐斯的標誌性建築，原有三座軍事設施，西塔全名為格迪米納斯塔，是唯一現存的建築物。

維爾紐斯大教堂

那現在，我們逐一觀賞下城堡最精華部分。維爾紐斯大教堂（VILNIUS CATHEDRAL），建於 1251 年，當時並不是一間天主教堂。直到 1387 年立陶宛更改國教，教堂才變成天主教堂，現在所看到的古羅馬式白色亮麗建築則於 1419 年重新打造而成。從此，它成為立陶宛最重要的天主教教堂，也是波羅的海地區最大的教堂。

VYTAUTE 訴說大教堂背後的辛酸歷史。它曾經在 1950 年的蘇聯統治時期被沒收，其後成為美術館，更甚至淪為汽車修理廠。直到 1988 年才正式變回為天主教堂。

---

17 世紀的街道與房子

這真是個有趣的古城遺址發現！我們在小巷之間穿梭，Vytaute 忽然叫停，要我們看看路邊房子幾個特別矮小的門口，為什麼出奇地被封閉了？這處的一樓水平降低了大約 70 厘米，原來 17 世紀的街道沒有現在那麼高，後來人們在 17 世紀房子改建，也保留舊門口。有些房主還會保留舊牆壁，如左圖，與塗上白色的新牆壁，對造成新舊對照。

1 17 世紀門口的高度　**2** 現在門口的高度

格迪米納斯塔

維爾紐斯大教堂

大教堂後方的山丘上，就是上城堡，登上那處
的格迪米納斯瞭望塔，可盡覽市區全景。

教堂鐘樓

　　廣場上的白色鐘樓，彷彿與大教堂是絕配，想像著沒有它的話，這處景色勢必黯然失色。我們在第一天黃昏時走到此，然後在最後一天又回來，天氣非常好，白色的教堂與鐘樓在藍天的映襯下，更顯得雄偉壯觀，美極了！

　　這座 57 米高鐘樓，地基是 13 世紀四邊形的塔樓遺址，到了 14 世紀末，在遺跡上面修建了一個四層橢圓形、有垛口的塔樓，也就是具有防禦功能的下城堡塔樓。1522 年後，才被改建成鐘樓。橢圓形塔樓上面還修建了三個八邊形的階層，第一及二層是巴洛克式的，第三層是新古典式，在最高階層上架設的十字架，應該在十七世紀掛上去的。現今有開放遊客付費入內，可從高處俯瞰市區。

大教堂廣場

　　前面文章提及，三國 200 萬人民於 1989 年手牽手排出一條人龍，從維爾紐斯、里加到塔林，起點就是在大教堂廣場。說著說著，當日廣場上第一個人開始手牽手的動人畫面，忽然清晰地展現腦海中。

維爾紐斯大教堂

立陶碗大公宮

大教堂鐘樓

立陶宛大公宮

　　大教堂後面的立陶宛大公宮（Palace of the Grand Dukes of Lithuania），屬於文藝復興風格，修建於 15 世紀，曾是立陶宛大公國的皇宮。大公宮曾是波蘭立陶宛聯邦的政治、行政和文化中心長達四個世紀，但在 1801 年被拆毀。目前的大公宮於 2009 年完成重建，現為立陶宛國立博物館，穿過中庭，人們可坐上纜車登上上城堡。

格迪米納斯塔

格迪米納斯塔

　　我們沿著步道漫步上去，上山的路不長，只是腳底下盡是凹凸不平的鵝卵石真的不太好走。格迪米納斯塔是以石頭為地基、用磚砌牆的八角形哥德式建築，在 1930 年完成修復，如今成為上城堡博物館，展出中世紀的維爾紐斯城堡模型及考古遺跡，旅客可登上塔頂。

　　塔樓兩旁的矮矮的石牆，南邊長 10 米，北邊長 22 米，坐滿看風景的旅客，這其實是防禦圍牆遺跡，數百年後依然屹立不倒。

左｜凹凸不平的鵝卵石上坡路。　　右｜山丘上的軍事遺址。

舊城之行在山上落幕，我們在石上坐下來，凝視著塔頂飄揚著立陶宛的三色國旗，靜靜地欣賞在黃昏日落下的新舊城，眼前的美麗城市天際線逐漸模糊，都罩在夢幻迷人色彩中。

Info
Box

維爾紐斯大教堂：www.katedra.lt
立陶宛大公爵宮：www.valdovurumai.lt
琥珀博物館：www.ambergallery.lt

真正的立陶宛傳統食物等於高脂肪食物？

想吃傳統美食，很多人會推薦 FORTO DVARAS，這是一間傳統菜餚連鎖餐廳，其總店就在皮利斯街上。一般地道餐廳都會宣稱自己是傳統美食的專家，FORTO DVARAS 為何備受推薦？

獲得立陶宛烹飪遺產基金認證的餐廳

因為它是當地第一間立陶宛傳統餐廳，獲得立陶宛烹飪遺產基金（LITHUANIA'S CULINARY HERITAGE FUND）的認證，菜單上凡是依照 18-19 世紀原始料理方法的食物都有基金標誌。不過一心想吃傳統食物的你，特別注意很多食物都是「高脂肪食物」啊！

傳統食物就是農村菜肴

我看過一些網絡評價，據說有些旅客不太了解此國背景而對地道食物產生誤會，批評其脂肪太高。首先要明白，以往大多數立陶宛人都是農民，不太關心卡路里，從事大量體力消耗的工作，所以大部分菜餚都是高脂肪食物，飽足感是重點，說穿了傳統食物就是農村菜肴。此外，傳統菜也受到拉脫維亞、波蘭和德國等影響，而這些國家又以高脂或油膩食物而聞名。

◆ 馬鈴薯料理

立陶宛的傳統主食，就是跟馬鈴薯脫離不了關係。馬鈴薯料理，統稱為 DIDŽKUKULIAI（立陶宛文），因為賣相很像圓滾滾的齊柏林飛船，所以又通稱為 ZEPPELINS（齊柏林飛船）。細看

這料理種類，菜單上竟有十種以上，心中的疑問不免是：「竟有這麼多料理馬鈴薯的方法？」VYTAUTE 一番話：「我們過去雖然是貧窮國家，但是對吃還是很重視！」提醒了我，我連忙環視四周餐桌上的馬鈴薯料理，真是豐富多變啊，想一想，真的很少有國家像立陶宛，能創造出如此多樣化的馬鈴薯料理！

◆ 建議不要獨自一人完成

每種馬鈴薯料理價錢都定為 4.55 歐元，碟上有兩個完整的馬鈴薯，裡面包了切碎的豬肉／牛肉，表面通常都被油炸過，配上不同味道的醬汁，經典醬汁是醃肉油加上醃肉洋蔥和酸醬而製成。我們點了馬鈴薯被切開、內外都被油炸的這一種。另外，又點了一道共有六隻大大的肉餡餃子，配上酸奶油，英文為 TRADITIONAL HOMEMADE DUMPLINGS WITH MEAT，同樣有認證標誌，價錢為 5.44 歐元。充滿飽足感的兩道美食，建議不要獨自一人完成。

◆ 放棄肥肥的烤培根

餐廳菜單很豐富，沒有基金標誌的食物亦吸引。第三道菜以肉類為主，我們放棄了有認證標誌的 ROAST BACON WITH HORSERADISH SAUCE，看圖片便知道這是肥肥的烤培根，改為點了一碟香味十足的烤豬排，價錢為 6.95 歐元，吃後我覺得這選擇真對。

整體而言，食物分量很足夠，價位都是親民的，這真是一間值得推薦的地道美食餐廳。最後建議要在地下一樓的用餐區，在十七世紀房子裡的石造地窖中用餐，很有懷舊氣氛！

我們點了馬鈴薯被切開、內外都被油炸的這一種，價錢 4.55 歐元。

全部都是馬鈴薯料理，旁邊都有立陶宛烹飪遺產基金的標誌。

餐廳外觀

配上酸奶油的肉餡餃子，價錢 5.44 歐元。

地下一樓的石壁中用餐區。

Info Box　Forto dvaras：fortodvaras.lt

十字架山 *The Hill of Crosses*
立陶宛國民此生念念不忘的一段段故事

一滴水可以滙成海洋，一粒沙可以堆成沙漠，數十萬個大大小小的十字架便可以滙聚成一座十字架山。十字架山（THE HILL OF CROSSES），就是一個立陶宛人引以為傲的、紀念非暴力抗爭的地方，堪稱捍衛核心價值的國寶級地標。

遊覽立陶宛，除了維爾紐斯舊城，還有幾處極具代表性的景點，挑選了兩處分享，也成為整個旅程的最後兩站。

每年有大量旅客朝拜此地

十字架山，意思是在一座小山上擺放了成千上萬的十字架，當地人稱為 KRYŽIŲ KALNAS，可說是深具意義、並且辨識度非常高的地方。不過，此地位於維爾紐斯的西北邊約 200 公里，單程的公共交通便耗上三至四小時，沒有直達車，班次亦不多。可是，依然每年有大量非信奉天主教或基督教的旅客，沒有因為交通不便而放棄朝拜這地。

1831 年的第一批十字架

此山的起源無人知曉，不過一般認為第一批十字架是在 1831 年十一月起義（NOVEMBER UPRISING）開始，以及 1863 年的一月起義（JANUARY UPRISING），立陶宛人在這兩次反俄失敗後，起義者的家屬因為無法尋回他們的屍首，便在這個地方放置十字架紀念他們。1895 年，150 個十字架已放在此山。

從旅客中心走一段小路，迎面而來便是壯觀的十字架山全景。

當步上階級，置身在數量驚人的大大小小十字架之中，數十年來許多人為了各種原因而在這處豎立十字架山，說實在有一種完全不真實或是超現實的感覺湧上心頭。

右頁圖及本圖：數不清的十字架，連同
大小不一、不同造型的耶穌受難雕像、
聖母雕像等等，形成了一份充滿沉重感
的震撼心靈力量。

發展成象徵對抗極權的地方

在 1918 年，立陶宛第一次宣布獨立後，該處也成為祈求和平，以及紀念在獨立戰爭逝去的國人。二戰後期，蘇聯再次侵佔波羅的海三國，立陶宛人繼續在這山丘上放置十字架，悼念抗爭者。蘇聯人當然想盡辦法剷平十字架山，根據紀錄至少有三次大型剷平行動，就在 1961 年、1973 年及 1975 年，包括把山坡被夷為平地、將十字架燒毀或變成廢金屬，甚至用廢物和污水覆蓋整個山頭。

立陶宛的全國朝聖中心

不過，每一次剷山後，當地居民和朝聖者都迅速放上大量十字架、回復其原貌。1985 年以後，十字架山終於平靜下來了，聖山的名聲亦已傳遍世界各地，每年都有大量朝聖者。1993 年，教宗約翰保羅二世亦在此舉行彌撒，並留下刻有教宗之言的石碑，如今成了全世界天主教重要的朝聖地之一。

立陶宛的國民及世界各地朝聖者，繼續不斷將十字架放在這裡，立陶宛於

1990 年獨立後，官方進行較正式的點算，共計 40,944 個小十字架（不高於半米）與 14,387 個大十字架 （四米或更高），面積達 4602 平方米。大約到了 2007 年，數量超過 20 萬了！

任何人都可以在此山放上自己的十字架

我們坐車子來到旅客中心，其旁邊有幾間紀念品店，都是以出售十字架為主，一般小小的十字架，只需一至兩歐元便有，精美木雕或金屬雕刻的十字架自然貴一點。由於十字架山並不屬於任何人的土地，任何人都可以自己放十字架，所以不少旅客也會挑選一些十字架，寫上想祝福的遠方親友的名字，然後置放在十字架山，獻上一份默默的祝福和心意。

各種不同款式及材質的十字架

一望無際草原上的一個小山坡，上面豎立了成千上萬、各式各樣的十字架，無論是木製或鐵製、正教特色或公教特色的都有，小至掌心大到有兩層樓高也都有。雖說十字架山，還有巨大的耶穌受難雕像、聖母雕像、立陶宛愛國者雕塑與照片、念珠，以及數以千計的小型雕像和玫瑰經等。

十字架山並不屬於任何人的土地，任何人都可以自己放十字架，旅客中心旁邊的小店販賣不同大小的十字架，方便讓旅客祈福，圖中木製十字架，價錢為兩至三歐元。

體會這個國家的美麗與哀愁

　　在一片曠野草原上，竪立了層層疊疊的 20 多萬個十字架，
任誰都會感受到那份深深的震撼，久久在心裡無法平伏。

　　世界僅有、獨一無二的歷史見證地，是個曾經被夷為平地的
聖地，也是立陶宛人當年反抗蘇聯政府的象徵，小小的地方濃縮
了立陶宛過去兩百年的歷史。1993 年 9 月 7 日，前天主教教宗
若望‧保祿二世訪問波羅的海三國時，曾在此舉行彌撒，宣布這
是一個盼望、和平、愛與犧牲的地方。

立陶宛木製十字架雕刻工藝：人類口頭和非物質遺產

這山上放置了二十萬個各具特色十字架，若視此行為藝術欣賞之旅亦十分合適，只因聯合國教科文組織於 2001 年宣布「立陶宛木製十字架雕刻工藝」，入選成為全世界第一批「人類口頭和非物質遺產」，同期入選的還有日本的能劇和狂言和中國的崑曲等。

獨特風格的十字架雕刻

立陶宛的木製十字架雕刻，最早可追溯到基督教傳入此國以前的多神教時期；到十五世紀基督教傳入後，經過長期與基督教十字架造型的融合，才形成自己獨特的風格。現在，立陶宛有兩百名十字架工藝師，製作出來傳統的木十字架，精細大小、形狀各異，上面雕有典型花紋和幾何圖形是其特色，並在顯著位置放置基督或聖徒雕像。就像右頁兩座約四米高的木十字架，同樣把基督雕像放在顯著位置，但風格不同，尤其是右邊，其垂直木柱兩側各有三小個十字架伸出來，甚為特別。

手雕十字架有時獨處一方，有時成群林立，總言之隨處可見於樹林裡、田野上、山泉旁或路口邊，數量驚人的地方當然就是十字架山。

在十字架山上，走著走著，我們偶然遇見幾對老人家都在打掃一些十字架，是本地人嗎？他們手上的十字架大概是他們以前擺放的。看著他們用心仔細地的打掃，輕輕摸著，當下心裡的畫面會是怎樣？我想那些十字架，都是藏著一段段他們一生惦記不忘的故事吧。

往十字架的交通

十字架山位於立陶宛的希奧考艾（SIAULIAI）12公里外的偏僻郊區，

實際上從里加或維爾紐斯過去也可以，前者比較近。不過無論哪個起點，都是先抵達希奧考艾巴士總站。維爾紐斯 → 希奧考艾，搭火車需時兩個半小時，而且每三到四小時才一班，比如 6：45 及 11：10 是首兩班。

希奧考艾巴士總站

希奧考艾公車站距離火車站要走十分鐘，火車到達的時間跟公車離開的時間，大概會差半個小時，那個公車轉運站還連接著百貨公司。旅客接著轉乘往 JONISKIS 的巴士，又要注意這是每小時一班。巴士上頭會寫著前往 THE HILL OF CROSSES，巴士下車處的站名是「DOMANTAI」，大約需要 20 分鐘。不過這個下車站並非停留在十字架山的路口，而是兩三公里外的田間道路上。亦因為車程不長以及下車還要走 段略，有些旅客會在希奧考艾坐計程車往返。

三條公共交通線

如此，可歸納往十字架山的三條公共交通線，（一）里加→十字架山→里加，單程包含等候轉車的時間為兩個多小時；（二）里加→十字架山→維爾紐斯；（三）維爾紐斯→十字架山 →維爾紐斯，單程包含等候轉車便要耗上四個多小時。

十字架山的旅遊團

我們用金錢節省時間，不用在清晨出發、也不用等候轉車，以每人五十歐元參加 DAY TOUR TO THE HILL OF CROSSES。早上九點，導遊兼司機來酒店接我們，同行還有幾位旅客。往返十字架山途中，導遊會在一些可欣賞十字架工藝的景點停車介紹、以及安排在一座位於老風車之內的餐廳吃自費午餐，食物質素和價錢令人滿意。至於遊覽十字架山的時間大約有一小時左右。下午四點多，我們便輕鬆的返回首都，距離日落還有好幾個小時，可以繼續舊城之遊！

上｜導遊帶我們去欣賞十字架雕刻工藝。
下｜兩座四米高的傳統木製十字架，基督像放在顯著位置，右邊垂直木柱兩側各有三個小十字架伸出來，左邊是十字架如散發光環的造型，各有特色。

Info Box

十字架山：www.kryziukalnas.lt
立陶宛巴士查詢網站：www.118.lt
希奧考艾巴士總站：www.busturas.lt
旅遊團：www.vilniuswithlocals.com

特拉凱 *Trakai*

優美的湖上城堡為旅程劃下美麗的句點

上一站的十字架山，給人有點沉重而無法投入愉快的感覺。旅程最後一站，換上美麗到不得了的小島城堡，在晴朗清澈的天空下，我們懷著期待的雀躍心情出發了！

目的地就是維爾紐斯市的近郊，交通很方便，旅客可以輕輕鬆鬆的起程。特拉凱（TRAKAI），位於首都以西 28 公里的冰河湖區，搭火車或小型巴士都只約三十分鐘，不過不管哪一種，到了特拉凱鎮都需要再走一段路，才會到達真正目的地：特拉凱小島城堡（TRAKAI ISLAND CASTLE）。特拉凱巴士總站距離城堡為 2.4 公里，火車站的距離為 2.9 公里，我們便選擇了前者。

交通方便的維爾紐斯市近郊景點

搭小型巴士就在維爾紐斯公車總站，我們從里加來到或是離開所搭的 LUX EXPRESS 都是在此上車，從酒店走路不到十分鐘便抵達。車站內有數個往特拉凱的發車站，每 10 至 20 分鐘就有一班，只是發車站不同。發車站前的時間表，顯示該站台的發車時間和目的地。此外，巴士站客服中亦有提供時間表，而我們則是直接詢問車上準備出發的司機。

上｜維爾紐斯旅遊巴士總站及往特拉凱鎮小型巴士，特拉凱距離首都僅半小時車程，是一日遊的最佳去處。
下｜連接湖上城堡的小橋。

隔水相望這座由赭紅色磚石砌成的城堡，樸實簡約，而
且和諧的融入森林與湖泊中，在藍天白雲綠波的映襯下，
顯得如詩般的夢幻風景畫。此圖為城堡的正門，遊客亦
可沿正門兩旁小路繞一圈，欣賞寧靜優美的湖泊。

開始進入小鎮

　　大約半小時的車程，其間不少本地人上車下車，一度滿座而有些乘客無法上車。到了總站，剩下來都是旅客，大家沿著鎮內主要道路行走，亦有城堡指示牌子，中間會碰到兩間超市，第一間比較大型的是 MAXIMA，有需要補給不要錯過，以及付款公廁。大約二十分鐘便可抵達湖邊的旅客中心。因為天氣特別好，大批遊客湧至，湖邊幾間餐廳早已爆滿，遊船與獨木舟在湖上寫意的來來回回，一片熱絡的度假氛圍彌漫著，令人馬上喜歡這個地方！

遊人如織沿着湖邊向城堡走去，沉醉著美麗悅人風景。

城堡是昔日權力中心

　　剛剛在路上時候，有些人對此鎮的第一個印象可能會是：特拉凱看似只是一個鄉村小鎮（大約五千名居民）。翻看其歷史資料，十四世紀時，蓋迪米納斯大公（GEDIMINAS）在此地建立立陶宛首府，城堡更是權力中心。後來的繼承者也進行多次擴建，蓋在湖中島上的城堡易守難攻，主要是為了抵擋騎士軍團的進攻。

　　可是連年戰爭，城堡一度成為政治犯的監獄，並在 17 世紀受到嚴重損毀。1905 年沙皇開始著手維修，第一次世界大戰時德國人亦有參與。城堡分為內城堡與外城堡，1961 年，內城堡和高塔的重建完成，不過外城堡重建工作直到 80 年代才開始，真正完成全部重建就在立陶宛宣布獨立後的 1990 年初。

特拉凱歷史國家公園

　　隨後，政府將此鎮及周邊地區規劃為特拉凱歷史國家公園（TRAKAI HISTORICAL NATIONAL PARK），是該國五個國家公園中最小的一個，佔地 82 平方公里，雖小但又擁有深遠意義的歷史地位。

童話城堡仿如在湖水中漂浮著

　　對於一般旅客，最吸引人的莫過是此地的優美景色。小鎮三面被五個湖泊懷抱著，湖上聚散著廿多個小島，北邊的加爾瓦湖（LAKE GALVE）是最大的，城堡座落的小島也是在此湖泊上。瑰麗的哥德式城堡完美的融入在湖泊與森林之中，映襯在當天的藍天白雲下，一幅如詩般的夢幻風景畫，在我們前面顯現。

遊人步上小橋，從外城堡走進昔日權力核心的內城堡。

左及中｜外城堡內擺放了處決犯人的斷頭台及拘禁犯人的大牢。右｜內外城堡之間護城河道，現在已沒有河水了。

參觀前或是參觀後記得遊覽城堡外一圈，美景相當值得欣賞。

城堡外圍的小路

　　通往城堡的路，走過第一道棧橋後，再繞過中繼的小島，第二道棧橋過後便是城堡島，城堡建築群幾乎占去小島的大部分面積，不過城堡外圍還是可以讓遊人繞一圈，欣賞湖泊與遠處組成的美景，只見湖邊小路上不少人在愉快地野餐。

連同湖泊、森林與城堡的優美環境，這裡成為了擁有特別歷史意義的國家公園。此圖攝於我們在城堡外圍散步時，對於本地人來說，早已熟悉城堡的一切，探索及體驗國家公園裡森林與湖泊的美才是他們的目的。

東歐唯一一座建在島上的城堡

城堡回復原貌後，便改為特拉凱歷史博物館，城堡區腹地不大，參觀時間約一個多小時便足夠。城堡內大部分地方都可以自由拍攝，只有內城堡的室內展覽區，需要另外購買「拍攝許可票」，否則職員不許你拍攝。

站在外面，城牆看起來很厚實，四周建有高高的、具有中世紀騎士風味的圓錐尖頂瞭望塔。外城堡內是一片開闊的庭院，最有趣味的就是擺放了處決犯人的斷頭台及拘禁犯人的大牢，遊人可扮成犯人，甚至把自己的頭放到斷頭台，一嚐被處決的滋味。

內城堡是舊時國王宮殿，防守自然更嚴密，內外城之間有一道護城河，僅靠一座窄窄的小木橋連接兩端，而且內城城門設有一扇活動吊橋，依靠粗大的鐵鏈操控，想像著有如電影般的中世紀場景，眼前的吊橋慢慢落下來，一支穿著盔甲的軍隊威風凜凜的衝出來！

通過大門進入到內院，多個展區散佈於三層樓中，旅客爬上樓梯逐一欣賞到大量民族服裝、錢幣、刀劍、雕刻、瓷器、玻璃器皿、家具以及歷史照片等，呈現了特拉凱人豐富的歷史、文化及宗教。歷史學家推估，立陶宛大公曾在一樓的左邊側廳居住過，左側樓房設有宴會廳。

上｜內城堡的宮殿院子，中間是最注目的五層塔樓。
下｜各樓層開放在多個展覽室，沒有固定參觀路線，遊人可依喜好逐一參觀。

一片陽光燦爛，巍峨的城堡與紅色高塔配上湖景顯得特別美麗，要觀看最美的構圖，就在湖邊遊客中心的左邊，那邊有幾間面向城堡的餐廳，在小道上便可觀賞最美構圖的城堡＋湖泊景色。我們離開城堡便在湖邊餐廳享用午餐，雖然這處是十分熱門的景點，餐廳價位與維爾紐斯舊城區餐廳差別不多。欣喜的是，我們如願的在湖邊用餐區找到理想座位，邊看美景邊享用午餐。

　　在天公作美下，旅程最後一站優美的湖上城堡，為我們劃上美麗句號。當晚我們乘坐通宵巴士，第二天清晨折返愛沙尼亞，緊接坐上遊船便回到芬蘭，一切順利的上機回家去。（全書完）

上｜享有極佳觀賞城堡的幾間湖邊餐廳，每份主菜式只要十多歐元，很合理的價位。
下｜從湖邊餐廳飽覽到整個湖泊及城堡的景色。

國家圖書館出版品預行編目（CIP）資料

芬蘭與波羅的海三國繪旅行 / 文少輝，傅美璇著. -- 初
版. -- 新北市：木馬文化出版：遠足文化發行，
2018.08
　面；　公分
ISBN 978-986-359-565-6（平裝）
1.旅遊 2.北歐
　747.09　　　　　　　　　　　　107009948

芬蘭與波羅的海三國繪旅行：
最美好的北國假期，一路驚喜再發現

作　　者	Jackman 文少輝、Erica 傅美璇
執 行 長	陳蕙慧
副總編輯	李欣蓉
編　　輯	陳品潔
封面設計	比比司設計工作室
版面構成	Wan-yun Chen
內文排版	黃讌茹
行銷企畫	童敏瑋
社　　長	郭重興
發行人兼 出版總監	曾大福
出　　版	木馬文化事業股份有限公司

發　　行	遠足文化事業股份有限公司
地　　址	231 新北市新店區民權路 108-3 號 8 樓
電　　話	（02）2218-1417
傳　　真	（02）8667-1851
E m a i l	service@bookrep.com.tw
郵撥帳號	19588272 木馬文化事業股份有限公司
客服專線	0800221029
法律顧問	華洋國際專利商標事務所　蘇文生律師
印　　刷	凱林彩印股份有限公司
初　　版	2018 年 08 月
定　　價	480 元